村野藤吾と俵田明

革新の建築家と実業家

堀 雅昭

Hori Masaaki

◉弦書房

装丁＝毛利一枝

〈カバー表・写真〉
大正四年（一九一五）宇部電気会社の新設の発電機
最下段に立つのが俵田明（上郷家蔵）
〈カバー裏・写真〉
渡邊翁記念会館入口（村野藤吾設計）
〈扉写真〉
渡邊翁記念会館入口天井電燈の鷲（村野藤吾設計）

目次

VI　継承される文化

凡例

一　藩政期において、本来は萩に藩庁のあった時代を「萩藩」、幕末に藩庁が山口に移った後を「山口藩」と呼ぶが、本書では厳密な区別をせず、概ね「長州藩」で表現した。それに併せて「萩藩士」及び「山口藩士」の呼称にもとらわれず、永代家老・福原家の家臣（陪臣）や維新革命期の士民混合の諸隊士などまで含めて「長州藩士」と表現した。

一　本書で表記する「宇部」は市制施行一〇〇周年を迎える時点での宇部市域を基本とする。なお、大正一〇（一九二一）年一一月の市制施行時の市域は旧宇部村域で、小串、川上、上宇部、中宇部、沖宇部の五大字を包括した地域である。また、藤山村（昭和六（一九三一）年八月合併）、厚南村（昭和一六年一〇月合併）、西岐波村（昭和一八年一一月合併）、東岐波村・小野村・厚東村・二俣瀬村（昭和二九年一〇月合併）、楠町（平成一六〔二〇〇四〕年一一月合併）を順次合併して現在の市域になった。

一　本書は平成二三年一〇月一八日から平成二四年三月二〇日までヒストリア宇部（旧宇部銀行館）で筆者が行った一〇回連続講座録『異端の建築家・村野藤吾』（二〇一二年四月六日にヒストリア宇部が郷土学習用に発行した非売品冊子）及び、平成二七年九月二五日から平成二九（二〇一七）年七月二七日まで『宇部日報』で七一回連載した「村野藤吾と沖ノ山王国」を基本原稿とし、これに追加取材を行い、全文改稿して脱稿した。村野家所蔵の写真資料は『異端の建築家・村野藤吾』から引用した。

一　本書では「渡邊翁記念会館」を、建設当初の旧字体で表記した。戦後の文献等で「渡辺翁記念会館」と改められているものは、それを使用した。

一　本書では、文章が煩雑になることを避けるため、例えば宇部興産株式会社を単に宇部興産と略すなど、「株式会社」を「会社」に、あるいは完全に省略した箇所も多い。

はじめに

建築家・村野藤吾の初期と晩年の作品が、山口県の瀬戸内海に面する工業都市・宇部市に集まっている。このため建築を学ぶ学生たちの密かな人気スポットである。なかでも国の重要文化財の渡邊翁記念会館は、沖ノ山炭鉱の創業者・渡邊祐策《わたなべすけさく》の遺徳顕彰のために昭和一二（一九三七）年四月に竣工した市民館形式の、山口県初の本格的な音楽堂（オーディトリウム）としても有名である。

正面に並ぶ巨大な六本の柱列は、沖ノ山炭鉱から派生した宇部窒素工業、宇部セメント製造、宇部鉄工所、宇部電気鉄道、新沖ノ山炭鉱、宇部紡績の六社を象徴している。

日中戦争時に登場した巨大彫刻ともいえる音楽堂は、村野の作品中で最初に国の重要文化財に指定されている（平成一七〔二〇〇五〕年一二月）。だが、地元住民が誇りを持つのは、むしろ敗戦直後に〝宇部好楽協会〟が立ち上がり、世界中から一流のバイオリニストやピアニストを招いて、音楽による戦後復興の舞台になったことである。

この巨大な音楽堂を村野に造らせたのが、後に宇部興産株式会社の初代社長になる俵田明であり、俵田の庇護のもとで、更に多くの村野作品が宇部に残されたわけである。

戦前だけでも渡邊翁記念会館、宇部銀行（昭和一四年）、宇部油化工業の工場の一部（昭和一四年～

敗戦）、宇部窒素工業の事務所棟〔昭和一七年〕があり、なかには設計図だけで終わった宇部ゴルフクラブハウス〔昭和一二年〕なども散見されるが、どれもユニークな意匠〔彫刻〕が付随し、労働者が働きやすい調光や、柔らかな曲線の階段の手すり、工場の熱を利用した暖房装置の設置など、人間中心の設計がなされていた。

実は、こうした事実を知るにつれ、二人が施工主と請負人という関係だけだったのか、という疑問が頭をもたげてきたのである。二人を繋いだものは何であったのか、と。

当然ながら建築家と実業家は、生まれも育ちも経験も大きく違っていた。

俵田は、父の勘兵衛が明治維新に貢献しつつも新時代に乗り遅れ、没落士族の子として明治一七（一八八四）年に宇部で生を受けた。学校も満足に通えず、試行錯誤の末に東京で技術者の道を歩く。転機は渡邊に呼ばれて大正四（一九一五）年に沖ノ山炭鉱へ入ったときで、以後、昭和初期の二度の外遊で、ドイツを軸とする高度な産業技術を沖ノ山炭鉱に導入し、石炭から化学肥料を合成する宇部窒素工業や、人造石油まで合成する宇部油化工業を完成させている。あるいは海底炭鉱に電車を走らせる実験的事業も昭和一四年から手がけ〔※1〕、昭和一八年一一月に「貫通式」を行う〔※2〕。こうして昭和一七年三月に沖ノ山炭鉱に宇部窒素工業、宇部セメント製造、宇部鉄工所という自らが手がけた四社を合体させ、宇部興産株式会社が誕生すると、俵田は初代社長に収まるのである。また、工業分野のみならず、自ら立ち上げた宇部窒素工業に昭和一三年一二月にブラスバンドも結成させた。前出の〝宇部好楽協会〟にしても、嗣子の寛夫が主催し、戦前戦後を通じて俵田家が文化芸術運動を牽引した、ひとつの具象であった。

一方の村野のほうは、佐賀県の唐津湾に面する虹ノ松原の先端にある満島《みつしま》で明治二四年に、ほぼ私生児の形で生を受けていた。不遇なる生い立ちを払拭すべく努力を重ね、早稲田大学の建築学科を卒業すると、大正八年に『日本建築協会雑誌』に論文「様式の上にあれ」（『村野藤吾著作集 全一巻』に所収）を発表する。「様式に関する一切の因襲から超然たれ！」という絶叫は、かつてイタリアの詩人マリネッティが一九〇九（明治四二）年にフランスの日刊紙ル・フィガロで発表した「未来派創立宣言」に似た近代主義への憧憬だった。村野は革命の建築家として生きる宣言をし、マリネッティがファシズムに寄り添ったように、ファシズム期の宇部で自らの思想を作品に具現化した。

俵田と村野に共通したエポックは第一次世界大戦後に外遊したことくらいだろう。だが、その意味は大きい。アダム・スミス型の旧来の自由主義経済が行き詰まり、中間層の没落で格差社会が到来し、現代とよく似たグローバリズムの弊害を世界史レベルで二人が目にしていたからだ。古典的な自由主義を見限った「革新」の機運がロシアでは第二次ロシア革命（大正六）、イタリアではファシスタ党の国家再建（大正八年）、ドイツではナチ党の結成（大正九年）を用意してゆく。

そんな世界的「革新」期を俵田と村野は生きていたのだ。宇部では大正七年の米騒動が「革新」の起点となり、三年後の宇部市制施行は、その延長線上になされた。原動力は海底炭鉱の排水ポンプの電気化にはじまる俵田のイノベーションであり、大正六年の宇部紡織所の創業や大正一二年の宇部セメント製造の創業など、石炭産業からの「革新」だった。

村野の「革新」の源流が自身の暗い生い立ちなら、俵田の「革新」の原点は父の経験した報われぬ明治維新にあった。宇部には幕末、領主の福原邸の傍に「維新館」なる学校が造られ、そこで訓練された兵たちが禁門の変に突入し、俵田の父も従軍した。にもかかわらず新時代に取り残されたことで、明治九年に俵田一族が石炭会社を立ち上げたのが、この土地の近代的石炭開発の幕開けとなる。それは討幕戦争時に武器を仕入れたグラバー系の商社から、西洋式の石炭採掘機器を導入する維新革命のつづきでもあった。すなわち「様式の上にあれ」と叫んだ村野の「革新」の建築が、俵田の血の「革新」のレジティマシー（歴史に基づく正統性）につながっていたわけである。

俵田は『宇部産業史』の序文で、「伝統《でんとう》の連環《れんかん》と社会《しゃかい》の靭帯《じんたい》の十字路《じゅうじろ》に屹立《きつりつ》して揺《ゆる》がぬ人間像《にんげんぞう》が匆忙流転《そうぼうるてん》の世《よ》にあつて不易《ふえき》の相貌《そうぼう》を湛《たた》へつ、何時《いつ》の世《よ》にも新《あたら》しく清新《せいしん》の息吹《いぶき》に蘇《よみがえ》る」と語った。俵田の「革新」主義の根源は伝統に結ばれ、その「不易《ふえき》の相貌《そうぼう》」の「新《あたら》しく清新《せいしん》の息吹《いぶき》」に、村野がそのままはまり込んだのである。

本書は市制施行一〇〇周年記念で、宇部市制一〇〇周年出版企画実行委員会を立ち上げて取り組んだ作品だが、結論から言えばファシズム期が思いのほか豊潤で「革新」の空気に満ちたエネルギッシュな時代であったことを示す結果となった。そして街づくりも文化の振興も、宇部の「革新」は沖ノ山炭鉱を軸に進められていたことが見えてきた。

奇しくも時代は一〇〇年前と似てきている。

二人の巨人が一〇〇年前に見た風景は、この国の未来の景色と重なるのか。

〔※1〕岩沢栄は「沖の山炭鉱の海底電車」（『宇部興産六十年の歩み』）で、「沖の山海底電車トンネル」の坑道掘削工事を（昭和一四年）七月一四日からはじめたと語る。

〔※2〕昭和一八年一一月五日付『朝日新聞〔山口版〕』「科学の花道」。

Ⅰ　未完の維新

禁門の変の弾痕跡が残る京都御所の蛤御門（令和2年11月）

禁門の変

山口県の宇部市は、大正一〇(一九二一)年一一月に村から一気に市になった。それが特別だったことは、直前の九月一九日付の『東京朝日新聞』が「村制から一躍市制の申請」と題して、「村制から一躍市制の施行は従来例のない事である」と記事にしたことでもわかる。

松林ばかりの海辺の「緑ヶ浜」に、多くの炭鉱労働者が流れ込んだのは、明治三〇(一八九七)年にはじまる渡邊祐策の沖ノ山炭鉱や、明治四一年にはじまる藤本閑作の東見初炭鉱の成功の帰結だった。一方で宇部市のある山口県は明治四年の廃藩置県で長州藩から名を変えた地で、その原因も自らが主導した維新革命にあり、宇部も震源地の一つだった。

そんないわくつきの場所に、日中戦争勃発の昭和一二年に異形で巨大なオーディトリウムとしての渡邊翁記念会館が出現したのも、さほど不思議はない。

設計者は大正八年に「様式に関する一切の因襲から超然たれ!」(『村野藤吾著作集 全一巻』「様式の上にあれ」)と叫んだ革命の建築家・村野藤吾である。その村野を招聘したのが、かつてこの地で維新革命を牽引した俵田家の子孫である俵田明だったのだ。

そもそも山口県の近代は、長州藩時代の元治元(一八六四)年に皇居(京都御所)から孝明天皇を引っ張り出して山口城に連れ込むクーデター計画(『新撰組戦場日記』)から幕を開けていた。これに危機感を抱いた徳川幕府は、同年六月五日の夜に新選組(近藤勇)を京都の池田屋に投入、密会中の浪士たちを襲撃させたのが池田屋事件である。慌てた長州藩は計画を前倒して、福原越後《ふくはらえちご》、益田右衛門介、国司信濃ら三家老が兵を率いて京都に進撃する禁門になだれ込んだ。七月一八日の夜、

俵田勘兵衛（『俵田明伝』より）

宇部村から従軍した三〇〇名の家臣の中のひとりであった石川範之が『伏水行日記』（宇部市学びの森くすのき蔵）で語るところでは、火縄銃と変らぬヤーゲル銃は雨で役に立たず、雨に強いミニエー銃が足りてなかったことが敗因であったという。俵田明の父である俵田直馬（後の俵田勘兵衛）も、この戦いに従軍したが、幕府勢に押し戻されて宇部に逃げ帰っていた。

福原越後ら三家老は、責任を取らされるかたちで一一月に自刃に追い込まれた。

だが、それで終わりではない。年が明けた慶応元（一八六五）年から大田・絵堂の戦い（現、美祢市）で巻き返しが始まり、厚東の浄念寺で二月に毛利謙八が暗殺されたり、四月には部下の久保田吉之助が境内で自刃するなどの混乱がつづく。こうした内訌戦が一段落した慶応元年五月一六日に、萩の椿八幡宮の宮司・青山上総介（後に靖国神社の初代宮司になった青山清）が宇部の琴崎八幡宮に福原越後を神として祀ったことで家臣団の士気が一気に高まる（『靖国誕生　幕末動乱から生まれた招魂社』）。慶応二（一八六六）年六月からの「四境戦争」〔※1〕が用意されたのも、その結果だった。

かくして長州藩は勝利し、最後の討幕戦である戊辰戦争へと突き進む。

長州藩士の青木群平が宇部村近くの海岸地「妻崎」に派遣されたのが、その直後の慶応四（一八六八）年四月一七日だった（山口県文書館蔵『忠正公伝』）。

青木は、慶応元（一八六五）年六月に長崎でグラバー商会からライフル銃の大量買いつけに出向いた武器商人であった〔※2〕。そんな青木が派遣された「妻崎」からは石炭が出ていた（『防長風土注進案　第十五巻　舟木宰判』「東須恵村」）。

長州藩が海岸を埋め立てながら石炭を掘りはじめたことで、青木は西洋式の排水ポンプの据え付け調査に来たわけである（山口県文書館蔵『忠正公伝』）。

背後には長州藩に武器を売っていたグラバーの存在があった。討幕戦が終われば武器商はできない。グラバーにしても、新規事業に乗り換える必要があったのだ。

実際、明治元（慶応四）年閏四月から長崎の伊王島の南に浮かぶ高島で、佐賀藩と炭鉱の共同開発をはじめていた。ここではグラバー商会のイギリス人技師モーリスが西洋式の蒸気採炭機械を導入し、深さ一五〇尺（約四五メートル）の北渓井坑《ほっけいせい》（現、長崎市指定史跡）を成功させている。

幕末維新期の石炭需要は、軍艦用燃料の必要性からであった。長州藩では慶応四年八月に船木宰判（現在の宇部市船木にあった代官所）に石炭局を創設している。

九月八日に明治と改元されるので、ここから先は明治と書こう。

青木の「妻崎」入りにつづいて、明治三年五月六日に船木宰判の石炭局が技術習得のために三人の鉱夫を高島炭鉱に派遣した。指導者は前出のモーリスだ。六月に入ると船木宰判がモーリス自身を招き、藤曲（現、宇部市藤山）で蒸気ドリルを使った石炭採掘をさせている（『忠正公伝』）。だが、良質な石炭は得られず、モーリスは肥前久原《くばら》（現、佐賀県伊万里市山代町久原）に移って新たな挑戦をすることになるのである。

〔※1〕長州藩の四隅で幕府軍と戦った戦争。幕府側からは禁門の変につづく第二次長州征伐と呼ばれた。
〔※2〕当時は幕府に妨害されたので井上馨と伊藤博文が亀山社中を通じてグラバーから四三〇〇挺のミニエー銃と三〇〇〇挺のゲベール銃の買い入れた（『修訂防長回天史　第五編上　七』）。

維新招魂社

宇部護国神社は、もとは維新招魂社と呼ばれた。

主祭神は禁門の変で、徳川幕府より自刃を強いられた福原越後である。国賊として生涯を終えた越後は、半年後の慶応元（一八六五）年五月一六日に、宇部の琴崎八幡宮に神として合祀された。祭主は越後の嗣子「福原五郎」で、後の福原芳山《ふくばらよしやま》である。合祀を手がけた神官は、すでに見たように、長州藩の招魂祭のリーダーとなる萩の椿八幡宮の青山上総介だった（宇部市立図書館蔵『維新招魂社縁起』）。青山は明治新後に上京して青山清を名乗り、東京招魂社に奉職して靖国神社の初代宮司になっている。

一方の宇部では福原越後をはじめ、禁門の変で戦死した維新志士たちを専用に祀る招魂場として崩山《くずしやま》の地を開き、慶応二（一八六六）年一一月一九日に維新招魂社が建てられる。越後の神霊がその社に遷座し、家臣と共に祀られたのは翌

宇部護国神社旧社殿跡。「明治二巳己三月」と刻まれた福原家紋入りの石燈籠の後ろに並ぶ招魂碑（平成23年5月）

慶応三（一八六七）年一二月五日だった（山口県文書館蔵『諸臣事跡概略』「福原芳山事跡」）。現在、宇部護国神社に向かって左奥が維新招魂社の跡（宇部護国神社旧社殿跡）で、「城州伏水之役不知所終」（城州伏水之役《じょうしゅうふしみのえき》、終《お》わる所《ところ》知《し》れず）と刻まれた家臣団たちの招魂碑が並んでいる。

維新招魂社への越後の神霊の遷座は、かつて青山が手がけた琴崎八幡宮への合祀を手伝った御手洗学が奉仕していた。それが俵田明の母方の祖父である〔※1〕。その関係から息子の御手洗勉輔（後に御手洗等に改名）が維新招魂社の初代宮司に座る。

以後、二代目宮司は俵田藤市〔※2〕（俵田瀬兵衛の嗣子）、七代目宮司は俵田勘兵衛（俵田明の父）といった具合に、俵田家を軸にして維新招魂社は守られていくのである。

かつて社殿のあった場所に、いまは「殉国戦士之碑」が鎮座し、裏に「御造営奉賛会長　題字俵田明」と刻まれている。昭和三二（一九五七）年九月二八日の建碑に際して、祖先ゆかりの維新招魂社の二三六八柱の英霊を鎮魂するため、晩年の俵田が石碑に揮毫したものである（昭和三二年九月二九日付『宇部時報』「神鎮まる護国神社」）。

〔※1〕俵田明の母ハヤは御手洗学の長女。
〔※2〕『明治十七年　庶務ニ関スル件』（宇部市学びの森くすのき蔵）では「俵田藤一」。

俵田瀬兵衛と石炭会社役配草案〔明治九年九月〕

福原越後の嗣子となった福原芳山は、慶応二（一八六六）年六月に始まる四境戦争で家臣団を率いて幕府勢力と兵刃《へいじん》を交えた。その騒動がひと区切りついた一二月に、家臣の藤本磐蔵を連れて長崎に向かい、翌慶応三（一九六七）年三月に長崎からイギリスに密航する。毛利幾之進、服部潜蔵、河瀬安四郎（河瀬真孝《まさたか》、石川小五郎）も一緒に渡英したので、彼らを第二次長州ファイブ〔※1〕とも呼ぶ。

戊辰戦争は明治二（一八六九）年五月一八日の函館の五稜郭の陥落で幕を閉じる。

長州藩の維新革命軍「諸隊」は官軍として勝利したが、宇部に夜明けは来なかった。外遊中の芳山に代わって、筆頭家老の俵田瀬兵衛が維新招魂社に村民を集め、「これから後は君でもない家来でもない」と「告別の辞」を告げたのが明治三年閏一〇月ごろである（『宇部郷土史話』）。

船木宰判が最後の力を振り絞り、長崎のグラバー商会からモーリスを招聘するなどして、新時代にむけた近代的石炭開発を模索していた時代である。だが、明治四年七月の廃藩置県で旧体制が崩れると、宇部の士民たちはますます窮乏する。勝ったはずなのに、蓋を開ければ負け組だった。

明治六年九月に実施された日本坑法による石炭事業の民営化も、そんな苦境に拍車をかけた。隣接する須恵村（現、山陽小野田市）の最後の石炭方役人・福井忠次郎が品川弥二郎、井上馨、宍戸璣（山縣半蔵）たちと石炭会社を立ち上げ、厚狭郡内の石炭坑区権を一手に収めたからだ。宇部村民は自分の土地でも石炭を掘るとき、高額な斤先料（採掘料）を取られるようになる〔※2〕。

やがて明治七年九月に福原芳山がイギリスから帰国した。芳山は帰国直前の六月六日に、イギリスで法廷弁護士資格バリスターを取得していた。

俵田瀬兵衛は、これまでの経緯を芳山に説明し、失った石炭坑区権の買い戻しにとりかかる。明治九年四月二七日付で芳山が俵田瀬兵衛に宛てた委任状「炭鉱借区契約書」（宇部市学びの森くすのき蔵）には、福井策三（福井忠次郎の息子）から鉱区代金一万四〇〇〇円を八年かけて償還する計画が見える。

末尾に芳山の名が墨書され、イギリス留学時代に使っていたローマ字イニシャル「GY」(Goronoske Yoshiyama)の朱印が押されているのが印象的だ。「石炭会社役配草案」(宇部市学びの森くすのき蔵)も、このころ(明治九年)に作成されたものであろう。

立案者は「副社長」に名を連ねた俵田瀬兵衛だった。

社長　旧領主(福原芳山)
副社長　俵田瀬兵衛
検証　花田令助、俵田勘兵衛、冨田潤三
検査　藤本保、国吉明信
頭取　高良政右衛門
元締　名和田與三右衛門
大棟梁　東谷吟三、瀬戸浅吉、崎田弥右衛門

幹部の「検証」には分家筋の俵田勘兵衛がいた。禁門の変に従軍した俵田明の父だ。もうひとりの「検証」の花田令助には、俵田勘兵衛の妹フサ(文久三年没)が嫁しており、勘兵衛からいえば義埋の弟だ。そして最後の「検証」の冨田潤三は、瀬兵衛の実弟〔※3〕だった。

石炭会社プランは俵田本家の主導で立ちあがっていたことになる。また、「頭取」や「元締」ク

ラスが地主や庄屋、「大棟梁」が農家という形は、慶応元年冬に結成された〃知方隊〃と似ていた。俵田一族にとって、未完の維新の続きだったのであろう。

だが、社長に据えられた芳山は余り乗り気ではなかった。できれば別の人を「社長心得」（社長代理）として欲しいと書いていた（『福原家文書　下巻』「石炭会社規則ニ付書翰」）。

福原芳山が旧蔵していた『民法草案』を手にする紀藤正樹さん（令和2年12月、宇部市琴芝の紀藤家にて）

芳山は司法卿の大木喬任が明治八年九月に設置した刑法草案取調掛に任命され、刑法草案の作成に着手していたからだ（早稲田大学図書館蔵『刑法編集日誌』（明治八年九月二〇日～一二月三一日））。また、民法の調査も進めていた。

東京で弁護士をしている紀藤正樹さん〔※4〕に「福原芳山」の朱印が捺された『民法草案』を見せてもらったことがある。「明治九年六月起草　同年九月竣草」の文字が確認できる日本初の民法草案『明治一一年民法草案』で、それを見たとき石炭会社の経営と司法省の仕事の兼務が、負担であったのだろうという気がしたのである。

〔※1〕「第二次長州ファイブ」と呼んだのは犬塚孝明氏（『維新の英傑　福原芳山の生涯』）。最初の長州ファイブは文久三（一八六三）年五月に横浜港から上海経由でイギリスに密航した井上馨、伊藤博文、山尾庸三、遠藤謹助、野村弥吉（井上勝）の五名。

〔※2〕『宇部産業史』「第二章　初期斤先掘時代」（六二頁　註4）によれば、斤先料は鉱区権所有者に採掘者が支払う採掘料で、五銭から六銭の炭価に対して一銭五厘から二銭六厘の斤先料が課せられたという。

〔※3〕『復刻宇部先輩列伝』「俵田瀬兵衛」。

〔※4〕紀藤正樹さん（昭和三五年生まれ）の祖父は福原家臣の紀藤織文。その関係から父の紀藤申夫さん（大正九年生まれ）が、子供のころに福原家で貰った本という。

Ⅱ　二人の足跡

渡邊翁記念会館の入口天井電燈の鷲のデザイン（令和3年1月）

俵田明の巻

俵田明の誕生（明治一七年）

俵田明は明治一七（一八八四）年一一月一三日に小串の高台（現、宇部市小串）で生まれた〔※1〕。かつてそこから緑ヶ浜の一帯が見渡せたが、海岸沿いの松林「緑ヶ浜」は今では埋め立が進み、俵田が初代社長を務めた宇部興産株式会社の敷地に変わっている。

俵田が生まれた年の記録として、旧福原家臣一五二家族の生活実態を調査した『明治十七年　庶務ニ関スル件』（宇部市学びの森くすのき蔵）が残されている。「戸主」の俵田軍太郎の「士族生計調」を見ると、数え年で「年齢十九才」、職業は「農業」である。父の勘兵衛は「四十六才」、母ハヤは「四十二才」。明は生まれる直前なのか名前が見えない。「所有財産」は「田地一反六畝十四ト〔※2〕」、「畑地一反九畝ト」、「宅地三畝ト」、そして「家屋二拾坪」だけで、「金録公債証書　二百六拾五円」とある。父たちの命懸けの維新革命で、残ったのは僅かにこれだけであったのだ。

明治一四年一〇月に大隈重信が大蔵卿を罷免されて以来、日本中に自由民権運動の嵐が吹いていた。宇部でも旧福原家臣たちが明治一四年の秋から自由民権系の防長南部懇親会を立ち上げて、生き残りをかけた議論を交わしていた。

俵田一族が明治九年に立ち上げた石炭会社プランも、そんな郷土復興を目指していた。明治一四年二月付けの「社則改正案」(宇部市学びの森くすのき蔵『宇部炭坑会社社則改正案』)を見ると、自由民権期に近代的会社組織にリニューアルしようと努力した痕跡が伺える。幹部の俵田瀬兵衛、俵田勘兵衛、花田令輔(助)、冨田潤三、高良政右衛門、名和田與三右衛門、東谷吟三、瀬戸浅吉、崎田弥右衛門たちの連名で書かれたその文書に、会社名を「宇部炭坑会社」と改めることや、毎月一一日に社員会議を開くこと、会議の場所を「社長ノ宅」に置くことなどが記されている。だが最高責任者の福原芳山が、翌明治一五年八月一七日に東京の自宅で三五歳の若さで病死したことで、事業計画は再び行き詰る。

防長南部懇親会が明治一八年三月に第八回で幕を閉じると、メンバーの藤本晋一(藤本保の息子)が宇部村戸長の厚見剛之介を訪ねて打開策を持ちかけた。そして厚見は国吉明信、紀藤宗介、藤田義輔、山﨑峻蔵(巴門)ら旧福原家臣を集めて郷土復興を担う共同義会を、明治一九年五月二六日に立ち上げる。実に俵田が二歳のときであった。『宇部共同義会五十年誌』は「宇部の財政経済を援助し、産業の基礎を確立したるものは即ち共同義会である」と語り、「恰かも共同義会は撫育局制度の縮図の観がある」と解説している。

共同義会の創立当初の三六名のメンバーなかに、俵田勘兵衛もいた。加えて彼自身が後見人になった若き渡邊祐策の名も見える。こうして故・福原芳山の名で買い戻された借区権鉱区は、明治二〇年七月一五日に芳山の嗣子である福原俊丸と、その後見人の紀藤右仲の連名で、共同義会に無償提供される。

俵田は明治二四年春に宇部尋常高等小学校に入学して、明治三二年三月に卒業する。そして一年間、棚井村の医師・松岡文五郎の書生として過ごす。

昭和四四（一九六九）年八月号『化学経済』の「俵田明と石炭化学工業」には、「俵田が高等小学校を終えた当時、父に定収はなく、わずかの田畑も大半は手放してしまった」とある。「家族の口べらし」で「次姉もとの義妹」という縁戚関係を頼り、松岡の家に転がり込んだのだ。

その松岡文五郎の家は、今はもうない。しかし孫の松岡克征《よしゆき》さん（昭和一四年生まれ）が同じ敷地に新しい家を建てて住んでいた。

そこで棚井中の県道近くの松岡家を訪ねて戸籍を確認すると、文五郎は文久元（一八六一）年生まれで俵田より二三歳年長であった。祖父で本家筋の松岡寿庵は吉敷毛利家臣であり、幕末に楽寿堂なる私塾を隣接地で開いていた。その関係から文五郎の妻ツユも旧福原家臣の家に生れた村上俊臣の長女であった。実に彼女が俵田の「次姉もとの義妹」であり、その縁によって俵田は書生住まいをしたのである。

当時の俵田は、広瀬の法輪寺で藤井順教（第一四世）からも漢学を学んでいた。この寺も厚東川沿いに残り、庫裏の御内仏《おないぶつ》（藤井家の仏壇のある部屋）に藤井順教と妻スミの肖像画が額装されて掲げられている。

俵田は下関の商業学校に進学を希望し、商売で一旗揚げようと考え、父の勘兵衛に相談した。しかし「金儲けなんど、そんなことを！」と一括され、教育者になるよう諭されていた（『俵田明伝』）。とはいえ、上に進める学校など宇部にはなく、一六歳になる明治三三年四月に、厚狭郡の厚西《こうせい》村で粟屋活輔が創立した私塾・興成義塾（後の興風中学校）に入学する。

〔※1〕東小串二丁目の俵田孝明さん（故人）の旧宅一帯。俵田明の孫娘・林万里子さんが、「孝明さんの家は俵田本家（俵田瀬兵衛の家）の分家です。あの人のお祖父さんが軍太郎さんなので、弟の明もそこで生まれたはずです」と教えてくれた。

〔※2〕「ト」は「歩」のこと。「歩」は「分」とも書き、「ト」はその略字。

渡邊祐策と俵田家〈明治三〇年〜同三五年〉

宇部興産（株）の母体となる沖ノ山炭鉱は、明治三〇（一八九七）年六月に渡邊祐策が創業していた。最初の開坑場所は「上町の踏切の地域」（料亭一福の場所）」（『素行渡邊祐策翁　乾』）という。

これより前の明治二三年に厚狭郡高千帆村ではじめた堀田山炭鉱に失敗していた渡邊は、沖ノ山炭鉱着手と同時期（明治三〇年六月）に開いた厚狭郡須恵村後地潟《こうじがた》の本山炭鉱も頓挫させていた。新時代に乗り遅れた維新者の残党たちは、沖ノ山炭鉱に生き残りをかけたのである。実際、創業時の一六二名の株主には、俵田瀬兵衛や俵田の父である勘兵衛、そして兄の軍太郎たちが名を連ねていた。なかでも勘兵衛の参加は、子供時代に父を亡くした渡邊の後見人という延長線上にあった。

渡邊の実父は、藩政期には庄屋の下に置かれた畔頭《くろがしら》の国吉恭輔《くによしきょうすけ》で、俵田勘兵衛（俵田直馬）たちと一緒に「禁門の変」に参加していた（『諸士中戦争度数書出草案』）。その後、恭輔は、慶応二（一八六六）年八月七日の「安芸国佐伯郡折敷畑合戦」（四境戦争の安芸口の戦い）に従軍し、軍功をあげた。明治四年九月に福原家臣の渡邊詠蔵の家を継ぐことを許されたのも論功行賞であろう。

実は俵田家と恭輔の家は、それ以前からつながりがあった。渡邊祐策の曾孫である渡邊裕志さん

（昭和二三年生まれ）によると、島にはルーツを同じくする大国吉《おおくによし》、古屋国吉《ふるやくによし》、中国吉《なかのくによし》、そして恭輔の生まれた戎屋国吉《えびすやくによし》（戎屋は酒造業をしていた時代の屋号で便宜的な呼称）の四つの国吉家があったという。その中国吉の国吉助右衛門の上の娘が、俵田明の祖父・俵田盛明に嫁し、下の娘が戎屋国吉を名乗っていた国吉恭輔の妻キクになっていた。渡邊家には『素行渡邊祐策翁』の乾坤二巻を出す際にまとめた家系図があり、恭輔の箇所に、「室ハ仝村国吉助右エ門女キク」と見える。俵田勘兵衛と渡邊祐策は、ともに母親が国吉助右衛門の娘（姉妹）であり、二人は年の離れた従兄弟だったことになる。

幼少期の渡邊は、母キクの乳の出が悪いことで実姉のいる俵田家に乳母《うば》を求めてもいた（『素行渡邊祐策翁　乾』）。そして渡邊が一四歳になった明治一一年五月に、父の恭輔が急逝するが、この訃報を気の毒がった従兄の俵田勘兵衛が、渡邊の後見人になってやるのである。

それから三年が過ぎた明治一四年に、渡邊は小学校の訓導（教師）になろうと無断で山口の師範学校に入ろうとする。このときも親代わりの勘兵衛が、長男の責任を果たせと引き戻していた。引き戻さなかったら、後の沖ノ山炭鉱の成功もなかったであろう。

といっても先の見えない山師の仕事が、最初からうまくいったわけではない。

沖ノ山炭鉱を継続するか否かとの議論が起きたのは、明治三二年二月二五日の渡邊の自宅で行われた株主総会の席上だった。中には若い渡邊を見限って、「実力がないから仕方がない」と立ち去る者もいた。それでも新株で渡邊を応援した一三〇名の中に、やはり俵田瀬兵衛と勘兵衛は残った。こうした支援の末に、沖ノ山炭鉱は創業から五年後の明治三五年二月に、最初の配当を出すのである。それは俵田が寄宿舎暮らしをしながら、興成義塾の最終学年（三年生）を迎えたときであった。当時を俵田は『粟屋活輔先生小伝』で「追憶」と題し、授業で銃剣を習ったり、厚狭川下流の下津河原で野球に夢中になったりしていたと回想している。特筆すべきは、級長だった俵田が音頭を取って学友たちと弁当を持って山に立てこもるストライキを起こした事件である。授業をボイコットした顛末を、「面白半分だから先生の納得の行く迄返答をすることが出来ず、御目玉頂戴でけりがついた」と明かしていた。

大阪「藤の棚」

俵田明は明治三六（一九〇三）年三月に興成義塾を卒業したが、正規の中学校ではなかったので、中学校の卒業資格が得られなかった。大阪の「藤の棚」に住んでいた兄・軍太郎のもとに転がり込み、明治三六年四月から九月まで、西区江戸堀の泰西学館で中学教育の補習を受けたのは、それを補うためだった。この間、六月に専門学校入学者検定試験を大阪府立北野中学校で受験して合格し、中学卒業の資格を手に入れると、九月には大阪英語学校に入学して翌明治三七年六月まで通うことになる。

俵田が若き日を過ごした「藤の棚」を歩いてみた。

江戸時代に「藤之宮」の名で知られたノダフジ（野田藤）で有名な大阪市福島区玉川二丁目の界隈である。現地にはノダフジにまつわる春日神社の祠が鎮座していた。隣接する藤《ふじ》マンションを経営する藤三郎《ふじさぶろう》さん（昭和一四年生まれ）が、代々ノダフジを守ってきた藤家一八代目で、その春日神社がかつての「藤之宮」だったことを教えてくれた。

江戸時代に野田村庄屋だった藤家は、藤マンションの近くに屋敷「藤庵」を構えていた。しかし戦後の都市開発期に処分したそうで、いまはそこに阪神高速道路が通る。一方で「藤庵」の庭だけは近くの下福島公園の東側に移設復元されていた。

藤家は明治大正期に周辺に多くの貸家を有し、俵田軍太郎もそんな借家のひとつに住んでいたのではないかという。藤家に残る戦前の封筒に書かれていた「玉川町一丁め《ママ》藤ノ棚」の住所から、そのことが推察できた。藤さんは、「多分この辺りに住んでおられたのでしょう」と口にしながら周辺を案内してくれた。近くの恵美須神社の東側の鳥居の前で、「ここに明治時代から営業していた〝宝島〟という風呂屋が昭和の終わりまでありましたので、俵田さんも入られたと思いますよ」というのである。

一方で俵田が学んだ泰西学館は、キリスト教の学校として明治一九年九月に中ノ島で開設されていた。校舎の移転や経営難を経て明治三一年に一度廃校になったことでキリスト教の経営から離れ、俵田が通った時期は藤さんの家からさほど遠くない靫《うつぼ》公園（大阪市西区靫本町）あたりに所在していたようだ。俵田が専門学校への入学資格を得るための試験を受けた大阪府立北野中学校跡を示す記念碑も、阪急電鉄の大阪梅田駅近くの済生会中津病院の前庭に建っていた。明治三六年九月に入学したという英語学校が、時を同じくして大阪府の認可を受けて「大阪青年会英語学校」と改称した大阪ＹＭＣＡ経営のキリスト教系の英語学校だったことも、現地を歩くうちに見えてきた。

その場所は、土佐堀一丁目の交差点の角に据えられた「長州萩藩蔵屋敷跡」のモニュメントの界隈である。かつて長州萩藩の蔵屋敷があったその地に、明治九年にアメリカから帰国した吉敷毛利の家臣・沢山保羅《さわやまぽうろ》がキリスト教を伝道するため、浪花《なにわ》教会の伝道所を開設し、明治一九年一一月に青年会館（最初のYMCA会館）が献堂されていた。その青年会館内にあったであろう「大阪青年会英語学校」に、俵田は明治三七年六月まで通ったようなのだ。そしてこのとき学んだ英語が、昭和戦前期の二度に渡る洋行で役立つのであった。若き日に自ら勉学に励んだ大阪は、俵田にとって思い出の地であった。

目黒の火薬製造所

俵田明は、明治三七（一九〇四）年夏に大阪から宇部に戻る。

日露戦争は二月からはじまり、月俸八円で宇部小学校の代用教員をはじめた九月には、日本海軍は早くも黄海開戦に勝利を収めていた。

俵田は明治三八年一月四日から広島騎馬兵第五連隊に入営し、戦争終盤の八月に第十六師団の一員として大連《だいれん》に上陸する。すでにポーツマス条約の談判が始まり、九月五日に講和が成立したことで帰国。明治三九年四月一〇日の宇部小学校での戦勝祝賀会に出席した。

戦後、宇部興産の社長となる一一歳下の中安閑一は、そのとき俵田の姿を見て、「金モールのついたはなやかな色どりの軍服に長いサーベルをさげて、威風堂々と現れたのを覚えている」（宇部興産版『私の履歴書』）と回想している。また、宇部護国神社境内に鎮座する日露戦役記念碑に俵田の名が刻まれているのは、そのときのメモリアルでもある。

一方で兄の軍太郎は、一足早く明治三七年に宇部に戻り、渡邊の経営する沖ノ山炭鉱で仕事をしていた。しかし俵田の方は、働きながら勉学するため、東京に向かう。

築地にあった工手学校（現、工学院大学）本科の電気工学科に入学したのが明治三九年九月だった。二月には父の勘兵衛が一〇年間奉仕した宇部維新招魂社の宮司を辞した。

私は、築地七丁目の東京都中央区立あかつき公園冒険広場を訪ね、公園の西端の道路沿いの鉄柵の内側に建つ「工学院大学学園発祥之地」の石碑を見つけた。碑文に、「明治二十一年我国工業の黎明期に当り　此地に工手学校が創設された」とある。俵田の入学した明治三九年九月には学生が一五八〇名、翌明治四〇年一月には二二〇〇名に膨れ上がったと『工学院大学学園七十五年史』は記していた。そのころの校舎の全景は、近くの中央区立京橋図書館所蔵の『明治大正建築写真聚覧—建築学会創立五十年記念展覧会出陣』（昭和一一年刊）で見ることができた。

築地時代の工手学校（『明治大正建築写真聚覧—建築学会創立五十年記念展覧会出陣』より）

俵田の下宿先は高輪の大村徳敏《おおむらのりとし》邸で、現在のJR山手線「品川駅」の高輪口を出て約四〇〇メートル北上したところである。いまは独立行政法人・地域医療機能推進機構本部が建っており、そこから坂を登ればグランドプリンスホテル高輪がある。端に旧竹田宮邸の西洋館が残されていて、俵田が大村邸にいたころの遺物といってよい。それは明治四一年に明治天皇の第六皇女・常宮昌子《つねのみやまさこ》内親王が竹田宮恒久王《たけだのみやつねひさおう》のもとに降嫁した際に建てられた和館につづき、明治四三年に竣工した洋館だった。

俵田が大村邸に転がり込んだのは、最後の宇部領主・福原芳山の長男である福原俊丸（明治九年生まれ）の妹うめ（明治一二年生まれ）が、大村益次郎の養嗣子である徳敏に嫁していたからだ。徳敏は毛利元徳《もうりもとのり》の息子として明治九年に生まれていたので、当時は三〇歳（『現代防長人物史　天』）。兄の毛利五郎と一緒に明治四二年二月に「芝区高輪南町」に資本金一〇〇万円で金田鉱業株式会社を立ち上げたと『日本全国諸会社役員録　下篇』（明治四四年刊）は記す。俵田が居候したころの徳敏は、未だ井上馨が内田山邸に造った時習舎の舎長を続けていたに過ぎない時代だったのであろう〔※1〕。

昼間は電気工事の下請け工事に汗を流し、夜は七キロ以上離れた工手学校で学んだ俵田は、「いまに自動車も電気で動くようになる」（『俵田明伝』）と語っていたという。

明治四一年二月に工手学校を卒業した俵田は、福原俊丸の紹介で陸軍砲兵工廠に職を得た。下宿も高輪の大村邸から、興成義塾の同級生で関西法律学校を卒業した岡本勲治と上野御徒町の佃煮屋《つくだにや》の二階に移り住む。岡本は、「何分《なにぶん》二人とも金がないので、月末になると、野菜や魚を買う金もなく、飯に醤油をかけて食事をすますというような窮乏生活をしておりました」（『圓成院釋明徳昭堂大居士俵田明』）と当時を回想している。

夏に神田三崎町の素人下宿に移るが、俵田は間もなく痔で苦しむ。

築地で石炭商を営んでいた親戚筋の俵田弁三郎は、俵田を青山の赤十字病院に担ぎ込んで手術を受けさせた。俵田は明治四一年秋に退院すると一年を待たない明治四二年七月四日に、宇部の教念

目黒の火薬製造所跡（現在は防衛装備庁の艦艇装備研究所・恵比須ガーデンプレイス38階より鳥瞰・令和２年10月）

寺の住職・兼安洹乗《かねやすおんじょう》の二女であるシゲと結婚した。そして宇部で結婚式を挙げると新婦を伴い再び上京し、麻布広尾で新婚生活を送りながら、陸軍砲兵工廠での仕事をつづけたのである。

陸軍砲兵工廠の本拠は小石川（文京区）で、板橋（板橋区）に火薬製造所と火薬研究所、十条（北区）に銃砲製造所、滝野川（北区）に火具製造所、目黒（目黒区）に火薬製造所、岩鼻（群馬県高崎市）にダイナマイト製造所、王子（北区）に発電所があった。

俵田の職場は目黒の火薬製造所である。現在の防衛装備庁の艦艇装備研究所の一帯で、恵比須ガーデンプレイスの三八階の展望所から全景を眺めることができた。そこでの業績は、三田用水の水力で駆動していた黒色火薬の圧磨機（加圧して火薬を練り上げる機械）を電力に変えたことである。俵田は一〇馬力の籠型誘導電動機を導入したのだ。

こうした仕事ぶりが認められて、陸軍技手判任官七級になったのが明治四五年五月だった。大正三年五月には判任官六級に昇格し、職場も小石川の本廠に移る。

この間の大正二年秋に、俵田は再び夜学の工手学校高等科電工学科に入学して一年間学び、大正三年九月に卒業している。その結果、変電所の主任になれる三級免状を取得した。

沖ノ山炭鉱の事務長だった兄の軍太郎の訃報が届いたのが、そんな矢先の大正二年三月四日だった。長女の初枝が生まれて（二月二七日）一週間を待たないときだ。そして工手学校高等科電工学科を卒業した俵田のもとに、宇部から渡邊祐策が来て、「郷里に帰って俺を助けてくれ」と頼み込むのである。友人の岡本勲治が、「あの新川の松の木しか生えていない家も何もない所に帰ってどんな仕事をするんだ」（『圓成院釋明徳昭堂大居士　俵田明』）と引き留めたが、俵田は躊躇することなく宇部に戻り、渡邊を助けることにしたのだった。

〔※1〕明治三九年一一月五日付『東京朝日新聞』の「輝久王御送別会」には、北白川若宮輝久王の送別会に、大村徳敏が時習舎の舎長として参列していた様子が見える。

イノベーションと〈菜根譚〉

俵田明が沖ノ山炭鉱に入ったのは大正四（一九一五）年四月二一日で、仕事は保安係兼機械係だった。もっとも沖ノ山炭鉱はまだ小さく、事務所も粗末な木小屋でしかなかった。

宇部に戻った俵田は、亡くなった兄・軍太郎の仕事ぶりをはじめて知る。

明治四二（一九〇九）年一月に渡邊祐策が宇部電機会社を発起した時からの支配人だったことや、明治四四年一二月創設の宇部軽便《けいべん》鉄道の軌道敷設のための調査や土地買収など、多岐に渡る活躍をしていたからだ。明治四五年六月から新川の河口約一キロの沖合に着手された百間角《ひゃっけんかく》の築島でも活躍していた。そんな兄の仕事を引き継ぐ決心をするのである。

第一次世界大戦に突入し、景気もうなぎ上りだった。一方で、入社直前の大正四年四月一二日に起きた東見初炭鉱の落盤入水事故も気になっていた。

五月二五日付の『宇部時報』が「嗚呼藤重勝太郎氏」と題して報じたのは、落命した事務棟梁（事務長）の藤重勝太郎の事績と二三五名にのぼった犠牲者である。

排水用として性能の良い電気ポンプの導入を急いだのも、この事件の教訓からだ。その結果、沖ノ炭鉱では大正四年末に旧坑の排水用に一〇二馬力タービンポンプ二台、二五馬力のタービンポンプ、セントリフューガルポンプ、スルースローポンプ六台を設置して電化率を四二％にまであげていく。さらには捲揚機の電気化も進めた。『俵田明伝』には、大正八年まで電気とポンプが拮抗し、翌大正九年から電気が蒸気を上回ったと見える。

大正4年　宇部電気会社の新設の発電機。最下段に立つのが俵田明（上郷家蔵）

これに併せて宇部電気会社の発電機の増設も俵田が主導してゆく。大正四年八月二五日付の『宇部時報』には設置されたばかりのゼネラル・エレクトリック社製の巨大なカーチス・バーチカル・ターボ発電機の前に立つ俵田の姿が見える。下段の左端が俵田で、その右側の黒服が濱田浅一、中段右から上郷《うわごう》與吉《よきち》（支配人）、渡邊祐策（社長）である〔※1〕。

しかし大正七年八月に新川で米騒動が起き、多くの犠牲者が出た。三ヶ月後の一一月に第一次世界大戦も休戦となり、景気も一気に冷え込んでゆく。宇部は暗雲に包まれた。

俵田が飯田英太郎の後を継ぎ、大正八年一月（上期）から沖ノ山炭鉱の事務長に就いたのも、こうした社会の閉塞を乗り越えるために、会社組織そのものを「革新」するためだった。まず手がけたのは、労働者の救済である。

労働者の生活安定のために沖ノ山労役者救済会を結成させ、集会所「信愛クラブ」を立ち上げさせたのだ。高野義祐によれば、沖ノ山労役者救済会は一月に発足した沖ノ山信愛会を「改めて会則を制定し」直した組織であったらしい（『新川から宇部へ』「沖ノ山信愛会生る」）。

その沖ノ山労役者救済会は一一月一五日と一六日に、新川座で芝居見物を計画した。市川姉十《いちかわきょうじゅう》郎《ろう》たちを招いての芝居上演〔※2〕で「徳義心を涵養する」ために必要な「社会政策」と俵田は語っていた（大正八年一一月一三日付『宇部時報』「沖ノ山の慰安会」）。

こうした流れに沿って、俵田は宇部式匿名組合の「革新」に乗り出す。

頭取に一切の権限を委ねる伝統的な炭鉱経営も、資金の流れや人事が不透明となっていていたことで改革が必要と考えていたのだ。いつまでも古い制度に縛られては社会は進展しない。出資者に組合券を発行し、その権限を明確化し、近代的な株式会社化を目指したのである。このときの俵田の奔走が、昭和三（一九二八）年一〇月の株式化を用意した。

第一次大戦期は明治開国期からのグローバル化がピークに達し、強いものはより強く、弱いものはより下位に落とされる矛盾が露見した時代でもあった。これを憂いた俵田は、沖ノ山炭鉱が創業二〇周年から一年が過ぎた翌大正五年四月に、渡邊祐策の了解を取りつけ、宇部紡織所の創業準備を具体化させてゆく。

まずは大正五年九月に、渡邊祐策や藤田豊たちと柳井町（現、山口県柳井市）の山口県立染色講習所の所長・峯岸善七と会い、旧岩国領主の吉川家の事業としてはじまった義済堂を見学した。これをモデルにして工場の設計、建築、機械の購入に走り回り、大正六年三月に匿名組合の形で宇部紡織所が俵田の主導で創立される。そして同七年六月には宇部紡織株式会社、つづいて大正一五年一二月には宇部紡績株式会社と名を変え、収益的には成功とはいえぬまでも〔※3〕、女性の社会進出や地位向上に貢献する。それは炭鉱業から脱皮する新たな産業創出の第一歩でもあった。『日化協月報』（一九七八年三月号）は「日本の化学工業を興した人々　俵田明」と題し、俵田の最初の仕事が「宇部紡織所の設立」としたうえで、「調査・企画から女工の訓練まで手がけた」が、戦後不況で挫折したと語る。

宇部市立図書館の赤レンガ壁（平成23年5月）

宇部紡織所のあった場所は、現在の宇部市立図書館の地（琴芝町一町目）で、図書館の建物（平成三年開館）の一部には往時の赤レンガ壁がいまも残されている。それは俵田最初の「革新」の残影といってもよい。

実は時を同じくする大正五年時の俵田の手帳が、宇部興産のUBE-i-Plazaに保管されていて、そこに鉛筆書きで中国の古典『菜根譚』の一節が記されていた。

〈祖宗《そそう》ノ徳澤《とくたく》ヲ問《と》ヘバ、吾《わ》カ身《み》ノ受《う》クル処是《ところこれ》レナリ　其積塁《そのせきるい》ノ難《かた》キヲ思《おも》フベシ　子孫《しそん》ノ福祉《ふくし》ヲ問《と》ヘバ、吾身《わがみ》ノ貽《のこ》ス所是《ところこれ》レナリ　其傾覆《そのけいふく》ノ易《やすき》ヲ思《おも》フベシ〉（ルビは筆者）

俵田にとって沖ノ山炭鉱に身を投じたことは、明治維新後の近代的石炭開発を導いた祖先の恩恵の延長という意識があったのであろう。宇部紡織所の創業は、そんな伝統の中で「革新」へと向かう大きな実験的企業となるのである。実際、大正六年一〇月一四日付『宇部時報』の「宇部紡織所第一期工事成る」は、「炭鉱の寿命は今後尚ほ五十年や百年は尽きる事はあるまいが然し一函又一函を持ち去るだけでに其寿命が縮まる」ので、「永久的」な新事業として紡織所を立ち上げたと報じている。

ほかにも俵田が市制施行前後に手がけた「革新」的事業として、宇部港の築港と沖ノ山上水道の敷設をあげることができる。

明治末の新川港沖の百間角の築島から海岸部の埋め立てが進むなか、別府湾の埋め立て工事を別府土地信託株式会社の仕事として請け負っていたのが元内務省土木技師の篠川辰次であった。その仕事ぶりを技術者の目で見定め、渡邊を説き伏せて大正一〇年一月に宇部に招聘したのも俵田である。以後、俵田は篠川と二人三脚で沖ノ山上水道、宇部港の築港、宇部紡績、宇部セメント製造、宇部窒素工業、宇部電気鉄道、西沖干拓、宇部油化工業、渡邊翁記念会館、宇部工業倶楽部の建設など、「革新」を進める土木工事を牽引した。

もっとも宇部港築港のために宇部入りした篠川であったが、工業用水と生活用水確保のために先行していた沖ノ山上水道の計画に、まずはたずさわった。俵田も臨時水道部の顧問となり（『宇部興産六十年の歩み』「宇部港と沖の山上水道」）、藤山村の浄水池予定地で大正一二年五月八日に起工式をしていた〔※4〕。それから少し遅れて、昭和四年一一月一六日に第一回目のケーソンの進水式を行い、宇部港築港もまた本格化していくのである。

面白いのは、これと並行して宇部で公害対策への取り組みもはじまったことだ。大正一〇年一月二三日付の『宇部時報』は「論より證拠　完全燃焼器の効力」と題し、煤煙防止のための「手島式完全燃焼装置」の紹介記事を載せている（Ⅲ「未来工場図と公害対策」）。

あるいは前出の宇部紡織所の創立と同じ発想で、渡邊と俵田の主導で宇部セメント製造の創立準備も動き始める。きっかけは、鈴木商店の岡和《おかかのう》（明治五年、船木生まれ）だった。

鈴木商店を経営していた金子直吉は、明治三六年に大里《だいり》製糖所を北九州の門司の大里に創立したのを皮切りに、帝国麦酒《ビール》会社（明治四五年）など多くの会社を関門地域に立ち上げていた（『関門の近代　二つの港から見た一〇〇年』）。大正五年一月に彦島村西山に建造された日本金属彦島精錬所も、こうした鈴木商店系の会社のひとつで、経営を岡和が任されていた。岡は、亜鉛の精錬工場を徳山に移すと（大正五年に建造された周南市の大華村大島に残る巨大煙突がその痕跡）、新たにセメント製造のプランを金子直吉に持ちかける。だが、金子は時期尚早と拒んだ。渡邊たちが新規事業の相談を岡に持ちかけたのがそのときで、「第一にセメント工業」が良いと岡が漏らしたことで、大正一二年九月一五日に宇部セメント製造株式会社が創立されることになるのである。岡が鈴木商店でやろうとしていたセメント事業を、沖ノ山炭鉱が引き受けた形になったのだ。このため、「岡の慫慂《しょうよう》が、尠からず翁を動かした事は争はれない事実」と『素行渡邊祐策翁　乾』は語るわけである。

むろん、セメント製造会社の創立準備の実務を担ったのも俵田であった。

大正一一年五月に、まずはアメリカのアリスチャーマー機械会社の技師バンザントを招いて宇部でセメント業を起こす相談して下調べをはじめている。大正一二年五月三〇日の岡村旅館での協議会の席上でも、セメントこそが将来の「文化の進展を助ける」と、俵田は〝セメント文化論〟をぶち上げた。時代は更なる「革新」を求めていたのだ。

こうして渡邊を社長に据えると、俵田自身は高良宗七、藤本閑作、岡和、山川庸之助、国吉信義たちと取締役におさまり、大正一二年九月一五日に宇部セメント製造株式会社を創立する。その後は篠川が土木工事を担う形で工場建設が進むことになる。

一方で、輸入機械の据え付けのため、アリスチャーマー社の技師ドニーが大正一三年六月に来日した。これに先駆けて同年二月一四日付の『宇部時報』(「宇部に来た外人技師」)は、オハイオ州出身の四〇代半ばの「働き盛り外人」として、月給一二〇〇円で招聘したと紹介している。厚遇で迎えられたドニーは、そのまま技師長になった。

〔※1〕昭和三四年三月二九日付『ウベニチ』の「浜田浅一氏が語る宇部の電気の歴史」。

〔※2〕大正八年一一月一八日付『防長新聞』の記事「沖ノ山炭坑慰安会」には、市川姉十郎のほかに、岡十郎と姉川新車などの芸人を招いたとある。

〔※3〕三浦壮は「近代日本における新興セメント企業の創立と展開について —宇部セメントを事例として—」(鹿児島大学経済学会『経済学論集』第七六号)で、宇部紡織及び宇部紡績について、「営業成績を丹念に調べれば、経営の改革を断続的に行い、良好な営業成績をおさめていた時期もかなりの期間にわたる」と述べ、一定の成果を指摘する。

〔※4〕『素行渡邊祐策翁　乾』七二九頁。

最初の洋行〔昭和二年一〇月～同三年六月〕

宇部セメント製造株式会社は大正一四（一九二五）年三月に試運転を始めたが、俵田明の満足する品質レベルには達していなかった。俵田は欧米で話題になりはじめていた高級セメントを製造するため、昭和二（一九二七）年一〇月に工務部長（工場長）の中安閑一を連れて洋行に出る。生まれて初めての外国旅行だった。二人は宇部駅から汽車で横浜まで移動し、一〇月二九日に横浜港から大洋丸で出帆した。その船上で中安と写った姿が俵田家のアルバムに残されている。

二人がハワイ経由でアメリカのサンフランシスコ港に入ったのが一一月中旬である。そこからは大陸横断鉄道に乗って、一一月下旬にシカゴへ着く。

日本郵船の大洋丸での俵田明〔左〕と中安閑一〔右〕（俵田家蔵）

中部アメリカは工業地帯で、アリスチャーマー社の社員がサリバン・コールカッター社、レークサイド発電所、フォード社、ミシガン・アルカリセメント社、ピアス・セメント社などを案内した。自動車会社のフォード社では、部品の標準化や分業化が参考になった。ミシガン湖ではセメントをベルトコンベアーでタンカーに積む風景も見た（『中安閑一伝』）。

俵田の外遊日記（『俵田明伝』）によれば、一二月二〇日にはワシントンで高級

ハーゲンベック動物園入口（俵田家蔵）

ウェールズ（イギリス）の首都カージフの港湾風景（俵田家蔵）

セメントを製造しているアトラス・セメント社を見学している。一二月二八日にはアリスチャーマー社のドニー技師（宇部セメント製造の工場建設時に採用した技師長）が仲立ちする形で、アレンタウンのアトラス・セメント社を見学する。ドニー技師はクリスマスに二人を自宅に招いて個人的に歓待もしていた。

二人がニューヨークからマジェスチック号でヨーロッパに向かったのは昭和三年一月一三日だった。イギリスの海運会社ホワイト・スター・ラインの客船に乗ったこのとき、俵田が用いていた大型トランクが宇部興産の UBE-i-Plaza に展示されている。

俵田たちは昭和三年一月二〇日にイギリス南部のサザンプトンに到着すると、産業革命を支えた石炭の積み出し港であるウェールズの首都カージフなどを見て回った。「CARDIFF《カーディフ》」と記された看板のある船への積み出し機械の並ぶ写真が、俵田家に残されている。

つづいてドイツに向かうと昭和三年二月二六日にベルリン入った。敗戦後に革命が起き、ワイマール共和国が成立していた。ただし、ナチの影響力の増大は一九二九年、日本でいえば昭和四年の国際金融市場崩壊による世界恐慌以後で、このときはさほどでもなかった。

俵田はベルリンでアルゲマイネ社（AEG）を訪ねた。一八八三年にエジソンから電球の特許を得てはじまった総合電機会社である。そこで予め宇部から送っていた大派炭三〇トンのテストを依頼すると、低温乾留（六〇〇度程度で石炭を加熱してタールや乾留ガスを採取する方法）の工場を視察した。カロリーの低い粗悪炭の大派炭から、新たな工業原料や燃料を製造する方法を模索していたのだ。

同じころベルリンから二〇〇km余り離れたハンブルクのハーゲンベック動物園も訪ねたようだ。俵田家には、ゾウの頭のモニュメントが左右の門柱に付いた動物園入口を写した写真が残っている。無柵式で有名なハーゲンベック動物園が、その後、満洲国の首都・新京の動植物園のモデルとなり、さらに戦後宇部の常盤公園の動物園化に導入されたこと（「V「戦後復興と満洲国」）を考えれば、不思議な縁を感じさせる。

ところで俵田は、昭和三年三月六日にライプチヒを訪れたときに、留学中の国吉省三と会っていた。初代宇部市長の国吉亮之輔の長女・静子の婿養子で、大正一〇年から山口高等商業学校（山口大学経済学部の前身）の教授を務めた経済学者である。彼らは中世から続く伝統的なメッセ（見本市）を見学して、「世界最新式機械」の展示に驚くのであった。

これも後の話になるが、昭和三一年七月一〇日に宇部にロータリークラブが結成されたとき、初代会長に就任した俵田が、「ロータリークラブを作ろうとの話が出たのは廿数年前」（昭和三一年七月一二日付『宇部時報』「会長に俵田明氏推す」）と挨拶していた。洋行後にヨーロッパに倣った社交ク

ドナウ川に架かるドイツ最古のレーゲンスブルク石橋（俵田家蔵）

ラブを作ろうとしたのだが（『創立40周年記念誌』）、そのときは出来ず、戦後に持ち越された形であった。

国吉と別れた俵田たちは、ザクセンの旧都ドレスデンの美術館で絵画を見学し、三月一〇日にはオーストリアの首都ウィーンでナポレオン一世がウィーン占領時に使ったシェーンブルン宮殿を見学した。ミュンヘン入りは、その日の夜である。近くのレーゲンスブルクに立ち寄ってドナウ川に架かるドイツ最古の石橋も写真に収めている。

翌日からは世界一のミュンヘン科学博物館（現、ドイツ博物館）を見学し、スイスに向かう。三月一四日からチューリッヒやウィンタートゥールなどの工業都市を巡回し、宇部で建設中の宇部電気鉄道会社が整流器を発注したブラウンボベリー社やタービンメーカーのエッシャーウィス社やディーゼルエンジンを開発しているズルツァー社などを見学した。三月一八日に再びベルリンに戻り、数日間の休養後に、北欧の旅に出る。

北欧ではスウェーデンの首都ストックホルムでコンプレッサー類のメーカーであるジーゲン社を見て、デンマークの首都・コペンハーゲンではセメント機械メーカーのＦＬスミス社などを見た。だが技術力は何といってもドイツと、この視察でも思い知らされる。

昭和三年三月末に俵田たちは再びベルリンに戻ると、アルゲマイネ社（ＡＥＧ）の傍系、シュタール・ウント・ワルツベルケ社を訪ね、竪型低温乾留炉で予定していた沖ノ山炭鉱の大派炭のテストを行う。ベルリンには四月一五日まで滞在し、一六日にはエッセンのクルップ社でセメント工場を見学。随行した中安の語るところでは、クルップ社の機械工場で石炭液化の心臓部で企業秘密のシリンダーを偶然見つけ、素早くメモを取り、肉厚や材質から加える圧力や温度を推定したという(『中安閑一伝』)。一方で俵田は一七日にフランクフルトのルルギ・アパレイタス社を訪ね、電気集塵機についての意見も聞いていた。煤煙対策のための装置である。宇部での公害対策の準備もあったのだろう。

シャンゼリゼ通りの西端、エトワール凱旋門の前に立つ俵田明(俵田家蔵)

二人はベルギーを経て四月二八日にパリに入った。フランスではマルセイユ、ニースを、つづいてイタリアに移ってジェノバ、ミラノ、ベネチア、ローマを観光していた。

パリのシャンゼリゼ通りの西の端にあるエトワール凱旋門の前に俵田が立つ姿や、エッフェル塔からトロカデロ宮殿を眺めた風景写真も俵田家のアルバムに貼られている。面白いことにヨーロッパではアベニューに街路樹があり、このとき俵田が目にした風景が、やはり宇部に移植されていたことである。宇部窒素工業の創業から五ヶ月が過ぎた昭和八年九月に工場前に開通した街路樹を植えた「沖ノ山モダン道路」がそれである(Ⅳ「化学工業の夜明け」)。

二人はイタリアの旅も満喫していた。ベネチアのリアルト橋を背景に船遊びをする二人の姿や、ローマのフォロ・ロマーノ（古代遺跡）の風景写真などもアルバムに残されている。つづいてナポリに到り、五月一四日に日本郵船の香取丸でスエズ運河からインド洋に出て、上海経由で六月一八日に神戸港に降り立つ。しかし休む暇はなかった。

俵田は宇部に戻ると、すぐに宇部セメント製造の機械の増設を中安に指示した。採用したのはＦＬスミス社のユナックス式湿式キルン二基や、クルップ社のセントラルドライブ式の原料ミルとセメントミル四台だった。

《宇部工業会館》

帰国後に俵田明が手がけたもうひとつの仕事が、沖ノ山炭鉱の株式会社化であった。沖ノ山炭鉱の事務長に就いた大正八（一九一九）年一月から取り組んだ組織改革の総仕上げである。俵田は昭和三（一九二八）年一〇月に沖ノ山炭鉱株式会社となすと、自ら専務取締役となって旗振り役を担う。そして翌一一月に、創立三〇周年祝賀典を盛大に開催した。

このとき俵田は、欧州で見たような迎賓館機能のある宇部工業会館の建設を思い立ち、篠川辰次を窓口にして大阪の野村建築設計事務所に設計を依頼した。その結果、西区港町（沖ノ山炭鉱埋立地の入口）に、小石を散りばめたような「洗い出し」工法の洒落た外壁の、宇部市で最初の本格的な鉄筋コンクリートの洋館が登場した（田代定明さん談）。その全体が写った写真が俵田家に残されている。

俵田が会長、藤本磐雄が副会長の宇部工業倶楽部が付随したかたちで宇部工業会館が開館したの

宇部工業会館（俵田家蔵）

は昭和六年六月一日だった。これに先駆け、五月二五日には朝倉文夫作の渡邊祐策の胸像が除幕されていた（昭和六年五月九日付『宇部時報』「いよ〳〵六月一日から開館する宇部工業会館」）。この胸像は現在、宇部興産のUBE-i-Plazaに展示されている。

俵田は開館直後の七月六日の午後六時から特別会員の晩餐会を開き、レコードコンサートを行った（『素行渡邊祐策翁　坤』）。

後の話になるが、昭和二二年一二月に昭和天皇が宇部に巡幸され、宇部工業会館に立ち寄られた時の写真も俵田家に残されている。

二度目の洋行（昭和七年八月～同八年一月）

帰国後に俵田明は、ドイツの低温乾留の技術導入を模索した。低カロリーの宇部炭から、ガス燃料やベンジン油、タール（重油とピッチ）、軽油、無煙で火力が強いコーライト（半成コークス）などを製造する方法の調査に乗り出したのだ。石炭から化学工業への「革新」である。昭和四（一九一九）年に、渡邊祐策に科学研究所設立プランを進言したのも、その目的からだった。

ドイツのエッセンにあったカイザー・ウィルヘルム・インスティチュートでは石炭に特化した研究を行っていたし、スイスのウィンターツール市のズルツァー社でも二〇〇〇馬力のディーゼルエンジンを研究用に工場で動かしていた。こうした自前の研究所を持ちたかったのだ。だが、その実現も戦後に持ち越される（村野藤吾の設計による宇部興産中央研究所の完成は昭和二七年）。理由はアメリカのバブル崩壊にあった。ニューヨークのウォール街で株式が暴落したのは、俵田の帰国から僅か一年余り後の昭和四年一〇月二四日である。一一月二〇日付の『宇部時報』は「失業者の激増」と題して、「就職状況は非常に悪く、最近までに就職し得たものは卒業生総数の一割にも満たぬ惨状である」と報じていた。

この時期、ドイツでもワイマール共和国のブリューニング首相がデフレ政策をとったことで経済状況が逆に悪化し、大量の失業者が出ていた。ナチ党が国民の圧倒的な支持を集めるのが、このタイミングであった。宇部の俵田もイノベーションが最優先課題と考える。

世界恐慌により、日本全体に「革新」の機運が高まるのだ。そのタイミングで関東軍が決起し、昭和七年三月に大陸に新たな人工国家・満洲国が生まれる。持たざる国が持つ国へと転換するこの大事件により、ナチ・ドイツの自給自足の循環型社会や、イタリアで成功していた化学肥料を用いた農業振興策に注目が集まった。宇部の石炭から化学肥料を製造しようと俵田が腹をくくったのもこのときだったのだ。俵田は渡邊祐策と話し合い、大日本人造肥料株式会社（日産化学の前身）の技師・大山剛吉〔※1〕を連れて、横浜港から竜田丸で昭和七年八月一八日に旅立った。二度目の洋行である。その出発時に、渡邊が俵田に与えた明治天皇の御製「かたしとて　思ひたゆまば何事もなることあらじ　ひと乃世の中」を墨書したのと同じ扇が、曾孫の渡邊裕志さんの手元に残されている。

このときの俵田の現地報告が『宇部時報』の外信記事「郷土の皆様の御健康を切に　俵田明氏の

俵田明の2度目の洋行前に渡邊祐策が明治天皇御製を墨書して与えたのと同形の扇（渡邊裕志さん蔵）

第一信」と題して、昭和七年九月一三日から連載となる。

ドイツでは七月三一日の国会選挙でナチが第一党として二三〇議席を獲得した直後で、イタリアでムッソリーニが開発した大衆車「バリッラ」がフィアット社から発売されたときだった。ファシズムは大衆を巻き込んで、大きな「革新」の波として打ち寄せていた。

二人がサンフランシスコに上陸したのは八月三一日の早朝だった。俵田は、「実に広い土地です」と感動しつつも、「日米為替相場の下落は実に困ったものです」と語った。円の下落で氷水を飲むのも高い値段であると苦言を述べていた（九月一三日付同紙「第二信」）。

つづいて九月一日の午後六時に、ボートで対岸のオークランドに渡ると、そこからは大陸横断鉄道でロッキー山脈を越えて（一〇月一一日付同紙「第三信」）、九月四日の朝にシカゴに到着する（一〇月一二日付同紙「第四信」）。

俵田は五日の朝にニューヨークに着いてホテルに入ると、旧友のドニー技師を電話で呼び出した。ドニーは妻と娘を連れて、自家用車で会いに来た（一〇月一三日付同紙「第五信」）。

俵田と大山がベレンガリア号に乗って、ニューヨークからイギリスに向かったのは九月七日の夜である。だが、海上から眺めたニューヨークの夜景を、「余り大した感興《かんきょう》が浮ばない」と冷めた言葉で語っていた。アメリカも大不況にあり、暗い世相だったのだ（一〇月一八日付同紙「第六信」）。

イギリス（サザンプトン港）に着いたのは九月一四日で、そこではイギリス国王の離宮であるウィンザー城を見学して美観に酔いしれる（一〇月二〇日付同紙「第七信」）。九月一五日は王立植物園のキューガーデン（現在は世界遺産）で「広大な温室」や、テムズ川から水を引き込んだ「広い池」に白鳥が浮かんでいるのを眺めながら、興成義塾時代の英語教師・脇順太（後の宇部時報社長）を思い出していた（一〇月二五日付同紙「第八信」）。

宇部興産（株）には、日本語と英語が混じった俵田筆記の日程表や日記メモが残されており、九月二一日に、「午前10時前にHotelを出発、自動車ニテP.G.E.ノofficeヲ訪問ス 11時前トナル、Co Conbertor 1件ニツキ協儀ス」と見える。午前中にロンドンのP.G.E.を訪ねて一酸化炭素コンバーター（Co Conbertor）について情報交換したようだ。

二人の仕事は、石炭を完全ガス化するための装置の調査だった。

俵田はクライザ式ガス炉の発明者であるブライジッヒ〔※2〕とパリで会見して、独自の方法が必要と悟る。欧州の完全ガス化炉は宇部の石炭に適合しないことを、面と向かって指摘されたからだ。その時期は九月二九日から一〇月一日にかけてと思われる〔※3〕。

外信記事「巴里滞在十日間」（昭和七年一一月二二日付『宇部時報』）は、九月二四日にパリに着いてから一〇月四日にミュンヘンに旅立つまでの一〇日間の記録であった。俵田は、「英国と同じ様にパリーにも不景気の深刻さが漂よつてゐます」と語り、パリの工場の稼働率が三割にも満たない現実を伝えていた。

もっとも一方では旅行者気分で再びシャンゼリゼ通りを歩いていた。そんなパリでの情報収集から、低品質の褐炭《かったん》から水素を取り出し、アンモニアを製造する会社がハンガリーの首都・ブタペストにあることを知り、一〇月三日の夜にミュンヘンに向かうのだ。

以後については外信記事「今をときめくヒットラー」（一一月二三日付『宇部時報』）で、「近頃なにかとよく新聞に出るヒットラー氏の片鱗だけでも伺はうと車を廻して同氏の邸宅の前を過ぎた」と語っている。俵田がわざわざ見学に行ったヒトラーの「邸宅」とは一九三九（昭和一四）年に完成された総統官邸ではなく、ナチ党本部の褐色館（一九二八（昭和三）年完成したBraunes Haus）であろう。ナチのシンボルカラーの「褐色」は、後に俵田が庇護した村野藤吾が好んで使う色でもある。そのとき俵田は、礼儀正しく挙手を交わすナチ党員たちの姿に驚き、彼らを率いるヒトラーについて、「これが戦前まで何等《なんら》の名声なく、国籍《こくせき》さへなく、四十幾歳《いくさい》の今日まで放浪国士として嫌はれてゐたヒットラー氏かと思へば、お伽話《とぎばな》しの主人公のやうにも思へるが、実際《じっさい》人の運命ほど分らないものはないと思ふ」と感慨深げに語っていた。世界恐慌を境に喝采を浴び、ヒトラーがドイツのカリスマになっていたことに素直に驚いたのだ。ハーケンクロイツにも、「お大師様のそれと軌を一にするもの」と妙な親近感を抱いている。

ナチの党本部 Braunes Haus（褐色館）絵葉書

日程表によると、俵田は一〇月六日に「Linde《リンデ》工場見学」し、その後はブタペストに向かっていた。八日に「Pet Furdo の工場」を見学。一〇日も見学して「技術上の意見関係」を聞いている。ペット工場はディティエル式の直立炉で水素ガスを採集し、アンモニア、硝酸、硝安を製造する工場だ。

一〇日のうちにミュンヘンを発った俵田は、翌一一日にベルリンに着く。このときの感想は、「独逸国内も頗る不景気」（一二月二二日付『宇部時報』）というもので、「普通の大工場は何《いず》れも八割方《がた》の破産で失業者の数も日々に増加する有様」と語っていた。

俵田は一〇月二〇日にブリュッセルに着き、二二日には「オランダ政府の Lutterad の工場を視察」、二三日にエッセンに向かうと、二四日はドルトムント、さらにベルリンに戻る。そんな多忙のなかで、「koppers《コッパース》」社の技師に会って検討を重ね、ようやく一一月四日に宇部炭に合ったガス炉の提案を受けるのである。

大山の方はファウザー博士の紹介で、オランダ国営のスルイスキル硫安工場に三週間近く滞在してファウザー法を学んでいた。〝硫安〟とは硫酸アンモニアのことだ。

俵田と大山は圧縮機や循環ポンプ、硫安製造用の飽和槽、遠心分離機などの機械類の選定のため、イギリス、フランス、ハンガリー、ドイツ、ベルギー、オランダ、イタリアの各国を精力的に動き回った。最後に訪ねたイタリアでの見聞も、外信記事「爆弾千個を積む飛行機　ムッソリニの理想着々実現」（一二月二三日付『宇部時報』）で報告していた。

俵田はミラノに着くなり、「ムッソリニーは今や得意の絶頂に立つてゐます、ドシ〳〵理想に向つて突進しつゝあります」とイタリアのファシズムに感動していたのだ。すなわちムッソリーニが豪華船レックス号を建造し、ベニスとニューヨークを結ぶ航路を開拓していたからである。あるいはマグネシウムを主成分とする軽合金「エレクトロン」を活用した軽量飛行機を開発し、「一台の飛行機に爆弾一千個を優に積載し得る」高度な技術に驚いたのだ。

俵田が秩父丸で横浜港に帰り着いたのは昭和八年一月一二日だった。大山のほうはファウザー合成装置の打ち合わせが長引いたので、スイス、イタリアを経てナポリ港から伏見丸に乗って二週間遅れで帰国している。

しかしゆっくりする閑はなかった。昭和八年四月に神原小学校講堂で行われた宇部窒素工業株式会社の創立総会で渡邊祐策が社長、俵田が専務取締役に就任すると（相談役には山本条太郎と鮎川義介が就任）、息つく間もなく工場建設に取りかかった。

もちろん、付け焼刃的な新規事業を疑問視した人たちも多くいた。俵田が「宇部窒素創生余話」〔※4〕で語ったのは、「結局やるというのは渡辺さんと僕の二人だけ」という現実だった。

しかしもはや後には引けない。直立炉や転化炉、ガス分離器、アンモニア合成装置など、ヨーロッパから輸入した機械がつぎつぎと到着し、工場は試行錯誤で組み立てられていく。

俵田は、「一口に窒素工場といっても、大ざっぱにいって、ガス発生装置、ガス分離装置、アンモニア合成装置、硫安製造装置という主要部分にわかれ、これに発電所と硫酸製造装置がついて初めて窒素工場になる」と語り、ドイツの技術を柱としながらも、ヨーロッパ各国の技術の集合体として取り入れた宇部窒素工業の工場が成功するかどうか、「死を覚悟した大決心でスタートした」

（「宇部窒素創生余話」）と、当時の心境を明かしていた。

こうしてついに昭和九年七月から合成工業が稼働し、化学肥料の原料となる硫安が合成されたのである。それを俵田がガラス瓶二つに入れて面会謝絶で臥していた渡邊祐策のもとを訪ねると、渡邊は安心したように五日後の七月二〇日に息を引き取った。

ところで『俵田明伝』の「外遊日記」（写真）に、「IG Farben industrie」の文字が記されたメモ書きが確認できる。「lool《ママ》微粉炭」（ルール《Ruhr》地方の微粉炭ヵ）に「oii」（石油）を「mixing」（混合）し、「paste《〔ペースト〕》」状にし、「之にCatalizar《〔触媒〕》ヲ通シテ」一〇〇気圧から二〇〇気圧をかけて、温度は「400℃500℃ヲ保ちH2ヲ送入シテoiiヲ取ル」という走り書きだ。I・G・ファルベンは一九二五（大正一四）年に誕生したドイツの染料会社で、戦間期ドイツ化学工業の代表という以上に、ナチ・ドイツの化学工業そのものとなる（『イー・ゲー・ファルベンの対日戦略』）。

俵田が宇部窒素工業で目標としたのは、この最高技術を有するI・G・ファルベンであったのだろう。また、俵田はドイツにおける労働者向けの安価住宅（とんがり屋根の社宅）にも興味を示し、その外観も自ら撮影していた。朝日新聞社が昭和一五年九月に発行した『戦ふドイツ』で紹介した「大規模な集団住宅」の写真とよく似た外観である。こうした労働者向けの安価な住宅が一九三七（昭和一二）年にナチ・ドイツでは二〇万戸に達したらしい。

これをモデルにしたのか、東新川駅前に宇部窒素工業の社宅が造られ始めたのが昭和一五年からだった。同年一一月一日付の『大宇部』の「窒素新社宅へ田中勇氏夫妻を訪ふ」と題する記事には、六畳、四畳半、三畳の三間の社宅八四軒が「もう少し経つと全部出来上」ると記されている。

〔※1〕当時の肩書は宇部窒素工業株式会社技師長。

〔※2〕ドイツのＶＩＡＧ社の重役だったブライジッヒは一九二三（大正一二）年にクライザ式のガス発生装置を開発。翌一九二四（大正一三）年にクライザ社を設立している（『燃料協会誌　第百三十号（昭和八年七月号）』の三村省三「クライザー混合瓦斯発生装置に就て」参照）。

〔※3〕俵田の日程表の九月二九日に、「Mr. Breisig〔ミスター　ブライジッヒ〕と Kreisa〔クレイザー〕瓦斯炉《ガスろ》につき論ギ　沖の山炭による場合の説明、運転法」。三〇日にも、「Mr. Breisig と討論」とある。

〔※4〕『硫安協会　月報45・46号（一九五四年一一月・一二月号）』「生きている肥料史　第三十回（完）」所収。

「沖ノ山王国」の精神

俵田明が二度の洋行をした昭和初期は、宇部のブランド化が進んだ時代でもあった。最初の洋行から帰国した直後の昭和三年一一月は、御大典（昭和天皇の即位式）で日本中が盛り上がるなか、宇部では「沖の（ノ）山王国」の言葉が『宇部時報』に登場しはじめる。例えば昭和四年一一月一六日付の『宇部時報』「大宇部建設の礎石　明日のケーソン進水式」の書き出しが、「沖の山王国の一角に新設されたるドック…」であったり、一二日付の同紙「社交界の旧習打破　社交倶楽部建設」の記事に、「最近沖ノ山王国を中心として…」と出て来たりする。その意識が沖ノ山炭鉱の創業四〇周年までつづいていたことは、昭和一二年二月一九日付『宇部時報』の「沖ノ山王国＝創業四〇周年を迎へ」の記事からも見えて来る。村野藤吾設計の渡邊翁記念会館の竣工期とも重なる時期で、俵田がドイツで目にしたナチのフォルクス・ゲマインシャフト（民族共同体）再構築思想をも彷彿させる言葉である。実際、閉じられた共同体の文化力が宇部文芸協会となり、彼らが昭和四年秋に「南蛮《なんば》音頭」を完成させたり（昭和四年一一月四日付『宇部時報』「現在式に産れ出た宇部の南蛮音頭」）、翌昭和五年一月に第二の市民歌としての「宇部小唄」を完成させたりしていた（昭和五年一月一八日付『宇部時報』「文藝協会依嘱の宇部小唄完成」）。これらの曲の作詩を、日本を代表する詩人・野口雨情に依頼していたことで、その本気度も伺える。

こうした「沖ノ山王国」の精神が、俵田が主導した電力主義に支えられていたことも重要である。

俵田は沖ノ山炭鉱に入った大正四年四月から、炭鉱の排水ポンプを蒸気から電気に変えたり、宇部電気会社の発電機を増設したり、イノベーションを推進した。その延長線上に昭和二年八月に県営宇部第二火力発電所の建設工事がはじまり、最初の洋行から帰国後の昭和四年一月に完成したことで、俵田は五月に宇部電気鉄道の「宇部—小野田」間を開通させるのである。そして昭和五年七月二五日にビクターからレコード化された前掲の「南蛮音頭」と「宇部小唄」の記念祝賀イベントが、宇部電気鉄道株式会社が主催する形で、翌二六日の晩に厚東川尻でのレコードコンサートとして開催されるのだ（昭和五年七月二五日付『宇部時報』「宇部電鉄主催の納涼音楽会」）。

昭和4年1月に竣工した第二火力発電所（俵田家蔵）

俵田の電力主義を背景にした「革新」の周辺を時系列で眺めるとつぎのようになる。

第一回目の洋行（昭和二年一〇月〜同三年六月）—沖ノ山炭鉱の株

式会社化―第二火力発電所（昭和四年一月竣工）―宇部電気鉄道（昭和四年五月開通）―「南蛮音頭」と「宇部小唄」の祝賀レコードコンサート（昭和五年七月）―宇部工業会館（昭和六年六月開館）―第二回目の洋行（昭和七年八月〜同八年一月）―宇部窒素工業創業（昭和八年四月）―沖ノ山モダン道路（昭和八年九月開通）。

それは大正九年一二月にレーニンが第八回ソビエト大会で公言した「ゴエルロ計画」（全国電化計画）のミニュチュア版とも言うべきものであった。社会改良を目指す電力主義が産業化や文化・芸術を一体化し、地域発展の原動力としての「沖ノ山王国」の精神となり、やがては村野藤吾の設計でモダニズムの建築として渡邊翁記念会館や二代目宇部銀行まで生み出すのだ。「共存同栄」の主唱者としての渡邊祐策のイメージも、こうした流れで固定化され、民主主義の一部としての郷土ファシズムの象徴となったのだろう。

村野藤吾の巻

唐津「満島」

村野藤吾は明治二四（一八九一）年五月一五日に佐賀県の満島で生れた。俵田より七歳下で、その場所も宇部から遠く離れた九州の唐津だった。玄界灘に流れ込む松浦川の河口を塞ぐように東側から突き出す虹ノ松原の先端である。

実際に訪ねると、河口を隔てた対岸の一段高い出っ張りの上に唐津城跡があり、そこから満島は、ほぼ真下に見下ろせた。貧しい満島で生を受けた村野は、漁師の小島家の長女「おしめ」の手で育てられる。髪結いの「おしめ」は生活も苦しく、後に村野は、「私の人生観は、この満島で貧乏な漁師一家の愛情のうちに幼年期を過ごしたことから来ているように思う」（『村野藤吾著作集　全一巻』「解題」）と明かしていた。

だが今そこを歩くと海は美しく、沖には宝くじが当たると近年評判になった宝当神社が鎮座する高嶋が浮かんでいるだけだ。そしてどこにでも飛び出せるような開放的な風景を、子供時代の村野が眺めて暮らしていたであろうことが想像できた。地元民に聞くと、磯の香りも、海辺の景色も、漁師町だった昔から、さほど変わってないという。

長谷川堯《はせがわたかし》も、晩年の村野と一緒に満島を歩いていた。

昭和五五（一九八〇）年四月のことで、当時の聞き書きを『村野藤吾の建築　昭和・戦後』（「第十六章　村野藤吉の出自と、〈藤吾〉への転進」）に披露している。

それによると普通なら数え八歳で尋常小学校に入学するが、どういうわけか村野は九歳で入学したそうだ。極貧の家庭環境のなかで「ゴンゾ」とよばれる悪がきが、ゴロッキやヤクザに身を落とす「惨めな自分の将来が予見できるように感じられるほどの不安を胸に抱えて送った少年時代でもあった」と長谷川は述べていた。

私も満島で村野が預けられた小島家を探してみた。だが、見事なまでに分からなかった。生誕地さえはっきりせず、それ以上に地元民が村野の名を知らなかったことに驚いた。

唐津城跡から満島を望む（平成23年7月）

そこで何か手がかりをつかもうと唐津市の近代図書館を訪ねて、大正一三年に発行された「唐津市街全図」を見つけたのである。なるほど虹ノ松原の終点辺りに東唐津駅があり、それが今の東唐津公民館の場所であった。道を挟んだ向かいに村野が通った満島小学校があり、小学校の前を真っ直ぐ西に進むと神社の鳥居のマークが描かれていた。現在の東唐津二丁目の満島八幡神社であろう。ただ、北側に浄土宗の安養寺があるはずだが地図には見えず、代わりに「満島遊廓」と書いてあった。町名は「新地町」だ。

近代図書館でもう一枚探し当てた「松浦河口附近之図」は「満島村」と記され、唐津町に合併する大正一二（一九二三）年以前の様子がわかるものであった。そこには遊廓ごとの名が並び、安養寺のすぐ西の遊廓が「一力」で、道に沿って西に「一心楼」、「東洋楼」、「一楽」、「春日亭」、「角海老」と記されていた。さらに「一力」の向かいに「常盤楼」という遊廓があり、少し離れた海側に「山海楼」がある。少なくとも八軒の遊廓が満島にあったのだ。

また、大正一二年刊の『満島村誌』には、満島村が貸座敷に指定されたのが明治九年と書かれていた。貸座敷とは遊廓のことで、これを機に、それまで唐津で営業していた「松月楼」や「伊豫屋」などの遊郭が満島に入り、つづいて「呼子屋」、「研屋」、「藤田屋」などが同じく唐津から入ってきた。以来、満島全体が色街となり、明治一六年に新しく安養寺の西を開拓し、「新地」と名付けて遊廓営業を指定したという。その「新地」は拡張を重ね、明治二二年に正式に「遊廓指定地」となっていた。明治二四年生まれの村野は、海辺の景色に溶け込んだ遊廓街で育っていたわけである。髪結が遊女も兼ねていた時代なので、あるいは乳母の小島おしめも娼妓であったのかもしれない。大正一二年の時点で一八名の芸妓と六八名の娼妓がいると『満島村誌』は伝える。

昭和五年七月刊の「全国遊廓案内」（『近代庶民生活誌　第一四巻』所収）の「蕩島遊廓」（蕩島は満島の異名）には、八軒の「貸座敷」に八〇人くらいの「娼妓」がいると見える。

そんな満島で思い出したのは、村野が早稲田大学の卒論「都市建築論」（大正七年四月二八日）で、「私は一個の Builder である事よりも、一個の社会改良家でありたい」と書いていたことだ。村野が革命の建築を目指した理由が、満島に来ると納得できた。そのときまで「藤吉」を名乗っていた村野は、翌年の大正八年には「藤吉」の名を捨て、「藤吾」の名で『日本建築協会雑誌』（五月号〜

八月号）に「様式の上にあれ」（『村野藤吾著作集　全一巻』所収）の論文を発表する。

村野にとって満島時代からの「藤吉」の名は、いつか捨てようと思っていた名であったのだろう。家庭も複雑で、父親の文吉は福岡県の新宮村の出身で、もとの名前は永嶋文吉。家業は魚問屋で、下関の穀物問屋・村野屋に丁稚奉公に行ったとき、主人に見込まれて一人娘の村野ユキの婿養子になる。そのとき生まれたのがトクとカツの二人の娘だが、妻のユキが病死したので、下関の船問屋の娘・広永チヨと再婚し、そのチヨが村野の実母となる。建築評論家の神子久忠が「生いたちその他」（『村野藤吾著作集　全一巻』）でチヨについて興味深いことを語っていた。

「山口に長兄が居たこともあって、当時の県令某（のちに男爵）にかわいがられて明治十六年には県令一家の食客となって、二、三年は東京に滞在したこともある」

この記録も、そもそもは村野自身の筆によるものだった。当時の山口県令とは、明治一四年から明治二八年までの一四年間、いまでいう山口県知事を務めた原安太郎である。黒岩涙香《くろいわるいこう》が明治三一年に『萬朝報』に「弊風一班蓄妾の実例」と題する連載で、有力者たちの妾五一〇例を紹介したが、当時は妾を持つことは実力者の証だったのだ。あるいは「食客」という表現も、そこにつながる雰囲気は、村野の長男・漾が『村野家の人々』（未定稿）〔※1〕で記した、「父にすれば実母の若かりし過去をこのような言葉でしか表現出来なかったのかもしれない」という言葉からも推察できた。

ともあれ満島でチヨはナカ、トメ、藤吉、莞爾、米蔵の二女三男を生んだのである。文吉がチヨと正式に結婚したのは明治四四年なので、いずれも内縁関係のときの子どもで戸籍上は私生児だった。後に建築家となる村野藤吉も、そのうちのひとりだったのだ。

昭和五七年五月二五日に吉岡文庫育英会主催の村野の講演会「満島時代の思い出について語る」が唐津で開催されたとき、どこか哀れで不憫な体験で、それが自分の建築に反映していると自身で語っていた。

作家の井上靖は京都で村野にもてなされた際、お茶の道具に話題が及び、「道具というものは、氏より素性ですね」と村野が口にしたと『きれい寂び』で明かしている。「茶碗は大勢の人たちから大切にされ、貴ばれることによって、気品と、光沢と、風韻を持ち、長い歳月を生きる間に、天下の名品たるの資格を身に着けてしまっている」というのが、村野の「氏より素性」であると井上は語る。まさに民衆に愛され、使われることで価値を高めた村野作品の本質を語った言葉である。建物に刻まれた水平のまなざしは、生誕地の満島にその源流があったのだ。

〔※1〕平成二三年一一月二二日付で村野の孫娘・村野朋子さん（東京都世田谷区在住）から拙宅に送られてきた文書類。父の漾さん（藤吾の長男）が記した原稿。

八幡製鐵所とロール製造工場

村野藤吾は一〇歳のころ、父・文吉が八幡製鐵所に職を得たことで八幡に移り住む。その後は、明治四三（一九一〇）年に小倉工業学校の機械科第八回生として、二九名の同級生たちと卒業した（小倉工業高等学校編『創立七十年史』）。

JR八幡駅のほぼ正面に位置する福岡ひびき信用金庫本店が、村野の設計で昭和四六（一九七一）

年に竣工したのも、八幡との旧縁からだった。

犬の顔のような奇妙なシルエットの外観は、いかにも村野的だが、当時は八幡信用金庫の名だった。地下一階、地上六階の鉄骨鉄筋コンクリート製で、外壁は村野得意の「鉄の色」と『北九州八幡信用金庫五十年史』は紹介する。また、この建物を手がけた背景を村野自身が、「初代理事長の友松さんは、小学校時代の同窓」であったからとも語っていた。

村野がいう「友松さん」とは友松傳三のことである。『友松傳三伝』には「明治四十年四月、傳三は八幡高等小学校の入学試験に合格した」と見えるので、村野も同じ八幡高等小学校に通っていたようだ。

その後、明治四〇年四月に村野が一五歳で入学した小倉工業学校（現、福岡県立小倉工業高等学校）は、現在の小倉北区原町の篠崎中学校の場所に校舎があったらしい。

村野の父親が働いた八幡製鐵所は、日清戦争の勝利で得た賠償金で創設された国策会社であり、明治新政府の富国強兵策の象徴でもあった。明治三三年一一月に第一高炉が完成し、翌三四年から操業しているので、誕生間もない八幡製鐵所の躍動的な風景を、少年時代の村野は見ていたことになる。そして各地から多くの労働者が集まり、寒村から一気に製鉄都市になる熱気に満ちた場所に、若き日の村野も居合わせたのだ。当時の八幡製鉄所の絵葉書写真を見ると、乱立する煙突から煤煙がたちのぼり、くすんだ空の色である。それは鉄の街のプロレタリアの色であると同時に、村野にとっては昭和五年の外遊時にドイツで見たナチズムのシンボルカラー（褐色）でもあった。

少年期を過ごした八幡は未だ舗装もない道路で、牛車などが通るたびに埃が舞い上がっていた。

そこで夕方に水うちをするのが、少年期の村野の仕事であった。そのとき自分の家の前だけではなく、向かいの家まで打ち水をすることで、他者を思いやる〝人間中心〟の建築哲学が生まれたという（『村野藤吾著作集　全一巻』「建築教育考」）。

村野は一九歳になった明治四三年に小倉工業学校を卒業すると、自身が八幡製鐵所に職を得たことで再び八幡と関わる。村野建築の特徴の一つが「鉄の色」であるが、そのことは長谷川堯《はせがわたかし》との対談で、「私は工業学校を出て八幡の製鉄所へ勤めたわけです。その鉄の色からくるわけです」（『SPACE MODULATOR 52』）と自ら語っていた。

職場となった八幡製鐵所で、村野は、「一年半位」仕事をした。『なにわ塾叢書4　建築をつくる者の心』によれば、「スパイクを作る工場で実際にスパイクを作る練習をさせられて、それが終わると、今度は、レールや大型の鉄鋼を作る工場にまわされた」と語っている。若き日の村野は、「長い経験を積んだ職工長が、勘一つで、スチームエンジンでロールを回して作る」技術力に圧倒されたようだ。「それは大したものでした。ほんとに偉いですよ。レールなどでも、なかなか足が出ないのですが、そのころは職人の手一つでやっていた、それを作る職人の努力は大したものです」というのである。

村野が働いた「ロールを回して作る」職場とは、明治四二年創業の八幡製鐵所のロール製造工場ではあるまいか。

そう直感したのが、平成二九（二〇一七）年一月九日付の『朝日新聞』（西部本社版・朝刊）一面が、「村野藤吾　幻の工場みつかる」と報じた記事を見たときだった。村野が設計して昭和一六年に完成した鉄鋼圧延用のロール加工工場が、今なお北九州市で稼働中との内容で、戸畑区中原の日鉄ロールズ株式会社（新日鉄住金の子会社）の工場が、それであると報じられていた。

発見者は新日鉄八幡製鉄所のＯＢ・菅和彦さん（昭和二一年生まれ・北九州市小倉北区在住）だった。かつての職場で『八幡製鉄所土木誌』を調べていたとき、戸畑ロール旋削工場の配置図に、「村野・東郷」と記されていたのを発見したのだという。菅さんは語った。

村野藤吾設計の「戸畑ロール旋削工場」外観（現、日鉄ロールズ株式会社のロール加工工場・令和2年3月）

「すぐとなりの工場に〈長谷部・竹腰〉と書いてあって、これは長谷部鋭吉と竹腰健造がやっていた設計事務所で、特に長谷部が村野藤吾を可愛がっていたので、〝村野・東郷〟は村野藤吾のことだろうと思ったのです」

その後、村野の設計図を所蔵する京都工芸繊維大学の美術工芸資料館（助教の笠原一人氏）の協力を得て八幡製鉄所の三つの工場の設計図があることを突き止め、その一つが「戸畑ロール旋削工場」だったことが判明し、新聞発表となったらしい。

なるほど図面に記された設計日「date」が「July 21-39」なので、設計自体は昭和一四年七月二一日にされて、二年後の昭和一六年に完成したものとわかる。

そこで令和二（二〇二〇）年三月に稼働中の工場を見せてもらった。職員に聞くと、明治四二年に八幡製鐵所のロール製造工場としてはじまったときはＪＲ八幡駅近くにあり、それが昭和一六年に現在地に移転する際、村野の設計で新設されたということであった。

確かに工場の建屋は、猫の耳のように飛び出したユニークな屋根で、中央部が凹んだＭ字型の両側の直線部分（実際は立体的で面）から外光を入れる手の込みようだった。

しかも工場は三つが連結して中央の屋根が一番高く、向かって左側の屋根が次に高く、右側が一番低くなっていた。「仕上げの作業が右側で行われるために、手元に光が届くように右の屋根が一番低くしてある」と職員は説明した。実際に内部も明るく、労働環境を重視した村野らしい設計だった。

では、どうして八幡製鐵所のロール工場を設計し、これほど細やかな採光システムを構造として組み込んだかであるが、それはやはり自身が、その職場で働いていたプロレタリアートの一人であったからという気がしたのである。

村野が戦後も八幡とかかわりつづけたことは、例えば終戦から間もない昭和二三年の時点で、八幡市民館の設計を手がけていたことでも知られている。その設計図面は『村野藤吾建築設計図展カタログ　７』で見ることが出来るが、こちらは新たに設計し直して一〇年後に陽の目を見たのが、今も残る八幡市民会館である。

この八幡市民館の現存の建物に足を踏み入れると、白い壁柱に「建築業協会賞　第一回（一九六〇）」と刻まれた金属プレートが貼られ、清水建設株式会社の施工で昭和三三年一〇月一五日に竣工したことがわかる。戦後の八幡では、八幡図書館（昭和三〇年竣工）につづく村野作品の第二段で、八幡市制四〇周年を記念して昭和三三年に出来ていた。

竣工時の八幡市民図書館の姿は『第1回　1960建築業協会賞作品集』で見ることが出来る。現在の入口前の駐車場は公園のような広場となっており、大きくカーブするスロープで地上一階のテラスに登るかたちで道路がつく。当初は現在の一階が、地下一階のような構造であった。地下一階から地上一階、地上二階の空間をつなぐ階段も、繊細で美しい村野的な曲線美だ。特徴は三階と四階の「鉄の色」をした方形部分であったり、外側にそびえ立つ特異な形の巨大な煙突であったりするのだろう。かつてボイラー用として使っていたというその煙突は、見る角度でシルエットが変わり、特に下から見上げると迫力満点だ。

隣接の美術工芸館も村野の設計で、八幡市民会館と同じ昭和三三年一〇月に竣工していた。その一階入口のコンクリート壁にはオムスビ型（握り飯の形）の意匠が並び、隣接する八幡市民会館の入口に並ぶ柱列は、ヒトラーお抱えの建築家アルベルト・シュペーアが建設したニュルンベルク・スタジアムの建物の柱列を彷彿させる美しさがある。村野設計の八幡図書館は平成二八年の五月から八月にかけて取り壊されたが、時を同じくして八幡市民会館も取り壊し案が出て、同館のホームページに平成二八年末で閉館するとのメッセージが発表された。本稿を書いている令和三年の時点でも、未だ建物だけが残る状態である。

革命の建築家

村野藤吾は一年くらい八幡製鉄所で図面をひく仕事をして、つづいて一年志願で兵隊に入り、二年目に早稲田大学に入学していた（『村野藤吾著作集　全一巻』「建築いまむかし」）。

二二歳になる大正二（一九一三）年に入学した早稲田大学は、水力発電の仕事がしたかったので電気科を選んだ。しかし数学が苦手なことと、東京に出て建築に興味がわいたことで、建築学科への転科を考えるようになるのである。そこで早稲田大学の予科長だった安部磯雄に頼み込み、「自在画」の試験をパスして建築学科へ入り直した（前同「わたくしの建築観」）。

慶応二（一八六六）年に二〇〇石取りの旧黒田藩士の子として博多の西公園近くに生れた安部磯雄は、維新後の没落により明治三一（一八九八）年に幸徳秋水たちと社会主義研究会を立ち上げ、同三五年に社会民主党を結成した社会主義者である。実際、ファーディナンド・シュウィルが著した『ヨーロッパ近世史』の原書を、フランス大革命のところだけを抜いたテキストを講義で使っていたことで、「早稲田には、何となく革命に共感する空気が久しく馴養《じゅんよう》せられていた」と『早稲田大学百年史　第二巻』が書くほどだった。のみならず明治四二年五月から『社会新聞』でマルクスの『資本論』を翻訳して日本で初めて紹介してもいた。

そんな安部の差配で、村野は大正四年に建築学科に移れたのである。安部が首を縦に振らなかったら、建築家としての村野も生まれなかった。

実際、大正七年四月二八日付で村野がまとめた早稲田大学の卒論「都市建築論」（『村野藤吾著作集　全一巻』）は安部の影響が伺われる。例えば「緒論」の冒頭で、「私は一個の Builder である事よりも、一個の社会改良家でありたい」と革命の建築家気取りの言葉を発していた。もっとも内容はマルクス的というより、「維新に殉死せし幾多の憂国志士の開国と攘夷の血は、脈略として吾人の精神に躍動して居るのである」などと国家を軸としたファシスト的発言にも見えるし、また実際それに近かった。

村野は第一次世界が終盤を迎えていたその時点で、早くもアメリカの台頭を予言し、「社会的にも国民生活の問題にも」全てが「米国的色彩」になると憂いていた。

つづく第一章の「建築問題の根本概念」では、「吾等はもっと全体に対する〈愛〉の真義を理解しなければならない」と、文字通りファシズムへの憧憬まで語り始める。アダム・スミス以来の自由主義経済、すなわち極限に達した資本主義に対しても、「総ては厚かましき金儲主義の為めに虐げられ、辱しめられた」と憤り、「総ては貪欲なる資本家の為めに圧迫せられて居る」と吐き捨てていた。つづく第二章の「環境と人生」では、「都会」は資本主義の権化であり、「都会は実に闘争と殺戮の戦場」と絶望の声をあげている。

もっともファシズムとも共通するマルクス主義的姿勢も第三章「都市建築の美的観察」には浮かび上がる。たとえばつぎの一文がそうであった。

「労働者や気の弱い者を蔑視して、其の骨迄でも吸い取らんとして居る商業的の営利的の建物や、穏倹と冷酷と暴威を誇って居る様な官僚式の建築が出来た。人はこれ等の建築に依って救われたか。人類の高い進化への到造を意味したか。建築は其の創造の使命を傷つけられなかったか、否や。人はかかる建築に依って心身の衰退と病原を増加した。肺病と神経衰弱とはかかる建築の為に興進した。人はかかる建築に依って同盟罷工をよぎなくせられ、労働の能率は害せられた。人はかかる建築に依って犯罪の数を増加したのである」

時代は下るが、村野は大東亜戦争中にも河上肇の『資本論入門』第一巻上冊を愛読していたらしい（Ⅳ「マルクスを読む」）。『村野藤吾―建築とインテリア』に掲載されたその表紙には、昭和四四年八月二六日に記された、以下の村野の走り書きが読み散れる。

「此の書は、戦事中《ママ》の苦しい時代、建築への希望がいつ叶えられるか前途の暗い時代に傾倒したもので再読の為めにこのように手あかと破れをつくろったものになって居る。建築とは何ぞや、その追及に専念しつゞけた頃である。今尚、このなぞはとけない。四四、八、二六、赤坂プリンスホテル」

このメモを書いたのと時を同じくする昭和四四年に、七八歳になる村野が、自らの建築哲学を語っている映像がNHKアーカイブス「あの人に会いたい」で流れている。村野は、「戦争中の建築にたずさわることができないという、その寂しさから〈建築の〉純粋な形とは何か〉ということを模索することが、わたくしの唯一の念願であった」と語り、「問題はやはり人間中心」とつづけていた。また、昭和四七年に八一歳で日本建築学会大賞を受賞した際も、「しょせん人間のための建築」（『村野藤吾著作集　全一巻』「受賞有感」）と語っている。大正七年に「都市建築論」を書いたときから、「人間中心」の建築哲学は村野建築に貫かれている。

村野の言葉が新鮮なのは、現代も村野が早稲田大学を卒業した大正七年とよく似た優勝劣敗のグローバリズムの世の中だからだ。柴山桂太は『静かなる大恐慌』で一八七〇年代から第一次世界大戦前夜の一九一三年にかけて南北アメリカやヨーロッパ各国でGDPに占める輸出の割合が大きくなったことで、この時期を第一次グローバル化と呼んでいる。

一方で直近のグローバリズムは、平成三（一九九一）年末にソビエト社会主義共和国連邦（ソ連）が崩壊したときに幕を開け、アメリカ主導のモノ、ヒト、カネ、サービスが国境を越えるかたちで表面化した時期であった。当初は多くの人々が西側の勝利と拍手を送ったが、やがて地方衰退や不公平、不正義が蔓延し、その不条理を味わう。

第一次世界大戦に敗戦したドイツでも、同様のグローバリズムを乗り越えるため、オトマール・シュパンの反自由主義やゴットルの全体主義に行動原理を求め、公平と公正を主張するナチ党が民衆の圧倒的な支持を得ていった。フォルクス・ゲマインシャフト（民族共同体）の再構築と並行した反資本主義的態度は、資本家の「労働なき所得の廃止」と「利子奴隷制の打破」の言葉に最も強く表れたと『戦前・戦時日本の経済思想とナチズム』は語る。村野の「都市建築論」の風景も、こうしたナチ誕生前後のドイツに近かったのだ。

むろん、それは村野に限ったものではなかった。明治三八年春に早稲田の聴講生となって同じく安部磯雄の授業を受けていた八歳上の北一輝《きたいっき》にも、顕著に表れていた。

北は処女作『国体論及び純正社会主義』（明治三九年刊）で、「経済的君主」や「経済的貴族」を痛烈に批判し、その延長線上に国家改造を標榜する言論人となり、ついに昭和一一年の二・二六事件の理論的指導者として処刑されている。

面白いのは北の『国体論及び純正社会主義』を最も早い段階で評価したのが、当時『読売新聞』で「経済事情」欄を担当していた前出の河上肇であったことだろう。明治三九年五月一〇日付の同紙で、「北輝次郎といふ人近頃『国体論及び純正社会主義』といえる約千頁の大著を自費にて出版したり」と河上は北を讃えていた。

様式の上にあれ！

村野藤吾が「様式の上にあれ！」と叫んだのは、大正八（一九一九）年五月号から八月号にかけて『日本建築協会雑誌』で発表した「様式の上にあれ」（『村野藤吾著作集　全一巻』）である。早稲田大学の卒論「都市建築論」を書いて一年が過ぎたときで、渡辺節の設計事務所に入って二年目の夏である。二八歳になっていた村野は本名の「藤吉」を捨て、新たな「藤吾」の名で、「様式に関する一切の因襲から超然たれ！」と叫んだのである。

このとき力説したのは、「奴隷を苦使し、定規と鉄鎖の苦痛から生まれた」様式建築ではなく、「鉄筋コンクリートの柱に欅《けやき》ベニアでも張れば、五寸角でできるうえに経済的じゃないか」という「合理的なる美」であった。過去を排除し、「革新」を求めるイタリア未来派のマリネッティやロシア構成主義と重なる村野の主張は、強いもの勝ちの資本主義と対峙して、「道徳と一致しない一切の美を排斥」すると声高に主張していたのである。

それから二年が過ぎた大正一〇年八月にカナディアン・ラインのエムプレス・オブ・ロシアの一等客船でカナダのバンクーバーを目指し、村野は大陸横断鉄道に乗ってシカゴ経由でニューヨークに到着した（『村野藤吾著作集　全一巻』「建築家十話」）。しばらく滞在したホテル・ペンシルバニアは、一九一九（大正八）年にマンハッタンに開業してから、現在まで同じ姿で営業している。

第一次世界大戦で凋落したヨーロッパとは対照的に、アメリカでは高層ビル建築のラッシュがはじまっていた。そんなバブリーなアメリカを見に行った理由を、村野は「建築いまむかし」(前同)で明かしていた。

「たしか大正十年から大正十一年にかけてのことです。そうそう、ちょうどその頃、ワシントン軍縮会議が開かれていて、戦艦陸奥を廃艦にするかどうかが問題にされているということでした。アメリカに行くことを命ぜられたのは、渡辺節設計事務所が設計中だった興業銀行の丸型大金庫の買付けと、大阪商船ビルの外装用テラコッタを検討してくるというのが目的だったのです」〔※1〕

ワシントン軍縮会議は、大正一〇年一一月一二日から大正一一年二月六日まで開かれていた。日本側からいえば英米比六割の主力艦と航空母艦の制限がつけられ、不満のうちに閉じた海軍軍備制限条約である。宇部が村からいきなり市になった時期とも重なる。

そんなアメリカで村野が見たのは、当時のアメリカで大きな影響力があった建築事務所「マッキム・ミード・アンド・ホワイト」の建物だったらしい(『村野藤吾著作集　全一巻』「わたくしの建築観」)。そこで村野は、「石を使った様式建築でありながら窓は深くない」ことを学んだ。浅い窓は、その後の村野建築に活かされる。しかし、ただ、それだけであった。すでに「都市建築論」で「米国の建設と其の国民の情態と我が国状とは自から其の国家的歴史を異にして居る」と看破し、アダム・スミス型の自由主義経済の象徴としてのアメリカは、村野には、さほどの興味もなかったのである。

〔※1〕竹内次男は「大戦間期の建築図面と〈村野図書〉を巡って」(『村野藤吾建築設計図展カタログ　4』)で、村野は大阪の渡辺節建築事務所の所員(チーフ・アーキテクト)時代に「米国に2度派遣」されたと記している。ただ本書では、渡辺節時代の渡米をひとつにまとめて、最初の洋行とカウントする。

タトリンの〈革命記念碑〉

村野藤吾が二度目の洋行に出たのは昭和五（一九三〇）年であった。渡辺節設計事務所を辞めて一年が過ぎたときで、しかも昭和四年一〇月にアメリカでバブルが弾け、ニューヨークで株価が暴落し、世界恐慌の只中であった。そのときの外遊報告が「動きつつ見る」（『村野藤吾著作集　全一巻』）である。村野は朝鮮半島経由で満洲に入り、シベリア鉄道でモスクワ（ソビエト）、フィンランド、ドイツ、フランス、イタリアを巡遊していた。このとき使用したというトランクを孫娘の村野朋子さんが保管している。

同じように朋子さんが私に見せてくれたのが、ロシア構成主義の生みの親といわれたウラジミール・タトリンの描いた第三インターナショナルの〈革命記念碑〉のデッサンプリントだった。右上にタトリンのサインが入り、画像の下に「１９２０」と印刷されていた。日本でいえば大正九（一九二〇）年のもので、モスクワでタトリンから直接貰ったときの様子を「ソビエト建築を語る」（前同）で村野自らが語っている。

「革命後一三年目のときだったと思う。そのときはウクライナ方面の建築がもっとも盛んであった。もちろん官庁の建築である。モスクワに一週間滞在がゆるされ、小学校、共産党クラブ、工場建築、大衆の共同食堂、パン工場、各種のアパート、官庁、百貨店などを見学したり、大学を訪問したりした。そのおり、タトリンに会った」

通訳を介しての会話だったが、「われわれの目標はアメリカニズムを追いこすのだ」というタト

村野藤吾旧蔵のタトリンの第3インターナショナル
（講演録『異端の建築家・村野藤吾』より）

リンの言葉を村野ははっきり聞いていた。〈革命記念塔〉のデザインに、タトリンがサインして村野に渡したのが、このときだったのである。レーニンから依頼されてタトリンがデザインした〈革命記念塔〉には、らせん状の骨組の中空に上から半球形、円柱型、ピラミッド型、立方体の四つのフォルムが描かれていた。半球は一時間に一回転、円柱は一日に一回転、ピラミッド形は月に一回転、立方体は一年に一回転するという奇想天外な構造で、アメリカではニューヨークに三八一メートルのエンパイア・ステート・ビルが建設中だったが、〈革命記念碑〉はそれを超える四〇〇メートルのプランだった。

しかし巨大すぎて技術的に建造するのは無理であった。

この未完の〈革命記念碑〉のルーツは、ロンドン時代のマルクスにあった。大英博物館の読書室で原稿を書き終えたマルクスは、ハンブルグに向かい、そこで『資本論』第一巻を一八六七年、日本でいえば慶応三年九月に出版していた。世界初の国際労働者協会である第一インターナショナルが結成されたのが一八六四（元治元）年で、ロンドンを離れる前のマルクスが規約や創立宣言を書き、その後は友人のエンゲルスの指導で、一八八九（明治二二）年に第二インターナショナルが立ち上がる。そして一九一九（大正八）年にレーニンの主導で、第三インターナショナルがモスクワで結成されたのだ。

村野が二度目の洋行時にモスクワで見たのが、この第三インターナショナル期の風景だったことになろう。一方で村野はヒトラー政権発足前のワイマール共和国末期も見ていた。

ヒトラーが飛行機を使って猛烈な選挙戦を展開したのが昭和五年八月からで、強力なドイツ、賠償金支払い拒否、金権貴族征伐、ベルサイユ条約破棄、全ドイツ人に食とパンを主張し、民衆の支持を得はじめた時期と重なる。商工官僚だった岸信介も、村野の外遊と重なる昭和五年六月にベルリンを視察していた。世界恐慌による国民経済を立て直しのための国家統制化の調査、研究のためだった（『岸信介の回想』）。その帰結として、ファシズム経済を進める重要産業統制法が、日本では翌昭和六年四月に公布されることになる。

Ⅲ

渡邊翁記念会館

渡邊翁記念会館（令和2年8月）

ユートピアと大正一〇年

大正一〇（一九二一）年一一月一日に宇部が村からいきなり市になったのは、炭鉱労働者の急増という物理的要因のみならず、米騒動後の社会の「革新」という目的があった。第一次世界大戦後は全国的にもユートピア・ブームが訪れ、社会改良と技術革新が始まる時代だった。

文学界においても、大正七年九月に白樺派の武者小路実篤が宮崎県児湯郡木城《こうゆぐんきじょう》で「新しき村」の建設にとりかかる。また、有島武郎も大正一一年七月に、自らが所有する狩太農場《かりぶとのうじょう》（北海道ニセコ町）を開放してユートピア建設に乗り出していた。宮沢賢治は大正九年一二月に国柱会に入会し、独特のユートピア思想「イーハトーブ」を自作品に反映させる。

実業界も同じで、日立の基礎を築いた久原房之助が、山口県下松の笠戸湾に面する一帯に造船を柱とした巨大工業地帯「下松工業地帯ユートピア構想」を掲げたのが大正六年であった。ただ、このときは用地買収につまずき挫折している。

日本だけでない。敗戦後のドイツでも「英雄的精神」を吹聴するユートピア論が多くの書籍となり（『理想郷としての第三帝国』）、後に成立するヒトラーの第三帝国構想それ自体が、壮大なユートピア企画だった。

共産主義も同じで、一九一九（大正八）年三月にモスクワで第三インターナショナル創立大会が開かれてコミンテルンが結成された記念として〈革命記念碑〉をデザインしたタトリンもまた熱狂的なユートピア論者である。その延長線上にレーニンも「ゴエルロ計画」（全国電化計画）を一九二〇（大正九）年一二月の第八回ソビエト大会で公言し、電力により工業や農業をユートピア化する政策を進めてゆく（『ソ連四十年』）。

日本では大正八年四月に「都市計画法」が制定され、東京、京都、大阪、横浜、神戸、名古屋の主要六都市で「道路、港湾、鉄道、水道」などの整備が着手される（『都市計画要覧』）。

第一次世界大戦は東京、大阪など巨大消費都市を誕生させ、戦争による輸入途絶がイノベーションを発展させたのだ。例えば石井絹治郎が大正元年に大正製薬所を、竹内明太郎（竹内綱の長男）が小松鉄工所（後の小松製作所）を大正六年に創業している。翌七年には豊田佐吉が豊田自動紡織株式会社を設立し（現、トヨタ自動車）、山口県では徳山町で岩井勝次郎が日本曹達株式会社を創立（現、トクヤマ）した。さらに大正一〇年は北里柴三郎らが赤線検温器株式会社を設立（現、テルモ）する（『大正文化　帝国のユートピア』）。

ここで改めて炭鉱町の宇部を振り返ると、俵田がイノベーションを駆使して大正六年に創業に導いた宇部紡織所（後の宇部紡績株式会社）も、大正一二年に宇部セメント製造を立ち上げた動きも、全て同じ流れの出来事だったことがわかる。宇部市制施行は、俵田が主導した、石炭産業からの「革新」とも連動していたのである。

その直接的発端は、大正九年一二月六日に内務大臣の床次竹二郎《とこなみたけじろう》が宇部に来たときであり、新川座で「民力涵養《みんりょくかんよう》」の講演を行ったことにあった。また、同行した衆議院議員の津野田是重《つのだこれしげ》もまたフランスのデモクラシーを語っていた（大正九年一二月一二日付『宇部時報』「時事管見　内相と宇部」）。

つづいて宇部入りした工学博士の加茂正雄が「完全燃焼器の実施と低温乾留法の応用」と題するテクノロジー論を掲げ、公害対策セットで油化技術論を講演したのである。実に、これがのちに俵田が主導する宇部油化工業の創立につながるのだ。

ピアノとハーモニカ

宇部市制施行は、炭鉱街の文化をも「革新」した。

まず登場したのがスタインウエイ・ピアノであった。

渡邊祐策をはじめ、俵田明、高良宗七、国吉信義、庄晋太郎、新川元右衛門、国吉亮之輔、国重嘉吉、上田孫市、内田金作、御手洗岳一、入江護一、濱田久七、前田新平、新造新三郎、永谷秀一、河内新太郎、新造竹松、柏谷《かしわや》定七、梶山主計ら二〇名が市制施行の祝いとして、出来たばかりの新川講堂に据えたのだ。その最初の演奏会（ピアノ試弾会）が大正一二（一九二三）年四月三日に新川講堂で開かれる。演奏者は初代宇部市長・国吉亮之輔の長女・静子で、演奏曲はベートーヴェンのソナタ、メヌエット、シューベルトの子守唄などで、一ヶ月後に新川講堂で行われる市制祝賀会のプレ行事となる。現在、渡邊翁記念会館現の二階ホールに据えられ、「ＳＴＥＩＮＷＡＹ＆ＳＯＮＳ」製のグランドピアノとして知られるのが、そのときのピアノである。

そもそもは大正一一年にドイツのハンブルグ工場で製造されたもので、昭和二〇（一九四五）年七月の新川空襲でも焼失を免れていた。ただ、さすがに鍵盤も変色し、剥奪した箇所も多く、長らく放置されていたのを修復保存することになり、令和二（二〇二〇）年三月に修理が完了した。

新たな風俗文化として登場したのは、カフェーもまたそうであった。大正一一年一月に「常盤通二丁目」の「集文館書店」が発行した『宇部市新地図』の広告には、西区（西本町郵便局隣）のカ

渡邊翁記念会館2階フロアーに展示されている大正11年製のスタインウエイ・ピアノ（平成23年8月）

フェー「関文《せきぶん》」が、「大ピアノ備付ました」と見える。

これ以後を『宇部時報』の記事で追うと、大正一三年五月二五日号で西区の新川座前に「カフェーローズバッド」がオープンしている。大正一四年は四月一二日号で東区の老松町遊廓入口にあったミツワ自動車店舗内前の「カフェー三楽亭」が女給を募集、五月一六日号では市役所前の「カフェー一力」の改築開店、六月二八日号では東区本町四丁目緑座前の「カフェー友楽」が女給募集の広告を載せている。

第一次世界大戦後の不況が、大衆娯楽の時代を用意し、遊郭から安上がりのカフェーに移行したのだ。実際、宇部では明治四〇年八月に小堀の地に定められた遊郭が、翌明治四一年に老松町（旧レッドキャベツ新天町店の界隈）に移って以後、その地が花街として栄えた。しかしその老松町遊郭からカフェーに客が奪われるのだ。大正一四年九月一二日付の『宇部時報』（「むかしの松原に還元したほどに淋しくなった昨今の老松廓」）が、「廓内全体で七、八人の泊り客しかない様なことも屢々《しばしば》だ」と老松町遊廓の窮状ぶりを伝えたのも、その一例だった。

こうした変化は音楽分野でも表面化した。ピアノよりさらに庶民的なハーモニカ・ブームをもたらしたからだ。例えば大正一五年一二月四日付の『宇部時報』には、当日の午後七時に宇部工業学校友会音楽部が主催して新川講堂でハーモニカ演奏会を開くとの広告が見える。昭和になってもブームはつづく。昭和五年四月二日付の『宇部時報』（「ハーモニカバンド生る」）は、常盤通りの藤里義夫が主催するハーモニカバンドの結成を伝えている。一〇月一二日付の同紙（「宇部工業演奏会」）には、春と秋に毎年開催している宇部工業学校のハーモニカバンドの演奏会を今年も間もなく新川講堂で行うとの記事が見える。

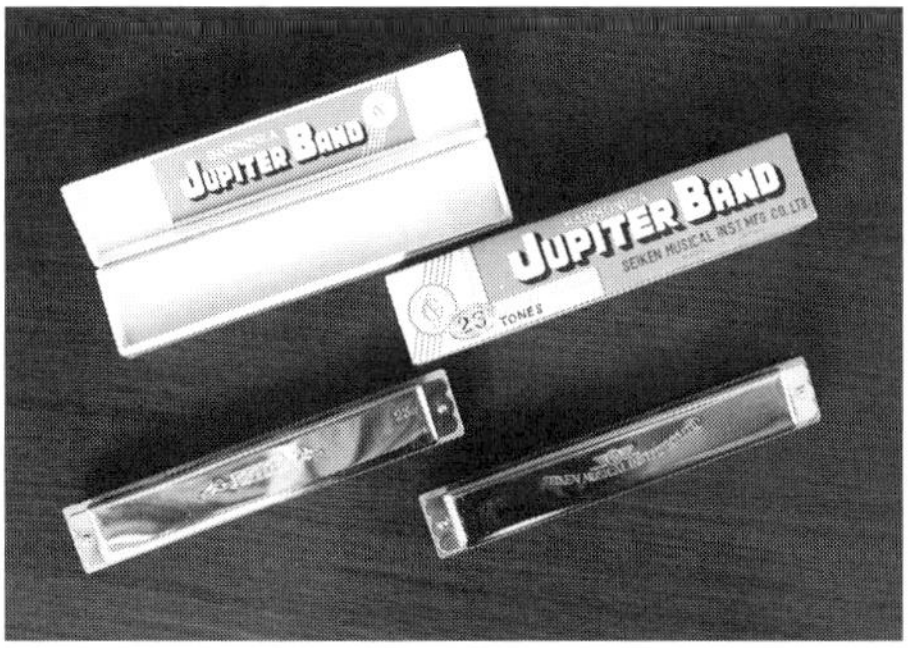

宇部で製造された「JUPITER BAND」（松色家旧蔵）

宇部には戦後、ハーモニカ工場まで造られていた。大正一〇年生まれの松色巌《まつしきいわお》が山口高等商業学校（現、山口大学経済学部）を卒業して宇部油化工業に就職して戦地に赴き、敗戦で帰国すると宇部油化が空襲で焼けていた。そこで自宅（草江二丁目）近くの親戚、上田十一（※1）の家（則貞六丁目）の二階建ての納屋で、叔父の上田四朗（十一の弟）とハーモニカの製造販売会社「セイケン楽器製造株式会社」を立ち上げる。商品名は「ＪＵＰＩＴＥＲ　ＢＡＮＤ」だった。

ハーモニカ工場だった納屋は今も残り、上田四朗の息子・勲さん（昭和二二年生まれ）が、「上田十一が資金を出して、東京帝大工学部を卒業して満鉄に務めていた四朗が機械関係を担当し、音楽的な技術部門を松色さんが担当した」と教えてくれた。納屋には、他に宇部工業高校の夜間部の学生や、女性の職工たちが七、八人、働きに来ていたそうだ。

松色は戦後、俵田寛夫が主催した宇部好楽協会を盛り上げたり、昭和二四年には九州・山口各地で「佐藤秀廊ハーモニカ独奏大会」を企画するなどして、晩年まで音楽活動をつづけた。

市制施行から一六年後に村野藤吾の設計で宇部に登場した巨大オーディトリウム（音楽堂）としての渡邊翁記念会館は、そんな時代の音楽文化の象徴でもあったのだ。

〔※1〕上田十一の兄弟姉妹は上から長女コウ（松色家に嫁す。息子が松色巌）、十一（宇部興産専務）、四朗（二男、宇部鉄工所所長）、チサ（新田圭二〔第一七代宇部市長〕に嫁す）であった（令和二年八月・上田勲さん談）。

よみがえる作品

平成二七（二〇一五）年八月に東京の目黒区美術館での企画展「村野藤吾の建築」を見に行ったのは、作品に込められた村野藤吾の思想や哲学を知りたく思ったからだ。

京都工芸繊維大学美術工芸資料館に所蔵される五万点に及ぶ村野の設計原図から、学生たちが制作した模型八〇点の展示会で、渡邊翁記念会館、宇部窒素工業事務所、宇部油化工業硫安倉庫計画案、宇部図書館計画案、宇部ゴルフクラブハウス計画案の五つの模型を見ることが出来た。

なかでもやはり渡邊翁記念会館は圧巻だった。屋根もコルビュジエのソビエト・パレスをモチーフにしたといわれる「逆スラブ」の、初期の姿がみごとに再現されていた。

宇部窒素工業事務所の模型も現存そっくりで、宇部油化工業硫安倉庫計画案は文字どおり「案」

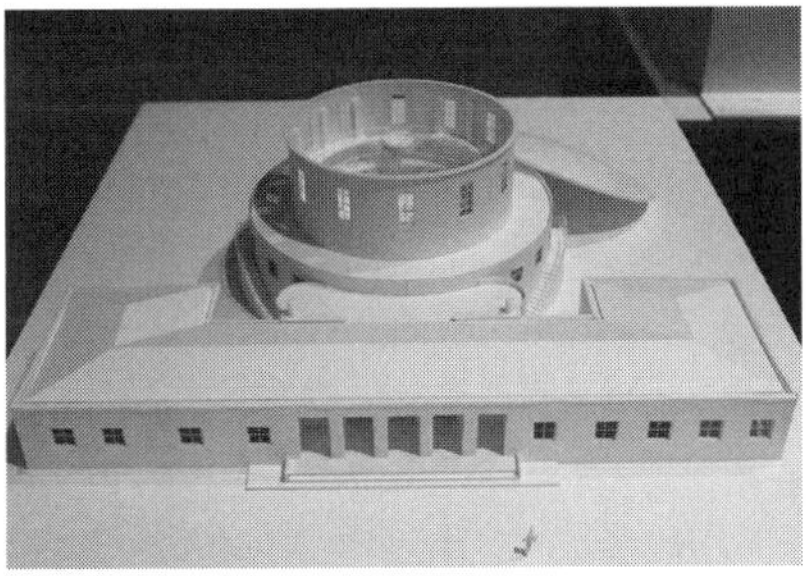

右上　渡邊翁記念会館模型（上山勢司作製　於・目黒区美術館）
右中　宇部油化工業硫安倉庫計画案模型（千村昌弘作製　於・目黒区美術館）
右下　宇部ゴルフクラブ　クラブハウス計画案模型（東浦有希作製　於・目黒区美術館）
左上　宇部窒素工業事務所模型（青山元子作製　於・目黒区美術館）
左下　宇部図書館計画案模型（赤澤芳子作製（於・目黒区美術館）

で終ったが、これも見事な出来栄えだった。同じく宇部図書館計画案や宇部ゴルフクラブハウス計画案も、細部まで緻密な姿でよみがえっていた。この企画展で設計図だけの建物を、完成形として見れたことも有意義だった。

つづいて向かった先は、同じく村野が手がけた目黒区総合庁舎である。もとは千代田生命保険相互会社の本社ビルとして昭和四一（一九六六）年に竣工した建物だ。その外観はファサード全面にバルコニーが設けられ、美しく縦格子並び、まるで高度成長期に蘇ったファシズム建築というべき美観だった。実際、南玄関から入ると、高い天井を持つ純白のエントランスホールが現れ、奥の左手に十字架のブジェが並び、右手にナチ・ドイツを連想させる柱列が並んでいた。そのさらに奥に、岩田藤七による色つきのガラス・ブロックを重ねた壁の幻想的空間が現れ、すぐ向うに音楽的な曲線美を醸し出すラセン階段が置かれていた。

日比谷公園前の日生劇場（日本生命日比谷ビル）も素晴らしく、外壁の窓の格子はやはり中央が膨らんだナチっぽい柱が二本ずつ組み込まれていた。一階ピィロティーの壁面は色つきのガラス・ブロックで装飾され、「Tohichi Iwata 1963」とサインがあった。案内してくれた小原柚香里さん（劇場部課次長）が、「岩田藤七さんのガラス・ブロックです」と教えてくれた。目黒区総合庁舎のガラス・ブロックと同じ作者である。

三階のホール天井は真珠貝をちりばめた神秘的な雰囲気で、近くの皇居から平成天皇（現、上皇陛下）も時々来場されていたのだという。もうひとつ印象的だったのは二階踊り場にあった四角の台座に真っ赤な丸いクッションが置かれた「日の丸」の椅子である。

日本橋室町の近三ビルも見学した。近江で呉服商を営んでいた旧森五商店の東京支店で、昭和六年の竣工当時のままの姿で、外壁は渡邊翁記念会館とよく似た塩焼きタイルだった。玄関ホールの蒲鉾型の天井には、鮮やかなモザイク模様が施され、戦前とは思えぬ斬新で暖かな空気を満たしていた。

日本興業銀行本店として設計したみずほ銀行本店も見たが、こちらは丸の内仲通りのビル街にあってカメラの引きが足らぬほどの巨大さだった。しかも北側の細い先端はハンブルクのチリーハウスのコピーとして最高の迫力があった。村野は渡邊翁記念会館の壁タイルの凹凸のアイデアも「ナリーハウスからきた」（『SPACE MODULATOR 52』「村野藤吾氏に聞く　宇部市民館のことなど」）と語ったが、そのモチーフがみずほ銀行本店にも投影されていたのだ。

こうした作品を見て感じたのは、村野が口にしていた「様式の上にあれ」の革新精神であり、実にそのスタートに位置する宇部の渡邊翁記念会館の存在であったのである。

宇部の村野作品

明治二四（一八九一）年五月一五日に満島《みつしま》（佐賀県唐津市）で生まれた村野藤吾は、昭和五九（一九七九）年一一月二六日に九三年で没するまで三〇〇を超える作品を手がけた。だが個人住宅や小施設など設計図が残ってない作品も多く、正確な数は不明である。そんななか、宇部に初期作品から晩年までの以下の七作品が現存することは特筆に値しよう。（　）内は設計図だけで、【　】はすでに解体された建物。末尾の〔　〕は村野の設計または竣工時の年齢である。

①　渡邊翁記念会館（昭和一二年）（四六歳）

（宇部ゴルフクラブハウス計画案（昭和一二年））（四六歳）

②　宇部銀行（昭和一四年）（四八歳）

③　宇部油化工業（昭和一四年～敗戦）（四八～五四歳）

④　宇部窒素工業〈事務所棟〉（昭和一七年）（五一歳）

（宇部市民図書館計画案（昭和二四年））（五八歳）

（宇部鉱業会館計画案（昭和二四年））（五八歳）

⑤　宇部興産中央研究所（昭和二七年）（六一歳）

【宇部興産本社事務所（昭和二八年）】（六二歳）

⑥　宇部市文化会館（昭和五四年）（八八歳）

⑦　宇部興産ビル（昭和五八年）（九二歳）

このほか、「宇部商工会議所」や「宇部綜合ビルディング」など、年代不明の図面も残されており、他にも宇部で計画された建物があったことがわかる。あるいは琴芝に残る俵田明邸宅の応接間（音楽室）も本書の取材中に村野作品と判明したひとつであった。昭和二八年頃にリニューアルされた際に、村野の設計が色濃く投影されていたのだ。この話はⅥ「俵田邸を語る」で改めて紹介するが、それを含めれば八つの作品が宇部に残っていたことになる。

宇部における村野作品は前期と後期に分かれていた。前期が昭和一二年から同二六年までの①〜⑤で、いま述べた俵田邸の応接間も、ここに入る。いずれも俵田の庇護時代に設計されていたものだ。

後期の作品は昭和五〇年代の⑥と⑦である。こちらは建築界で名を成した村野の顕彰の意味を込めて、宇部市と中安閑一が依頼した最晩年の遺作といってよい。

むろん重要なのは前期の作品群であった。村野は「建築的遺産の継承」（『村野藤吾著作集 全一巻』）で、「宇部はモンロー主義があるんですよ。ですから宇部でなければ絶対できない。これが拙作が残された大きな原因じゃないかと思うんです」と語っていた。その「宇部のモンロー主義」時代の作品群が、俵田の庇護下で造られた前期のものだったのである。

村野が語った「宇部のモンロー主義」とは、維新革命期の宇部士族の残党たちが必然的に作った、この土地の精神風土だった。維新後に俵田一族の手で石炭会社が計画され、他村に奪われた石炭鉱区を買い戻し、旧福原家臣の子弟たちを軸とする共同議会が管理したことで、外部から排他的と揶揄されたアウタルキ（自給自足主義）的コミューンを形成したのである。フリードリッヒ・ハイエクのいう「spontaneous order（自生的秩序）」的な、良くも悪くも外部からの強制を受けない閉じられた社会であり、それが「宇部モンロー」の正体だった。その閉じられた力の具現者であった俵田に護られ、村野は多くの初期作品を宇部に残せたのである。

前史としての大阪「そごう」

村野藤吾は俵田明との出会いを、大阪「そごう」でペアを組んで仕事をしていた松尾岩雄（松尾鉄骨橋梁株式会社専務取締役）の紹介によると語っていた。

「俵田さんは非常に立派な方でした。宇部の産業の創始者であった渡辺翁のあとを継がれた。私も戦争中から戦後にかけて俵田さんには非常にお世話になりましたし、本当に忘れ難い恩人です。その俵田社長が、亡くなられた渡辺翁の記念館をつくりたいと考えておられて、そこで〈そごう〉の工事中でしたから松尾さんが私を推薦された関係でご縁ができたわけですよ」（「村野藤吾氏に聞く宇部市民館のことなど」〔『SPACE MODULATOR 52』〕）

昭和一二（一九三七）年刊の『渡邊翁記念会館図集』巻末の「工事関係者」に、「鉄骨工事　松尾鉄骨橋梁株式会社」と見えるように、松尾はそのまま渡邊翁記念会館の仕事に流れ込んでいた。つぎに登場する「現場監督」の柳良治も村野建築事務所員であった。息子の柳眞也氏が『村野藤吾研究　第2号』（「まぢかで見た村野藤吾」）で語るところでは、柳良治は「宇部市民館」（渡邊翁記念会館）のつぎに「宇部銀行、宇部窒素を引き続いて担当」したという。

俵田と出会ったころの村野は、隣接する大丸百貨店に負けてはならぬと、昭和五年にソビエト、ヨーロッパ、アメリカを歴訪して入手した建築知識を総動員し、地上七階、地下三階の堂々たる姿の大阪「そごう」を手がけていた（昭和一三年版『建築年鑑』によれば昭和一二年一一月に完成）。今はなき大阪「そごう」の全体像を『村野藤吾作品集　TOGO MURANO 1928-1963』で確認すると、ファサードと呼ばれる道路に面する前面部分に縦ルーバー（羽板）がシャープな陰影を作り出している。その一本のルーバーが巨大化して板となり、建物を左右非対称に分断する姿は、もはや巨大な美術品といってよい。

こうした大胆な外観を、「ロシア構成主義のグラフィックな手法にはるかに近い」（『村野藤吾建築図面集　第一巻　モダニズムへの展開　解説篇』）と評する本まである。

ロシア構成主義とは、一九〇五（明治三八）年一月の「血の日曜日」に端を発する第一次ロシア革命、さらには一九一七（大正六）年の第二次ロシア革命（ロシア一〇月革命）後にロシアに出現した、鉄やガラスなどの新しい工業的素材を用いた抽象的デザインを指していた。伝統的な絵画や彫刻を否定する近代プロレタリアートの表現手法でもある。

村野藤吾の革新性が早くも表れていた大阪「そごう」（『村野藤吾建築図面集　第一巻　モダニズムへの展開　図面篇』付録「写真シート」より）

一方でイタリアでは詩人マリネッティがフランスの日刊紙ル・フィガロで未来派宣言をしたのが、この間の一九〇九（明治四二）年二月だった。技術、スピード、工業都市、若者などの近代主義の肯定と共に過去を拒絶し、ここにイタリア未来派が幕を開けた。マリネッティは後にムッソリーニを支持し、ファシズム期の美術を鮮やかに開花させている。

実を言えば村野の作品はロシア構成主義的以上に、イタリア未来派っぽくもあった。

村野は大正八（一九一九）年に『日本建築協会雑誌』（五月号〜八月号）に発表した論文「様式の上にあれ」（『村野藤吾著作集　全一巻』に所収）で、「様式に関する一切の因襲から超然たれ！」と叫び、「過去建築圏より分離し、総ての建築をして真に意義あらしめる新建築圏を創造せんがために」と叫んでいた。その「様式の上にあれ」の言葉について、八一歳になった村野が「読後感」（『日本のモダニズム建築　17作家の作品が描く多様な展開』所収）で、学生時代に読んだベルンハルディの「アボーブ・ザ・バトル」から拝借したと明かしていた。すなわち〝Above the battle〟＝〝戦いの上に〟という意味であろう。

その言葉が出て来る本は、高田早苗（早稲田大学学長）が大正三年春から外遊した際に手に入れた『独逸の主戦論』を高田が訳した本らしい。面白いのは、著者のベルンハルディ将軍が、熱烈たる戦争肯定論者であったことだ。村野はこれに触発されて「様式の上にあれ」の言葉を紡いだなら、やはり戦争を露骨に肯定したイタリア未来派の意識と重なる。

大丸心斎橋店北館の外壁に移設された藤川勇造の彫刻「飛躍」（平成27年11月）

もうひとつ、大阪「そごう」で気になるのが、向かって右手のファサードに、オーギスト・ロダンの弟子・藤川勇造の彫刻「飛躍」が設置されていたことであった。

この「飛躍」の実物を、建て替えられた大

ダイビル本館（令和2年11月）

丸心斎橋店北館の一四階のイベントホールから屋上庭園に向かう壁の上方に見たことがある。背中で広がるブロンズの羽の先端に円形の接着装置が着けられ、大人の背丈ほどもあるブロンズ像ながら、みごとに外壁に張り付いていた。村野作品が、それ自体が彫刻の一部と感じられたのがこのときである。

ところで大阪を歩きまわるうちに、別に気づいたことがあった。それは俵田が村野の仕事を大阪「そごう」のみで評価したのかという疑問だった。

例えば村野が独立前の渡辺節事務所時代に製図主任として関わり大正一四年に竣工した大阪ビルヂング（現、ダイビル本館）が中ノ島に残っていた。同じく渡辺節時代の仕事として昭和六年に竣工した綿業会館も大阪市備後町で目にすることが出来た。それらが現代もなお輝きを失わない躍動感のある建造物だったからだ。松尾に村野を紹介された俵田は、それ以前に村野が関わったこれらの仕事を自分の目で確かめたのではないか。そして圧倒的なデザイン力に打ちのめされ、身体の奥側底で眠っていた「革新」の血を呼び起こしたのではないか。そう感じたのは、Ⅱ「大阪〈藤の棚〉」で見たように、大阪が、若き日の俵田が苦学しながら過ごした思い出の地でもあったからだ。

源流の「素行園《そこうえん》」プラン

昭和六（一九三一）年に、宇部市は市民館を建てる計画を浮上させる。市制施行一〇周年を迎えたタイミングであった。

昭和六年一月一九日の宇部商工会での会議で、三〇万円の予算で市役所近くの避《ひ》病院跡地に建設する計画が議論されたのだ。この席で渡邊祐策が、「なァに二万円出す者が十五人あれば出来るから喃《のう》」（昭和六年一月二一日付『宇部時報』「ぼつ〳〵台頭する市制記念事業としての公会堂建設説」）と豪語した。しかし昭和恐慌のあおりで尻すぼみとなる。

閉塞状況が打破されたのは、関東軍による昭和六年九月一八日の満洲事変からだった。第一次世界大戦を境に今でいうグローバリズムが破綻したことで、新たな計画経済システムを満洲で実現する「革新」の軍事行動に出た結果である。

つづいて昭和七年三月に満洲国が建国されると、経済はV字回復する。日本は英米流の優勝劣敗の自由主義経済から離れ、統制経済システムに舵を切ったのだ。それが欧州での革新としてのファシズム運動と歩調を合わせた「全体主義」の幕開けだった。

帝都では威風堂々たる国会議事堂が姿を現し、昭和七年五月二二日発行の『週刊朝日』のグラビアを飾った。こうした世情に触発されたのか、宇部でも渡邊祐策の死去（昭和九年七月二〇日）を境に街が熱を帯び始める。

昭和九年七月二五日に渡邊の市葬が行われると、二八日には市教育会が新川講堂で臨時評議員会を開き、渡邊の功績を後世に伝える伝記編纂の計画が立ち上がった（昭和九年七月二七日付『宇部時報』

「故渡邊翁の伝記編纂」）。出席者は俵田、高良宗七、庄晋太郎たちと、市内の小中学校の校長たち二〇名余りで、銅像建立計画や渡邊翁遺徳顕彰会の創立が相次ぐ（同年七月二九日付同紙「『渡邊翁遺徳顕彰会』を創設」）。

会社側では、渡邊の長男である剛二が昭和九年八月二五日と二六日の両日をまたいで宇部セメント製造、宇部鉄工所、宇部窒素工業の新社長に就任する（同年八月二六日付同紙「セメント、鉄工所、宇部窒素　後任社長は何れも渡邊剛二氏」）。

俵田の主導で常盤公園周辺をゴルフ場として整備し、クラブハウスを建設するプランが浮上したのもこのタイミングだった（同年八月二九日付同紙「勝地常盤池付近にゴルフ・リンク開設の機運濃厚となる」）。そのゴルフクラブハウスの設計も、のちに村野に託される（Ⅳ「宇部ゴルフクラブハウス計画」）。

一〇月一一日の宇部工業会館での会議では、沖ノ山炭鉱グループが渡邊翁記念事業委員会を立ち上げる一方で、渡邊の銅像設置場所に、渡邊の号「素行」を冠した公園「素行園《そこうえん》」を造る計画が具体化される（昭和九年一〇月一三日付『宇部時報』「記念公園名は〈素行園〉か」）。もっとも最初は桃山に造る予定だったが、一一月に第二案としての市民館建設の機運が高まる（同年一一月二九日付同紙「故渡邊翁の記念事業委員会」）。

一二月三日に宇部工業会館で開かれた会議では桃山での「素行園」プランを白紙に戻し、第二案の市民館建設案が正式に採択される（同年一二月四日付同紙「故渡邊翁関係各社　記念事業委員会」）。これこそが昭和六年の市制一〇周年記念事業として計画された公会堂建設案のリニューアルプランだった（同年一二月五日付同紙「故渡邊翁記念事業　市民会館に決定」）。

その市民館の名称が一二月二二日に「素行館《そこうかん》」と決まり（同年一二月二三日付同紙「市民会館は〈素行館〉」）、つづいて沖ノ山炭鉱を柱とする七社の建設費寄付の割り当てと、設計者の選定が一二月二九日に話し合われる（同年一二月三〇日付同紙「〈素行館〉設立は建築界の大家から」）。建設予定地が決まるのが、年が明けた昭和一〇年一月一三日だった（昭和一〇年一月一五日付『宇部時報』「素行館の敷地選定と銅像建設寄付に就いて」）。

俵田が松尾岩雄（松尾鉄骨橋梁株式会社専務取締役）から村野を紹介されたのが、このころだったと思われる。

外観透視図（A案）（『1920年代・日本展』より）

ローテクロイツ名誉賞

渡邊翁記念会館の設計を、村野が担当することが正式に決まるのが昭和一〇（一九三五）年二月一二日であった。宇部工業会館で開かれた渡邊翁遺徳顕彰会の事業部委員会の席上、募集していた設計案の審査の結果、一等に選ばれた形をとった。その席で俵田は二階建ての村野の設計案を三階建てに変更し、収容人数二〇〇〇人の「音楽堂式歌劇場」を三五万円の予算で造りたいと語った（昭和一〇年二月一三日付『宇部時報』「近代建築の粋を蒐《あつ》めて設計成った宇部市民会館の構図」）。

宇部市には「MAY 18 1935」（昭和一〇年五月一八日）の日付が記された「渡邊翁記念会館」の設計図（『村野藤吾建築設計図展カタログ　8』に所収のものと

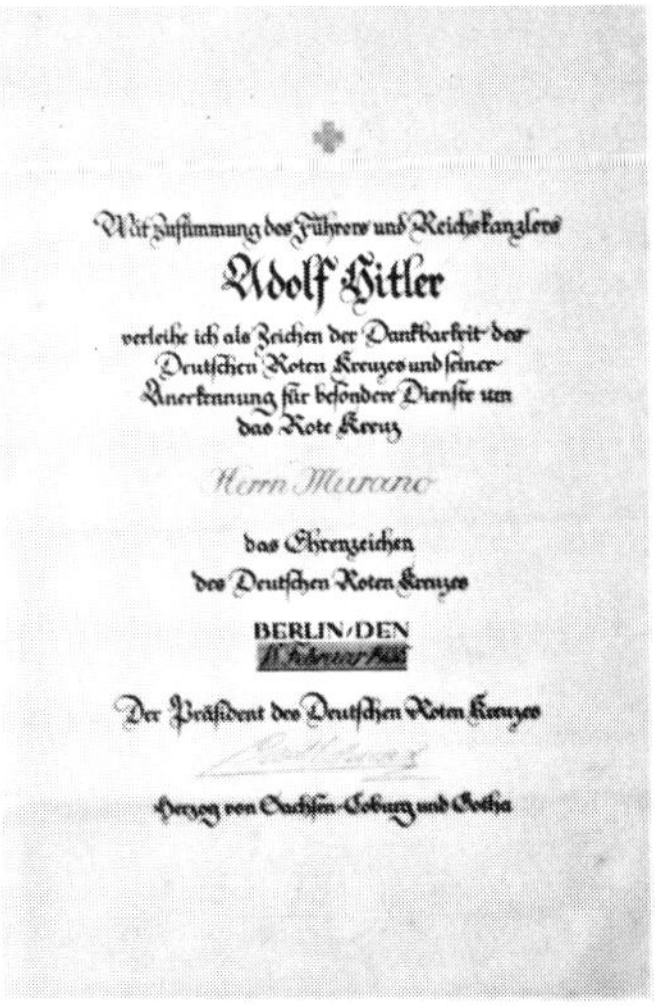

ドイツ赤十字社から村野藤吾に与えられたローテクロイツ名誉賞（講演録『異端の建築家・村野藤吾』より）

同じ）が残されている。建物の真正面に渡邊祐策と思われる銅像も配置されていた。

　正面の六本柱も、今とは異なり入口テラスの前に小さくまとまっている。これを立体的にスケッチしたと思われる「〈A案〉外観透視図」を松隈洋さん（京都工芸繊維大学教授）が『村野藤吾建築設計図展 11 ―新出資料に見る村野藤吾の世界―』で紹介していた。その原画を京都工芸繊維大学に確認したところ、「何らかの原因で紛失し、現在は収蔵されておらず、印刷された図版しか残っていない」とのことで、今では『1920年代・日本展』（一九八八年・朝日新聞社）に掲載された図しかないらしい。

　気になったのは、初期のこの建物の方が、現存のものよりファシズムっぽい外観だったことであった。しかも昭和一〇年二月一八日付けで、村野はナチ政権下のドイツ赤十字社からローテクロイツ名誉賞を貰っていた。昭和九年に京都で完成したドイツ文化研究所に対する褒章である。

　村野の孫である村野朋子さんが保管しているローテクロイツ名誉賞の賞状の文面の二段目には「Adolf Hitler」と明記され、以下を和訳すると、つぎのようになった。

「総統　兼　国家元首　アドルフ・ヒトラー《Adolf Hitler》の同意を得て、ドイツ赤十字社からの謝意の印（徴）ならびに氏の赤十字への格別の尽力に対する賞賛の印（徴）として、村野氏にドイツ赤十字社の栄

誉賞を授与する　一九三五年二月一八日　ベルリンにて　ドイツ赤十字社総裁　ザクセン＝コーブルク＝ゴータ公爵カール・エドゥアルト」

一九二九（昭和四）年七月にはじまるドイツ赤十字社は、昭和八年一月のナチ政権発足により、ナチの指導下に置かれた（『新独逸国家大系第十一巻経済篇三』）。実際、村野に与えられた証書に記されたザクセン＝コーブルク＝ゴータ公爵カール・エドゥアルトも、「ナチス自動車隊高級群指導者」である。ドイツ赤十字社の運営資金は、寄付金とナチ・ドイツの国庫の補助で賄われていた。ちなみに昭和九年一〇月二五日に文部省の幹部三名にヒトラーから授与されたローテクロイツ名誉賞が「わが国では恐らく最初」と同月五日付の『読売新聞』（「ヒトラーから三氏に勲章」）が報じているので、村野の受賞はそれにつづくものだったのだろう。すなわちナチ政権から讃えられた直後に、村野は渡邊翁記念会館の設計を手がけていたことがわかる。

一方で、俵田明の嗣子である寛夫（昭和九年四月に俵田明の長女初枝と結婚）が渡邊翁記念会館の元図面について、「オーディトリウムの設計として外国、特にローマで有名になり、世界中の建築雑誌に出て、あげてこの設計を称賛した」と語っていた。だが総延面積が一一四六坪にもなるので、地価の高い大都会では建てることが出来きず、「偶々《たまたま》渡邊翁の記念事業として公会堂のない宇部市にこれを建てたらと云う事になり衆議一決して此の設立に当った」（『宇部興産六十年の歩み』「沖鉱区の開発」）というのである。

昭和五一年一月一七日付の『宇部時報』（「ピアノのない音楽堂〈上〉」）でも寛夫が、「ローマでオウデトリアムの建築コンクールがあつた際、村野藤吾氏のこの設計が、日本から提出され、秀れた設計であるとして世界的に一躍有名になつた」と語っていた。

俵田寛夫の語る「オーディトリウム」とは、ラテン語の audire（聴く）から派生した auditorium である。村野が設計した劇場や音楽堂などの機能を持つ市民館がローマで話題になったという話が本当なら、ナチ・ドイツ以上に、イタリア・ファシズムによって評価された建築だった可能性がある。その設計図が描かれた昭和一〇年五月は、ローマではムッソリーニ政権の全盛期であり、結果として山口県初の本格的な音楽堂になったわけだ。

ファシズム期のイタリアの文化政策も見ておこう。そもそもムッソリーニは社会主義者だが、一九一四（大正三）年七月にはじまった第一次世界大戦で、イタリア参戦派に転じたことで社会党から除名される。その反動で一九一九（大正八）年三月にミラノにイタリア戦闘ファッショを立ち上げたのだ。つづいて一九二二（大正一一）年一〇月のローマ進軍で、ファシスタ党による国家再建に乗り出し、一〇月三一日にムッソリーニ内閣が成立する。一九三二（昭和七）年にはローマ進軍一〇周年を記念したファシズム革命展を開催するなど、文化芸術面でも飛躍していく。

ちなみに、この一〇周年記念でイタリア音楽の功労者としてムッソリーニからカヴァリエ・コロノリ・イタリアーナ勲章を授与されたのがテナー歌手の藤原義江だった（昭和七年一一月一一日付『読売新聞』「藤原義江、勲章を貰ふ」）。こうした延長線上に、ムッソリーニは一九二五（大正一四年）年五月の法令でドーポラヴォーロ（Opera Nazionale Dopolavoro〔ＯＮＤ〕）を立ち上げ、国民の生活文化を向上させる福利厚生政策に着手する。日本語では「〈労働の後〉国民事業」と訳される半官半民の全国組織の事業団体で、貧困家庭の救済や労働者たちに文化的な娯楽を提供する機関として機能した。エンタテーメントを上流階級だけでなく、中産階級や下層階級にまで供与する公平を実現する文化組織である。

例えば、このドーポラヴォーロによって、イタリアではファシズム体制下でカラカラ遺跡に二万人を収容する野外劇場が建設されるなど、文化・芸術活動が強力に推進された。日本でも『音楽之友』（昭和一七年六月号）で松本太郎が「伊太利に於る歌劇擁護施設　伊太利の音楽政策（2）」と題して、「ファシズムの音楽政策中最も重要なものであり、且つ為政者が最も力を入れて居るのは歌劇の擁護」と紹介している。後述するナチ・ドイツのKdF（歓喜力行団）も、イタリアのドーポラヴォーロをモデルにしたものであった。

日本は、こうした文化主義のファシズム国家と国際交流を行うのでもある。例えば昭和一三年一一月から翌昭和一四年一月にかけて、宝塚少女歌劇団がイタリアとドイツに親善公演を行い、両国から歓迎されていた。また、昭和一三年一一月二三日のベルリン国民劇場での公演ではゲッペルス（宣伝相）から花束を贈呈され（昭和一三年一二月一八日付『読売新聞』「宝塚芸術はドイツ人にどう映じたか」）、一二月のローマ公演では、ムソリーニがわざわざ見に来ていた（昭和一四年二月二六日付『読売新聞』「ム首相　日本踊を礼賛」）。

ナチ・ドイツの文化振興策については、教会音楽家の津川主一〔※1〕が昭和一七年四月号の『音楽之友』で「独逸国立音楽局の組織と業績」と題して、一九三三（昭和八年）一一月一五日にヒトラーが設立した国立文化学院について述べた一文が参考になろう。すなわちヒトラーが臨席した「伯林《ベルリン》のフィルハーモニー楽堂」での開会式で、文化学院総裁のゲッペルスが「独逸芸術及び文化の善き保護者でありたい」と設立の趣旨を語っていたからである。このときゲッペルスは、ナチは国家の芸術を制作するのではないと断言していた。文化院の役目は「芸術家の生活や運動上に起つてくる障碍や対立を除去すること」であり、「過去、現在、将来の独逸の文化財を、国民の利益になるように合目的的に管理する」ことと語ったのである。ナチの文化学院は国立映画局、国立造形美術局、国立音楽局、国立演劇局、国立放送局、国立新聞局、国立著述局の七局を従えていた。

ベルリン・フィルハーモニー管弦楽団は一九三三（昭和八）年一一月にナチの保護のもとで帝国オーケストラになっている。翌一九三四（昭和九）年一二月に、ナチのＫｄＦと最初の共同開催コンサートを開いて以来、ベルリン・オリンピックの開会式での演奏（昭和一一年八月）や、ヒトラーの誕生祝賀会などの演奏も手がけていくのだ（『第三帝国のオーケストラ』）。また、工場で労働者のためのコンサートも度々行っていた。こうした例を知るとき、昭和一三年一二月に俵田が宇部窒素工業に〝宇部窒素ブラスバンド〟を結成させたのも（Ⅳ《工場と音楽》）、ドーポラヴォーロやＫｄＦなどのファシズム文化政策をモデルにしたと考えるのは、さほど難しいことではない。

少なくとも村野が「オーディトリウム」としての渡邊翁記念会館を宇部で手がけた時代は、ファシズム国家の音楽政策の興隆期であったのである。皮肉にも、村野が音響にこだわったきっかけは、昭和八年にナチに追われて来日したブルーノ・タウトが大阪の朝日会館で行った講演を聞きに行ったことにあった。村野は「建築いまむかし」（『村野藤吾著作集　全一巻』）で、「声が後ろの客席までスーッと通ってたいへんよい」ので研究を重ね、渡邊翁記念会館に応用したとしている。その出来栄えも、「宇部の市民館の音響効果も、中国唯一の本格的な音楽堂だと定評をいただいているらしいですよ」と得意げだった。

もっとも炭鉱町ならではの苦労話もあったようだ。冨重洋さん（元宇部興産建築部長）は村野から、「基礎工事にかかってから思わぬ所に炭鉱の孔（石炭採掘跡の空洞）が見つかり大騒動した」と聞いていた（『宇部地方史研究　第三六号』「村野先生の思い出」）。

しかしどうにか沖ノ山炭鉱が創立四〇年を迎えた昭和一二年四月一五日に建物は出来上がり、早朝六時の花火を合図に社長を継いだ渡邊剛二（渡邊祐策の息子）をはじめ、従業員一同が沖ノ山炭鉱の牛岩神社に集合して神前奉告祭を行い、午前七時には係長以上が琴崎八幡宮に参拝する祝賀ムードに包まれた（昭和一二年四月一七日付『防長新聞』「宇部沖の山炭鉱　四十周年記念式」）。つづいて四月二一日に渡邊翁記念会館の外壁を約六〇〇〇個の紫紺色の電燈でライトアップし、幻想的な祝賀ムードを演出する（昭和一二年四月二三日付『宇部時報』「光芒に輝く記念館の豪華殿堂」）。外壁を照らすデモンストレーションも村野のアイデアだったが、これは大阪「そごう」の第二期工事竣工時（昭和一〇年九月二四日）に外壁前面に刻々と色の変わる照明を設置し、夜間は壁面全体が「巨大なイルミネーション」（『株式会社そごう社史』）になるようにした手法の流用だろう。

創立四〇周年のお祭り気分の中で、七月二一日の午前八時半から改めて渡邊翁記念会館の落成披露式が行われていた。この席で俵田が工事報告を述べ、村野に感謝状が渡されている（昭和一二年七月二二日付『宇部時報』「けふの盛儀に渡邊翁の英霊微笑まん」）。

一方で、昭和一二年七月七日の盧溝橋事件から日中戦争が幕を開け、楽しみにしていた歌劇や音楽会が流れ、映画の上映だけで終わったと俵田寛夫は悔やんでいた（『宇部興産六十年の歩み』「沖鉱区の開発」）。しかも直後に自身に赤紙（召集令状）が届き、戦地にも駆り出された。

俵田明が理事長を務める渡邊翁記念文化協会は、昭和一二年七月二五日に第一回目の特別記念講演会を渡邊翁記念会館で開催した。演者は京都帝国大学教授で僧侶の羽渓了諦（演題「物か心か」）と大阪毎日新聞主筆の阿部賢一（演題「北支事変と日本経済の将来」）の二人だった（『渡辺翁記念文化協会沿革史　―創立五十年記念―』）。

つづいて七月二七日から四日間、第一回の文化講習会が開かれる。

一日目が京都帝国大学助教授の矢部貞治の「欧州政治の現状」、二日目が広島文理大学教授の古賀行義の「青少年の心理と犯罪」、三日目が京都帝国大学助教授の中村直勝の「日本精神史講話」、四日目が京都帝国大学教授の作田荘一の「現代の経済問題」であった（昭和一二年七月二七日付『宇部時報』「第一回文化講習会　各講師の講演要項」）。

沖ノ山炭鉱の専務でもあった俵田明は、昭和一二年一〇月一七日に、会社の敷地内の牛岩神社に役職員や報徳会、軍友会、在郷軍人会、消防組、青年団、各種夫人会、女子青年団を集めて、「必勝を期するには産業の力が減退してはならぬ」と題する講演を行う。

「吾々の黄色い顔をしてゐるところの民族が、平和に暮らして行くためには、この日本の帝国が立派に、この帝国といふものが存立してゐなければ、東洋の平和といふものが出来ない」

日中戦争をソビエト共産主義と英米の両方が操る「支那の一つの抗日運動」と看破していたのだ。俵田は、この聖戦に勝つには、「日本の産業」の力を必要とし、見習うべきはナチ党率いる高度な技術を保有する「ドイツの産業」と語っていた（昭和一二年一一月一〇日付『大宇部』「必勝を期するには産業の力が減退してはならぬ」)。

〔※1〕津川主一は明治二九（一八九六）年に愛知県名古屋市に生まれ、大正一一（一九二二）年に麻生美普《あざぶみふ》教会の牧師となり、帝国音楽学校、青山学院、東京交響合唱団などで合唱を指導した教会音楽家（『日本の作曲家近現代音楽人名事典』）。

《台座と昭和天皇》

村野藤吾が宇部で渡邊翁記念会館を手がける以前の作品には、①南大阪教会（昭和三〔一九二八〕年）、②森五商店東京支店（昭和六年）、③加納合同銀行本店（昭和七年）、④紙卸商中島商店（前同）、⑤キャバレー・アカダマ（昭和八年）、⑥ドイツ文化研究所（昭和九年）、⑦大阪「そごう」（十合《そごう》百貨店・昭和一〇年）などがある。

それぞれに村野らしさは伺えるが、しかし渡邊翁記念会館ほど巨大で大胆で斬新で圧倒的なエネルギーを貯め込んだ建物は見当たらない。やはり昭和一〇年二月にナチ政権下のドイツ赤十字社からローテクロイツ名誉賞を授与された影響だろう。

一方で、渡邊翁記念会館が竣工した昭和一二年は宇部で多くの工場が建設されていた。

昭和一三年版の『建築年鑑』には、昭和一二年八月に竣工したのが宇部窒素工業の窒素工場で設計者は「中央工業所」で、施工者が「松尾鉄骨橋梁会社」、「杉村工業所」、「清水組」の三社とある。同じく一〇月に竣工した同窒素工場は設計者が不明で、施工者が「東洋コンプレッソル」、「松尾鉄骨」、「宮田顕二」。同じく一〇月に竣工した同合成工場は設計者と施工者が「清水組」。宇部鉄工所の鉄工場は一一月に竣工しており、設計者は不明で施工者が「林定治」、「杉村工業所」、「松尾鉄骨」。沖ノ山炭鉱系以外でも日満マグネシウム工場が一一月に竣工しており、設計者は不明だが、施工者は「清水組」である。一二月に竣工したチタン工業の工場の設計者は「中央土木」で施工者が「清水組」だ。宇部が大きく化学工業にシフトして次々と工場が建てられる時期に、渡邊翁記念会館も輪郭を見せていたことがわかる。

その大胆な風貌の建物入口の中央に「渡辺翁記念会館」と刻まれた方形の石の台座に、村野は最初何かのモニュメントを設置するつもりだったらしい。村野は「村野藤吾氏に聞く　宇部市民館のことなど」（『SPACE MODULATOR 52』所収）で、「真中の石、あそこへ実は私は彫刻を置こうと考えたんです。結局そのままになったんですがね、何か威勢のいい彫刻を置きたいと思ったんです」と語っている。

渡邊翁記念会館前の台座に立つ昭和天皇
（『写真帖　天皇と防長』より）

そのままになった理由を、冨重洋さん（元宇部興産建築部長）が教えてくれた。

「これは宇部興産ビルを造るときに村野先生から直接聞いたのですが、何か彫刻を造っておこうとしたが、結局、そのままになったんだと言われました。それで私が言ったのです。昭和二二年一二月に昭和天皇が宇部に来られて、この台座の上に立たれて宇部市民を励まされたんだと。そしたら、〈それじゃあ、もう彫刻は造る必要はないから、台座だけ大事にしてください〉と言われました」
なるほど昭和二二年一二月三日に昭和天皇が宇部に行幸し、石の台座に上られた姿が行幸記念写真帖『写真帖　天皇と防長』〔※1〕に記録されている。

〔※1〕奥付きはないが別冊付録『山口県御巡幸日誌』に昭和二三年九月の発行年がある。

ドイツ文化研究所

村野藤吾が初めて国際的な評価として、ローテクロイツ名誉賞を受けたドイツ日本文化研究所について見ておこう。

実をいえば、村野は二度目の外遊（最初は大正一〇〔一九二一〕年から同一一年にかけてのアメリカを中心とした視察）をした昭和五（一九三〇）年に、ナチ政権誕生前夜のドイツ、すなわち混乱を極めたワイマール共和国末期を実際に見ていた。

「一九三〇年にヨーロッパをまわって来ました。まだ第一次大戦の十二、三年後でしょ、それなのに、ヒトラーがナチズムの運動をして来ましてね。それに対してすごいデモを裸でやっている。半分、裸になってやっている。大衆はナチを応援した」（『なにわ塾叢書4　建築をつくる者の心』）

村野は『谷口吉郎作品集』の序文「線に詩趣あり」でも、ベルリンでナチの「半裸のデモ」を見たと語り、「何か起こりそうな気配がしていたが、はたせるかな、それから三年もたたないうちにナチの天下になった」とつづけていた。

ドイツで国会選挙が行われたのは、村野の外遊時と重なる一九三〇年九月一四日だった。このときナチ党は一〇七議席を獲得している。一二議席から一気に大躍進した背景には、深刻な経済不況と失業者の増大があった。

そして帰国した村野は大阪「そごう」の設計に着手するのと並行して、ドイツ文化研究所を京都に建設する仕事を請けるのである。「そごう」の第一期工事を昭和八年に終えると、翌昭和九年にドイツ文化研究所の建設を完了し、昭和一〇年に「そごう」の第二期工事を終えるという流れであった。

このとき手がけたドイツ文化研究所こそが、発足したばかりのナチ政権が、日本へ接近をはじめたことを象徴する文化交流施設であったわけだ。ナチの「半裸のデモ」を思い出しながら、村野が設計したであろうことは容易に想像がつく。

京都大学人文科学研究所が発行した『人文科学研究所50年』に、ドイツ大使フォレッチュと元首相の清浦奎吾との間に、ドイツ文化研究所を京都に造ろうという話が具体化したのが昭和八年と見える。ライプチヒ大学出身で都ホテルのマネージャーだった西彦太郎が清浦と親しい関係から文部大臣の鳩山一郎を担ぎ出し、京都帝国大学本部の構内西側の空き地にドイツ文化研究所を造ることになったらしい。

こうして昭和九年二月に、「ナチス建築様式をうまく取り入れた個性的な瀟洒《しょうしゃ》な建物」（『人文科学研究所50年』）として、旧制の京都高等工芸学校の跡地（京都東一条）に、建築が始まるのだ。そして建物が出来上がると一〇月二六日にナチ政権のドイツ外相ノイラート、文相ルスト、日独協会総裁のベーンケ提督からの祝文が「特電」で届いた（昭和九年一〇月二八日付『大阪毎日新聞』「ドイツ文化

研究所落成　明治節に開所式挙行」）。
昭和九年一一月三日の開所式では東久邇第四師団長（東久邇宮稔彦王《ひがしくにのみやなるひこおう》）が台臨〔※1〕して、村野が工事報告を行った（『社団法人独逸文化研究所創立五周年紀要』）。

独逸文化研究所（京都大学大学文書館）

京都大学大学文書館には「独逸文化研究所」の写真が五枚残されている。その一枚に玄関前の二本のポールに「日の丸」とナチの「ハーケンクロイツ」の二旗が鮮やかにはためいている。また、玄関の写真には温かさを感じさせる緩やかなカーブを描く庇《ひさし》と、向かって左手に竹が植えられた村野流のデザインが確認できる。

あるいは上方から鳥瞰した模型の写真には、建物の横に巨大な柱のモニュメントと、建物の両端に柵状の柱列が並んでいるのが見える。こうした柱列は、昭和一八年に刊行された『ナチス独逸の建築』に所収される「栄光の神殿」（ミュンヘン市ケーニグリッヒ広場に建つナチ党運動殉職者記念霊堂）の柱や、「ニュルンベルグのナチス党大会場内ツェッペリン広場の主桟敷の一部」の柱を彷彿させるナチ風デザインだった。

設計中の村野に駐日ドイツ大使フォレッチュが、「ここはこうしたらどうか」などと意見したと「わたくしの建築観」（『村野藤吾著作集　全一巻』）で村野は語る。「当時のドイツは日本よりも高い文化をもつ社会だった」というのも、ナチが国民社会主義を成功に導いていたように見えていたからだろう。村野に限らず、日本中の多くの識者たちが感じていたことで、例えば昭和一七年一一月刊の『建築雑誌』の「ナチス独逸の都市計画」が紹介した「ジードロンク政策」も、そんな高評価を得たナチ政策のひとつだった。ナチ党の二五ヶ条綱領の起草者でもあったゴッドフリード・フェダー（ベルリン工科大学教授）による都市計画で、裁判所、税務署、銀行、集会所、郵便局、警察署、消防署、学校、図書館、病院などを備えた人口二万人規模の「生活自給圏」構想で、今でいうコンパクトシティーである。

政権の座について一ヶ月が過ぎた昭和八年二月に、ヒトラーは食料自給のための農業振興や失業者救済などを四ヶ年計画として実行すると公約を出していた。

所得の再分配や、労働者に対する手厚い福利厚生など、社会主義的政策を前面に掲げたのだ。さらにＫｄＦ（歓喜力行団）を立ち上げると、工場地帯に花や芝生を植える緑化運動や、労働者のための自家用車フォルクス・ワーゲンの製造計画を進める。「喜びを通じて力を」という意味を持つ半官半民の組織で、ドイツ語でクラフト・ドルヒ・フロイデ《Kraft durch Freude》と呼ばれたことでＫｄＦ（カーデーエフ）と略される。

このＫｄＦは、一九三三（昭和八）年一一月二八日にドイツ労働戦線指導者のローベルト・ライの提案で生まれていた。オランダのリンブルク地方を旅したライが、整備された炭鉱施設と周辺の草木に感動して、ドイツの工場も同じようにしようと考えたのが、ＫｄＦを組織するきっかけだった（『ナチスの軍需相の証言　上　―シュペーア回想録』）。

なるほど日本では民俗学者の宮本常一も「ナチスドイツの建設」（周防大島文化交流センター蔵・昭

ドイツ文化研究所の1階ホール。天井に日の丸と鷲がデザインされた電光窓がある（『人文科学研究所50年』より）

和一六年九月一日刊『同志同行』）と題して、ナチのＫｄＦを絶賛していた。マルキストのたまり場であった大原社会問題研究所の所員・権田保之助でさえ、成功した社会主義としてＫｄＦを『ナチス厚生団（ＫｄＦ）』（昭和一七年一月刊）で紹介していた。

京都大学人文科学研究所の機関誌『人文』（第一二号）には、ドイツ文化研究所の「玄関から入ってすぐのホールの天井に、丸いくぼみがあって、そこに大きな木の彫刻がありましたね」と上山春平と吉田光邦が村野に問う場面がある。村野はつぎのように答えていた。

「あれは、こんど家に持って帰りました。ここの事務所の壁に飾っておこうかと思っています。あれは鷲《わし》でしょう。ドイツのシンボルのつもりだったのです。そして、あの丸いくぼみのところに赤い灯をともして、日の丸のかっこうにしたわけです」

鷲をナチのシンボル、赤い電灯を日の丸に見立ててデザインしていたのである。その意匠が施されたホールの写真が『人文科学研究所50年』に見える。この鷲の意匠は、いまは京都工芸繊維大学美術工芸館に所蔵されており、『村野藤吾建築設計図展カタログ　4』（一一八頁）に写真が載せられている。

村野にとってナチ・ドイツは英米由来のグローバリズムがもたらした格差社会を是正する公平と

公正を象徴するデザインでもあったのだろう。村野の手がけたドイツ日本文化研究所は、ファシズム期の国民社会主義を求める大衆の希望を刻印した作品ともいえた。

〔※1〕皇族が出席すること。

六本柱の謎

渡邊翁記念会館の入り口に並ぶ六本柱は、建設費を出した沖ノ山炭鉱の関係会社六社（宇部窒素工業、宇部セメント製造、宇部鉄工所、宇部電気鉄道、新沖ノ山炭鉱、宇部紡績）を表している。中央の方形の台座は、おそらく母体となった沖ノ山炭鉱を象徴していた。

一方で、この六社が俵田のプランニングした会社であったことも見逃してはならない。村野藤吾は長谷川堯《はせがわたかし》との対談「村野藤吾氏に聞く　宇部市民館のことなど」（『SPACE MODULATOR 52』所収）で、「渡辺翁のつくられた宇部の六つの会社のシンボルとして建てた」と語り、「〈やってくれ〉とたのまれたわけでもない」と自らのオリジナリティを主張していた。おそらく柱列自体は、直前に手がけたドイツ文化研究所の前庭に建てたナチっぽい柱をデフォルメして渡邊翁記念会館にコピーしたのだろう。

にもかかわらず、昭和五（一九三〇）年の欧州旅行で村野がワイマール共和国体制下のドイツ労働組合同盟学校（美術工芸学校）を見たこと

ドイツ労働組合同盟学校（『バウハウス』より）

が影響していたと長谷川堯は語るのだ。三つの組合組織を象徴する「三本の記念碑的な鉄筋コンクリートの打放しの柱列」が渡邊翁記念会館に投影されたというわけである（『村野藤吾の建築　昭和・戦前』「第五章〈大阪パンション〉をめぐる思惟の周辺」）。

なるほどマグダレーナ・ドロステ著の『バウハウス』には、ハンネス・マイヤーと共同経営者のハンス・ヴィトヴァーが設計した「全ドイツ労働組合総同盟の研修校」の写真が所収され、三本の煙突状の塔が見える。マイヤーとヴィトヴァーが、「学校のシンボルとして作ったもの」と解説するが、確かに別の航空写真にも三本柱は写っている。

実際、村野自身が、この建物をベルリン郊外のベルナウで見ていた。そして「これこそほんとうのバウハウスの考え方だと思いました」と感動し、「ハンネス・マイヤーはバウハウスの二代目の校長でしょう」と語っていた（『近代建築の目撃者』）

バウハウスはワイマール共和国を象徴する芸術学校として、ベルリン生まれの建築家・グロピウス〔※1〕が創設し、自身が初代校長になったことで有名になった建物である。ただし実際に目にした村野にはさほどとも思えなかった。そこで案内役のバウハウスの教授に正直に感想を告げると、ベルナウのドイツ労働組合同盟学校の方が、むしろバウハウス的と教えてくれた。そこで村野は、ドイツ労働組合同盟学校を見学に行って、感動したのが前掲の言葉となったのである。だが一方で柱列の話はどこにも出て来ないのである。

重要なのはマイヤーにしろ、グロピウスにしろ、ナチ政権に弾圧されてバウハウスも閉鎖に追い込まれる一方で、三本柱はナチ建築の意匠で生き続けたことではあるまいか。例えば一九三七（昭和一二）年のパリ万博では、エッフェル塔の下に建てられたドイツ館の正面にも縦に延びる三本の柱（角柱）がデザインされていた。しかも館の頂部にハーケンクロイツと鷲の彫刻を据えていた。設計者はヒトラーお抱えの建築家・シュペーアである。

　あるいは『戦ふドイツ』（昭和一五年に朝日新聞社発行）では「第一次四ヶ年計画完成の記念碑」の四本柱の写真が載っている。「突撃隊」、「労働奉仕団」、「国防軍」、「ドイツ家族」の功績を象徴した塔で、ザクセンのフライフルグの集合住宅地に建設されたものらしい。

Die Ehrentempel und der Verwaltungsbau（光栄の神殿）
（『Das Bauen im neuen Reich』より）

　岸田日出刀は『ナチス独逸の建築』で「建築に於けるナチス精神」として、ナチ運動の発祥地ミュンヘンのゲーニヒ広場に建つ光栄の神殿（ナチ党運動殉職者記念霊堂）を取り上げ、「列柱によつて四周をめぐらされたこの霊堂の天井の中央部は大きな開口をなし、その開口の上には大空があたかもこの聖堂を抱くが如くに無限の丸屋根を架けてゐる」と解説している。設計者はシュペーアの師であったパウル・トローストだ。それを内側から外を眺めた写真が『Das Bauen im neuen Reich』（一九三八年刊・日本語では『新帝国の建築』の意味）に見える。柱列も共産主義からナチのシンボルへ転化されていたのだ。

　そもそもナチは国民社会主義ドイツ労働党であり、社会主義の性格を色濃く内包していた。フリードリヒ・ハイエクが『隷従への道』で「左翼の社会主義はますます右翼の社会主義に接近していった」と語ったのはそのためだ。もっとも類似性が最も表れたのが経済政策であり、スターリンのソビエト五ヶ年計画とイタリアのファシズム及びヒトラーのナチズムの統制経済はそっくりだった。日本では満洲国の「満洲産業開発五ヶ年計画」が、満鉄調査部の宮崎正義がソビエトの計画経済とヒトラーの四ヶ年計画（一九三六年）をモデルにしたものを岸信介が採用している。柱列の思想はゴットルの経済学につながる。

一方で渡邊翁記念会館の六本柱を考えるうえで、興味深い論文が昭和一二年一一月一〇日付の『大宇部』に発表されていた。渡邊翁記念会館の落成披露式から四ヶ月後に出た論文タイトルは、「懸賞論文　宇部市産業の将来」。創刊号（昭和一二年五月一〇日）で募集した「佳作」で、「鈍牛」なる人物が書いたものだ。「筆者は沖ノ山炭鉱在勤の新進思想家」と弓削達勝が断り書きをしているので、山口高等商業学校教授の国吉省三かもしれない。

ともあれ「鈍牛」は第一にソビエトのスターリンの五ヶ年計画、第二にイタリアのファシズムの統制経済、第三にナチの統制経済を挙げ、日本の統制経済との比較をしていた。日本の統制経済はドイツやイタリアのような「独裁的推進力を持たない」代わりに、「金融資本」による旧来の三井、三菱などの「旧財閥」とは違う形の、新興財閥資本家＝産業資本家が新たに誕生したと語るのだ。その代表が鮎川義介の日産コンツェルンであり、沖ノ山炭鉱も鮎川と同じ「大衆持株会社」と解説するのである。

宇部興産が「沖ノ山コンツェルン」〔※2〕として誕生するのは昭和一七年三月だが、実際は、『宇部時報』が「沖ノ山系事業会社がコンツェルン計画」と題して、水面下の計画を昭和一二年三月二日に報じていた。実に、「鈍牛」が論文発表したタイミングである。しかも、こうしたコンツェルン化の実現には、「金融機関の設立」が急務と「鈍牛」は説いていた。後に村野が設計する二代目宇部銀行（昭和一四年一一月落成）の伏線に見えなくもない。そして以下の結論を導くのである。

「鉱業、窒素、セメント、電鉄、紡績、鉄工所、而も更に曹達《ソーダ》等々を打つて一丸《ひとまる》めとした産業ブロックは夫々《それぞれ》渡邊翁の指導精神に基《もと》き乍《なが》ら、真の国家的事業としての発展に拍車をかけねばならぬ」

村野が渡邊翁記念会館の入口に据えた六本柱は、「鈍牛」が示した「曹達」が「新沖ノ山炭鉱」に置き換わっただけの六社であった。その意味で六本柱は五年後に宇部興産となる「沖ノ山コンツェルン」を予言するデザインだったようにも見える。

〔※1〕ナチの圧迫で昭和九年にイギリスに亡命し、昭和一二年にアメリカに渡った人物。
〔※2〕昭和一六年九月二五日付の『宇部時報』は「沖ノ山系会社合併へ」と題して、水面下で進む合併計画を「沖ノ山コンツエルンの話し」と記している。

《ガラス・ブロックの思想》

渡邊翁記念会館には一階のホワイエの壁や、二階のフロアーや、同じく二階の貴賓室の扉の前や室内にガラス・ブロックが多用されている。村野藤吾は、「革新」的素材であったガラス・ブロックを好んで使う。

渡邊翁記念会館の貴賓室内のガラスブロック
（平成23年9月）

　このガラス・ブロックを、村野はドイツ労働組合同盟学校からコピーしたようだ。

　それについて調べていたとき、平成二六（二〇一四）年七月発行の雑誌『新建築（第八九巻九号）』の「よみがえった幻の名建築を訪ねて」と題するドイツ労働組合同盟学校を取材した記事に出くわした。現地を訪ねてルポを書いたのは建築家の佐藤健治であった。

　驚いたことにベルリン郊外のベルナウに、ドイツ労働組合同盟学校は現存していた。平成二〇年からWINFRIED《ビンフリード》　BRENNE《ブレンヌ》　ARCHITEKTEN《アーキテクテン》による設計で、オリジナルに戻す工事が行われていたのである。そして中に入ると「竣工当時と同じ空間」を見ることが出来たと書いてあった。このとき佐藤が感動したのが、壁面に広がるガラス・ブロックだったのである。当時の村野も、その「革新」的な輝きに魅せられたのだろう。

　渡邊翁記念会館より前に、村野がガラス・ブロックを使った例は、石川県金沢市十間町に昭和七（一九三二）年に竣工した中島商店（紙卸問屋）があった。三階の上部側壁に飛び出た半円筒形がガラス・ブロックで、三階から屋上に出る階段の明り取りとなっていた。

炭鉱の記憶

渡邊翁記念会館のホワイエ（ロビー）に電燈が消えた状態で足を踏み入れると、洞窟にいるようだ。建設中のホワイエの写真も、同様に炭鉱の坑道といった感じである。

顧みれば、宇部の炭鉱は沖ノ山炭鉱にしろ、東見初《ひがしみぞめ》炭鉱にしろ、いずれも海底炭鉱だった。ライバル同士の二つの炭鉱が合体する形で後の宇部興産（株）の母体になるが、いずれも新川港の海底を九州方面へ掘り進み、海底炭鉱として成功していた。

俵田一族が主導した明治九（一八七六）年の石炭会社プランが宇部炭坑の黎明なら、渡邊祐策が明治三〇年にはじめた沖ノ山炭鉱や、藤本閑作が明治四一年に創業した東見初炭鉱は中興であった。藤本が炭鉱事業に着手したとき、ライバル心を燃やした渡邊が親友の高良宗七を連れて九州炭田を視察し、落盤を防ぐために炭層の柱を残しながら掘り進む長壁式（ロング法）を沖ノ山炭鉱に導入した。その長壁式の坑道のイメージが、電気を消した渡邊翁記念会館のホワイエと重なるのだ。

炭鉱の坑道に似た渡邊翁記念会館のホワイエ
（平成23年9月）

なるほど入口の両壁に設置された筋骨隆々の炭坑夫をデザインした石版彫刻も、炭鉱文化のメッセージを強烈に発していた。これは大阪造幣局の技師・宮島久七《みやじまきゅうしち》が手がけたデザインだが、下絵

渡邊翁記念会館入口両壁のレリーフ（平成27年3月）

はずいぶん違っていた。図柄の変更について、「村野氏の意見が強く反映しており、幾度か作り直されたのだと想像される」と『宮島久七作品集』は記している。実際、下絵スケッチが二枚掲載されており、ひとつは坑道のなかで腰巻一枚の裸の女性がエブを抱える姿で、もうひとつはフンドシ姿の裸体の男が二人、ツルハシで石炭を砕き、クワでかき集めている姿である。

沖ノ山炭鉱が昭和一二（一九三七）年に出版した『沖ノ山炭鉱株式会社　創業四十周年記念写真帖』に似た構図があるので、おそらく宮島はこれを参考にしたのだろう。それを村野が現在の上半身裸の筋骨隆々の男たちのレリーフに変更させていたのである。

渡邊翁記念会館の入り口の左右のレリーフは、よく見ると図柄が微妙に違っている。

向かって左手は上半身裸でツルハシを担ぎ、頭にはライト付きのツバの短い帽子型のヘルメットを被った炭坑夫が歩く姿である。対する右手はハンマーや巨大なペンチ、レンチの様なものを手にした逞《たくま》しい男たちのシルエットだ。

左手が伝統的な石炭採掘のイメージなら、右手は工業化の象徴にも見える。明治期の石炭開発から昭和期の工業化までがストーリーとして左右の壁に刻まれているのである。

一方で、こうした彫刻で思い出すのがヒトラーお抱えの彫刻家アルノ・ブレーカーだ。ベルリン・オリンピック（一九三六年八月）の競技場正面を飾る彫刻の依頼を皮切りに、第三帝国を飾る記念像やレリーフなど手がけたブレーカーは自著『パリとヒトラーと私　―ナチスの彫刻家の回想』で、自作の〈プロメテウス〉（一九三六～三七年）や〈軍旗〉（一九四二年）など、肉体美を誇る彫刻の写真を多数載せている。それはアーリア人優越を讃える男女の肉体美に満ちたもので、こうした彫刻がベルリン市内に多数設置されていた。

戦前のオリンピックは運動競技に限らず、芸術競技として建築、彫刻、絵画、文学、音楽の五部門のコンペンションも行われていたのである。村野や宮島もそんな時代の影響を受けていたことは十分に想像できる。

一方で、ホワイエ内のマッシュルーム型の柱について、長谷川堯《はせがわたかし》が『村野藤吾のデザイン・エッセンスVol.8　点景の演出　照明・家具・建具』で、「ロシア構成派の建築家たちの仕事が影響していたと推測される」と語っていた。イヴァン・S・ニコラエフが設計したモスクワの学生用寄宿舎（一九三〇年）の玄関ホールやロビーのマッシュルーム構造の柱頭に似ているという。もっともこの柱について、磯達雄《いそたつお》などはドイツ表現主義のハンス・ペルツィヒのベルリン大劇場を参考にしたのではないかとも語る（『プレモダン建築巡礼』）。

ロシア帝国の崩壊からロシア構成主義が生まれたように、第一次世界大戦後のドイツ帝国の崩壊

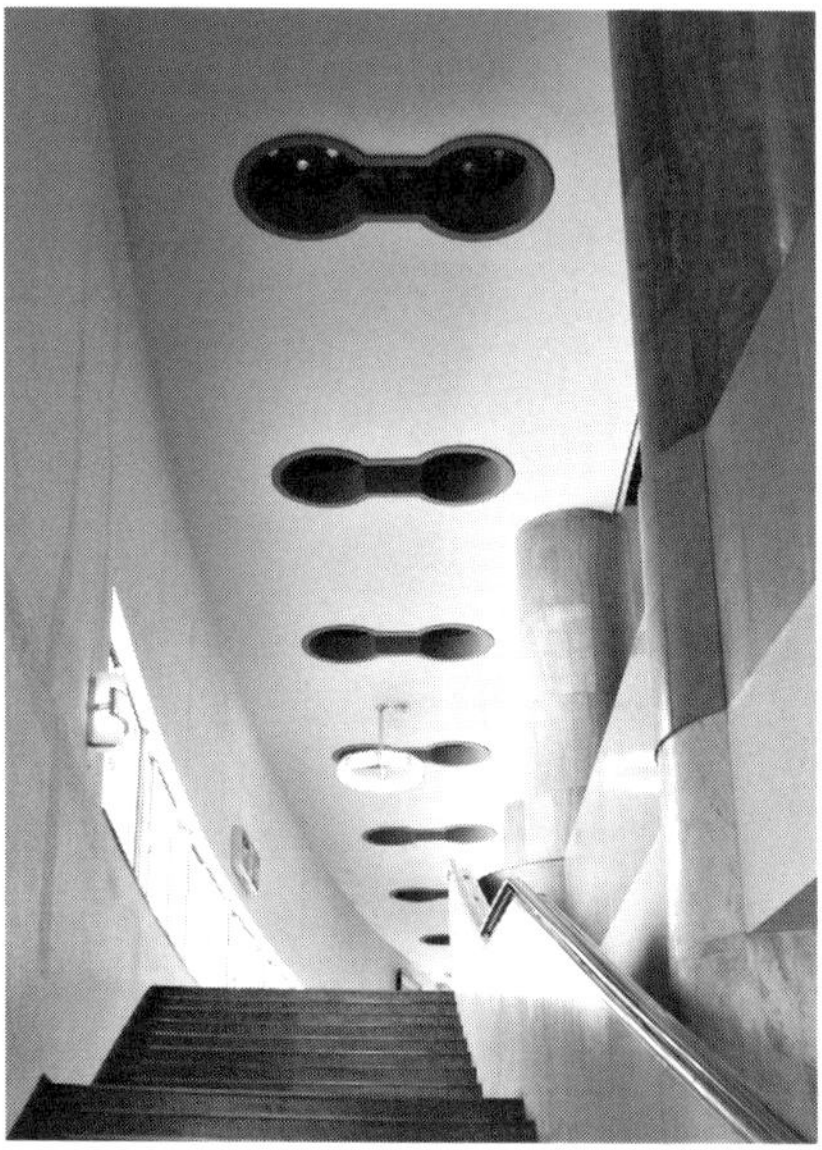

渡邊翁記念会館の２階へ上がる階段の天井部に設置されているロシア構成主義的な「鉄アレー」型デザイン（平成23年9月）

で、ドイツ表現主義も生まれていた。両者は双子の兄弟である。

　村野が革命後のソビエトやドイツを旅したのは昭和五年であり、特に前者のモスクワでは帝政無き後の自由闊達な雰囲気の中で繰り広げられた革新的なロシア構成主義をタトリンと出会う体験もしていた。昭和三年から五ヶ年計画を実行していたソビエトが共産主義を成功させ、グローバリズムの破綻による世界恐慌の影響を受けず、飛躍的な発展を遂げていた時代である。

　渡邊翁記念会館の一階ホワイエから二階へ上がる階段の天井部に刻まれた幾何学的な鉄アレー型のデザインなども、そんな時代のロシア構成主義のコピーであろう。

　ロシア構成主義、ドイツ表現主義、そして両者を基層としながら成長したファシズムの意匠までがバランスよく共存する渡邊翁記念会館は、戦間期の世界史を今に残す貴重な近代化遺産でもある。

鷲《ワシ》とハーケンクロイツ

宮島久七が、昭和一一（一九三六）年に村野藤吾から依頼された仕事が、大阪の板谷生命ビル（現、心斎橋ビル）と宇部の渡邊翁記念会館のレリーフであったと息子の宮島久雄が『宮島久七作品集』で明かしていた。日独防共協定の成立は、ベルリン・オリンピックから三ヶ月後の昭和一一年一一月で、宮島が村野からレリーフの依頼を受けた時期と重なる。もっとも板谷生命ビルの起工は昭和一三年八月で、竣工は昭和一四年二月であり（昭和一五年版『建築年鑑』）、渡邊翁記念会館より少し後ろにずれ込む。

ところで大阪「そごう」の北側に隣接していた板谷生命ビル〔※1〕のレリーフは渡邊翁記念会館のレリーフとほぼ同じタイミングで制作されながらも、特にナチ的構図ではなかった。『宮島久

上　渡邊翁記念会館の入口柱の電燈のウィングの意匠（令和3年1月）
下　渡邊翁記念会館の舞台袖庇のウィングの意匠（令和3年1月）

七作品集』の口絵写真に見える板谷生命ビルのレリーフは太陽に樹木、そして羊が描かれていて、いささか柔らかな牧歌的構図なのだ。

村野は宇部の渡邊翁記念館にのみ、ナチ的意匠を投入していたことになろう。

実際、他にも入口の天井から下がる電燈や柱のランプの鷲っぽいデザインがある（扉Ⅱ写真）。舞台袖の照明付きの庇にデザインされた鷹やウイングも、いささかナチ的だ。藤森照信も『日本の近代建築（下）』で、「ランプ飾りのワシと×印の組合せは明らかにナチのシンボルを意識している」と明言している。

なるほど『Das Bauen im neuen Reich』には、Führerbau, Eingang（ミュンヘン市ケーニグリッヒのヒトラー総統の館）の入口上部の外壁に、ハーケンクロイツ（鉤十字）をつかみ、羽を広げている同様の鷲の彫刻が見える。この建物の設計者は、シュペーアの師であったトローストである。後にシュペーアが設計したベルリンの新首相官房の正面玄関にも羽を広げた鷲がデザインされ、その足は、やはりハーケンクロイツをつかんでいる。

渡邊翁記念会館の電燈に施された鷲の羽を広げたデザインもナチの意匠そっくりだが、よく見るとハーケンクロイツはつかんでいない。同じく渡邊翁記念会館の舞台袖の出入口の屋根部の鷲も、ヒトラー総統の館の正面の鷲とそっくりだが、つかんでいるのはやはり○に×の入ったデザインなのである。

ドイツにとって神聖ローマ帝国時代（九六二～一八〇六年）が第一帝国で、つづいてビスマルクが統一したドイツ（一八六七～一九一八年）が第二帝国、三番目が一九三三年以来のヒトラーの第三帝国となる。その第三帝国が好んで使った鷲のデザインは、神聖ローマ帝国の旗に描かれていた双頭の鷲をモデルにしたが、さらに源流はローマ神話の主神ジュピター（ユピテル）である。一方で、ハーケンクロイツのほうはヒトラー自身が「アーリア人種の勝利のための闘争の使命」（『わが闘争（下）』）の表現であると語っていた。

公平と公正の実現手段として、古代ローマ復活形に憧憬を抱きつつも、有色人種である日本人の村野は、アーリア人至上主義を理解できなかったのではあるまいか。日本は多民族共生の理想を掲げた八紘一宇《はっこういちう》をスローガンにしていた。日本はユダヤ系の国際金融資本とは対峙したが、ユダヤ人は排斥していない。

Führerbau, Eingang（総統の館）
（『Das Bauen im neuen Reich』より）

前出の藤森は、「村野建築の中でいいなと思う建築は何ですか?」という松隈洋の問いに、「やっぱり、圧倒的に改修前の〈宇部市民館〉ですね。改修前は良かった」と答え、以下の言葉をつづけていた。

「面白いのは、あきらかにナチスが入っているってことです。いろいろ混ぜている。村野藤吾は混ぜることに関してはすごいうまい。歴史主義とヒットラー混ぜて上手にまとめられる。そういう人は世界にいたのかなって思う」(『村野藤吾建築設計図展カタログ 8』)

むろん一方的な日本側のナチ・ドイツへの憧れにとどまらず、日独防共協定から一年を迎えた昭和一二年一一月二五日に、ヒトラー自身も和服姿の等身大の肖像画を軸装して日本の昭和天皇に贈っていた(昭和一二年一一月二四日付『京都日日新聞』「盟邦の元首に贈る和装等身大の肖像画 日独協定一年の記念日を祝福して」)。イタリアが日独防共協定に参加した(一一月六日)直後でもあり、そんなファシズム時代の空気を渡邊翁記念会館は刻み込んでいたのである。

〔※1〕『村野藤吾建築案内』二一八頁。

ファッショ座談会

戦前に『宇部時報』の主筆を務めた杉谷敏一(故人・宇部市梶返)の所蔵していた写真に、昭和一〇(一九三五)年三月九日の日付がペン書きされた一枚の奇妙なポートレートがある。

背広姿の男たち二〇名が並ぶ集合写真で、場所は宇部商工会議所の一室だった。

驚いたのは、前列中央に左腕の腕章にナチ党のハーケンクロイツ似たマークを付けた外国人が座り、背後の壁にもハーケンクロイツが貼り付けられていたことである。

この謎めいた写真については、前日(昭和一〇年三月八日)の『宇部時報』が「亡命の志士バ氏を囲んでファッショ座談会」と題する記事で明かしていた。ロシアファッショ党駐日全権のワシリー・ベ・バルイコフが宇部に来たので、九日の午後六時から、宇部商工会議所楼上でバルイコフを囲んだ大座談会を開いたというのだ。ロシア革命後にレーニンから迫害された白系ロシア人バル

昭和10年3月9日に商工会議所楼上で開かれたファッショ座談会（杉谷敏一さん蔵）

イコフは東京に身を隠しつつ、「ファシズムロシアの建設に努力」し、日独ロの提携を模索していた。

バルイコフは大正八（一九一九）年六月に創立されたファシズム団体「皇化聯盟」のメンバーだった。本拠地は東京市淀橋区東大久保二ノ一六七（芝区田村町内田ビル内）で、代表は早稲田大学教授の五来欣造〔※1〕。企画部長が福田長太郎、幹部に笠原正成ら一四名のメンバーがいた（『戦前戦中右翼・民族派組織総覧』）。なお、前掲の集合写真の下の余白には杉谷の字らしき字で「卐　C.Fukuda」とペン書きされている。バルイコフと思しき外人の右隣りに丸メガネの男が腕に同じような卐マークを付けているのが、その福田長太郎だろう。

注目すべきは「皇化聯盟」の幹部に、別に宇部ゆかりの葉方弘義がいたことである。

葉方は昭和三年九月に、山口県会議員だった庄晋太郎の紹介で渡邊祐策に会い、航空施設を設立したいと申し出たことで、渡邊たちの協力を得て、一一月に草江の句寄海岸（沖宇部炭鉱があった付近）に飛行機の格納庫建設に着手、昭和四年七月に落成していた。これに合わせて宇部航空輸送研究所を立ち上げ、宇部の航空事業に道筋をつけた人物だった。バルイコフが昭和一〇年三月に宇部に来たのも、その葉方の仲介であった可能性はある。

奇しくも宇部でファッショ座談会が開かれた昭和一〇年三月は、渡邊翁記念会館の設計を村野に任せることが決まり、一ヶ月が過ぎたときでもあった。村野の手がけた渡邊翁記念会館のディテールにナチの意匠が反映されたのも、偶然ではなかったのかもしれない。

実際、音楽堂（オーディトリウム）としての渡邊翁記念会館の存在は、ナチが労働者への娯楽の提供に力を注いでいたファシズム下の文化政策とも重なっていた。ナチは労働組合の「労働戦線」に属すＫｄＦこと「歓喜力行団《かんきりっこうだん》」なる組織を一九三三（昭和八）年一一月に創立し、文化芸術運動を牽引していた。これによってスポーツ、生涯学習、音楽コンサート、演劇、旅行などの労働者（プロレタリアート）の福利厚生を充実させ、ブルジョアとプロレタリア階級の格差を縮めることに成功したのである。ナチ党の第六回党大会（一九三四年九月にニュルンベルグで開催）の記録映画『意志の勝利』（レニ・リーフェンシュタール監督）〔※2〕でヒトラーは自ら、「階級や身分のない社会が目標だ」と叫んでいる。

同様な労働者重視型政策は、イタリアのムッソリーニ政権でも進められていた。一九二五（大正一四年）年五月に組織された半官半民のドーポラヴォーロがそれを牽引した。

しかもムッソリーニの黒シャツ隊も、ヒトラー・ユーゲントも、ともに使節団を組んで来日していた。昭和一三年四月一六日にムッソリーニの使節団が多摩川畔の多摩川浅間《せんげん》神社に来て、かつて東郷平八郎が植えた「東郷桜」の横に「ムッソリーニ桜」を植樹していた（昭和一三年四月一七日付『読売新聞』「防共桜と月桂樹」）。あるいは九月には、その横にヒトラー・ユーゲントが「ヒトラー桜」を植えてもいた（同年九月二一日付『読売新聞』「揃った防共桜」）。

後者のヒトラー・ユーゲント一行については、九月二七日に上野の東京美術学校を見学した後〔※3〕、朝日新聞社が上野精養軒に招待して、七〇歳を過ぎていた日本画家・横山大観の出迎えを受けていた（昭和一三年九月二八日付『東京朝日新聞』「美術の午餐」）。つづけて九州を経由し、一一月五日には山口県の下関に入り、乃木神社を参拝していた（一一月六日付『関門日日新聞』「ようこそ！　若き盟友」）。そのとき歓迎のために歌った北原白秋作詞、高階哲夫作曲の「万歳ヒットラーユーゲント」の楽譜（歌詞付き）が、山口県文書館に残されている。「燦たり　輝く　ハーケン　クロイツ…」ではじまる歓迎歌を北原は大日本聯合青年団から依頼されて作詞し、藤原義江が歌ったレコードもあった（『白秋全集36　小篇2』「詩語の問題」）。

少し後の話になるが、ＫｄＦそれ自体が宇部でも宣伝されていた。昭和一六年二月一日付『大宇部』の「独逸のＫＤＦ運動　よろこんで働けばいくらでも力がでる」という記事には、ＫｄＦの「徒歩・旅行・休暇部」、「スポーツ部」、「労働美化部」、「文化団体部」の四部門が紹介されている、また、同じ紙面に、渡邊翁記念文化協会主催の「ＫＤＦ映画の会」の広告も見える。二月一五日と一六日の両日に渡邊翁記念会館を会場に「ＫＤＦの産業体育」、「ＫＤＦの女性体操」、「我等の楽園建設」、「農村演劇隊」、「雪のタウエルン峠」、「シューベルトの故郷」、「萌え出づる力」など、七本のナチ宣伝映画の上映を伝えるものだ。

昭和15年8月～11月に「民族の祭典が上映された東京劇場〔東京築地〕（俵田家蔵）

昭和一六年二月一一日の紀元節に、沖ノ山同仁病院の三階ホールで宇部文芸連盟が結成されたのも（一三日付『宇部時報』「〝宇部文芸連盟〟明日見事に誕生」）、ナチのKdFの影響であろう。二月一二日付の『宇部時報』は、新川の百貨店「ちまきや」で二月一三日まで「ヒットラー写真伝展」を開催するという広告まで見える。ナチ・ドイツでは芸術文化運動が盛んで、昭和一六年の造形美術の展覧会は、実に一〇三三回も開かれていた（昭和一八年一月二四日付『朝日新聞』「獨・伊の戦時下文化政策」）。

顧みれば日本では昭和一二年六月に第一次近衛文麿内閣が成立したことでナチ流の経済統制がはじまり、昭和一五年一二月には経済新体制確立要綱が閣議決定されて「資本と経営の分離」が進みはじめている。左右の枠組みを外した風通しの良い大政翼賛会も、経済新体制確立要綱の決定直前の一〇月に結成される。俵田家にはナチが記録したベルリン・オリンピック映画『民族の祭典』（レニ・リーフェンシュタール監督）の看板が掲げられた東京築地の東京劇場の写真が残されている。昭和一五年八月二九日から一一月はじめまで上映された際、人気絶頂のこの映画を俵田も見に行っていたのだろう。

〔※1〕五来欣造はゲッペルスからハーケンクロイツの入ったナチ党旗を贈られており、昭和七年秋に東京神田駿河台で結成された日本国家社会主義学盟に、そのナチ党旗を寄贈している（昭和七年一一月四日付『読売新聞』「贈くられたヒットラー旗」）。
〔※2〕記録映画「意志の勝利」は『ヒトラー伝説』付録のＤＶＤ（109min. ©2009 COSMIC PUBLISHING CO., LTD.ALL Rights Reserved. Made in Korea）を使用、参考とした。
〔※3〕昭和一三年九月二七日の日付は『君はヒトラー・ユーゲントを見たか？』一三六頁の記録を使用。

封印された十字架

渡邊翁記念会館に封印された、もうひとつの意匠は十字架であった。

それはナチ・ドイツを象徴する鷲の羽のモチーフと混在していた。

ナチズムと十字架の共存は、昭和八（一九三三）年一月三〇日にヒンデンブルク大統領により首相に任命されたヒトラーが、直後の二月一日のラジオ放送で「キリスト教を道徳の基礎」とすると語ったことでも知られていた。ヒトラーは幼児洗礼を受けたクリスチャンでもあった。

キリスト教側でも、昭和五年ころからナチ的な「ドイツ的キリスト教」運動が表面化していた。その主張は福音主義的帝国教会の創設であり、ユダヤ人の排斥であり、ルター精神や英雄的敬虔の推進であり、マルキシズムとの対決だった。そしてヒトラーの政権獲得により、その運動は益々盛んになる（『ナチスと教会』）。

昭和八年八月一二日付の『読売新聞』は「ナチス精神とキリスト教の調和運動」と題して興味深い記事を報じた。ナチ精神とキリスト教との和解をはかるドイツキリスト教学生連盟がハーケンク

渡邊翁記念会館貴賓室の天井燈（平成23年9月）

渡邊翁記念会館の舞台袖のマーク（令和3年1月）

ロイツと十字架、さらに剣とハンマーのデザインを組み合わせた旗を作ったというのである。村野が渡邊翁記念会館の設計に着手する直前である。

カトリック教会がナチ政権に抗したという主張は、戦後、長期に渡って喧伝された。しかし実際にはナチ党支持のキリスト教者は多くいた。ロバート・P・エリクセンの『第三帝国と宗教　―ヒトラーを支持した神学者たち―』にはパウル・アルトハウス、エマヌエル・ヒルシュ、ゲルハルト・キッテルの三人のナチ党支持のルター派神学者が登場する。いずれも自らの良心に照らし合わせ、心からヒトラーに共鳴したキリスト教者たちだった。

キリスト教とナチズムの親和性は、日本でも昭和一一年四月一四日付の『報知新聞』が「ナチスの経済統制①」と題する記事で伝えられていた。ヒトラー政権発足時の「国民社会主義的革命」の宣言が「キリスト教主義、民族的団結の尊重、国粋的規律の尊重」の三つであると公表したこの報道が、渡邊翁記念会館の建設中に出ていたことになる。

こうした歴史を知って渡邊翁記念会館を眺めると、なるほど鷲マークの入りの壁付の電燈器具の全体像が太い十字架のフォルムであるのも時代の刻印に見える。舞台袖の出入口の屋根部にあしらわれている鷹のつかむハーケンクロイツもどきも、○に十字が収まる意匠だ。舞台袖の壁にはハンマーを十字にクロスさせたデザインが散りばめられており、こちらはどちらかというと社会主義と十字架が重なるイメージだ。あるいは二階の貴賓室のドアの上部には、九つの十字架の形の穴が開けられ、貴賓室のもうひとつの小さなドアの上部にも四つの十字架の穴が開けられている。天井から下がるペンダント照明（天井燈）も、電燈の下のドーナツ状の傘に鷲の羽と十字架が散見される。

建物の外部も同様だ。ファサードのガラス・ブロックの下部の柵にたくさんの十字のデザインが浮かび上がる。側面の壁には、縦の柱と横に穴がクロスする形で、やはり十字架が並び、正面入口の庇を支える左右両側の柱は、断面が十字型の黒花崗岩〔※1〕である。ナチとキリストの混在は、渡邊翁記念会館の基本デザインとさえいえるほどだ。

昭和3年に建てられた南大阪教会の塔

顧みれば、村野における教会の処女作は、昭和三年に完成した大阪阿倍野の南大阪教会であった。今も残るその教会は、大阪基督教会の五〇周年事業として建てられていた。村野が渡辺節設計事務所を退所し、独立する前に匿名で設計したものである。『村野藤吾建築案内』でも、「村野個人としては事実上第一作目の作品であり、現存する最初期の作品」と太鼓判をおしている。

そこで南大阪教会を訪ねると、○と十字を縦にリフレインしたシンプルなデザインの施された塔を見ることができた。奥にあった礼拝堂も、村野の設計で昭和五六年に建て替えられており、案内役の職員が、「教会建築としては村野先生の最後の建物と言われています」と教えてくれた。

村野がフーゴー・ラサール神父から洗礼を受けたのは昭和五五年八月三日で〔※2〕、亡くなる僅か四年前である。南大阪教会の礼拝堂の改築は、その洗礼直後に手がけていたことになろう。しかも礼拝堂はカタコンベをイメージして造ったらしく、「隠れキリシタンたちが地下墓地で礼拝した洞窟のイメージです」と職員はつづけた。

キリスト教の誕生期に、迫害を恐れた信徒たちが地下共同墓地のカタコンベで礼拝していたので、いわばキリスト教礼拝の原風景でもある。

そして戦後も、村野はキリスト教会をつぎつぎと設計していくのである。

宝塚カトリック教会（昭和四一年）、東京都三鷹市の日本ルーテル神学大学（昭和四四年）、西宮トラピスチヌ修道院（前同）、イエズス会秋川神冥窟（昭和四七年）。

そのスタートが昭和三年の南大阪教会であったわけである。

藤森照信は『日本の近代建築（下）』で、村野とキリスト教の関係について北九州の八幡でプロレタリア生活を経験したことで、「個人的にはキリスト教に、社会的にはマルクス主義に救済を求める」ようになったと分析していた。村野自身も早稲田大学の学生時代に、恩師の安部磯雄から、

「イリーのエコノミックスか何かを原書で英語の勉強をかねて教えてもらいました」（『村野藤吾著作集　全一巻』「わたくしの建築観」）と語っていた。「イリー」とは、アメリカのキリスト教社会主義の経済学者リチャード・T・イリー〔※3〕のことだ。

そんな村野が、渡邊翁記念会館ではロシア構成主義の香りを残しつつ、ナチズムの意匠と共にキリスト教のデザインを刻みつけたのも、あるいは自然であったのかも知れない。実際、両者の距離も当時は驚くほど近かったからである。

〔※1〕『渡邊翁記念会館図集』「躍進宇部の一大威容　渡邊翁記念会館工事成る」。
〔※2〕『村野藤吾著作集　全一巻』七二二頁。
〔※3〕一八五四～一九四三年。ニューヨーク州生まれの経済学者。社会主義労働問題の大家。

緑橋教会と杉村組

渡邊翁記念会館に刻印された十字架を宇部側から眺めると、プロテスタント教会の緑橋教会人脈が浮かび上がる。それは歌手の陣内大蔵《じんのうちたいぞう》が生まれ育った教会でもあった（『僕んちは教会だった』）。

大正一三（一九二四）年六月に宇部で創立されたときの名称は、日本基督宇部伝道教会である。最初は「栄町二丁目の大きな二階家」（『緑橋六〇年』「教会開拓期よりの思い出」）で、現在のヒストリア宇部（旧宇部銀行館）から一五〇メートルばかり海側寄りの場所だった。それが昭和七（一九三二）年八月に現在地の緑橋に会堂が完成し、緑橋教会と呼ばれるようになる。

日本基督宇部伝道教会の創立には、居能（宇部市居能町）の呉服商・野村家が関わっていた。徳山から戊辰戦争に出陣して京都の男山（石清水八幡宮）で幕府軍と戦って帰京した野村陣兵衛（明治期は野村信喜を名乗る）は〔※1〕、大正四年に炭鉱で栄える宇部村に隣接する藤山村に入って呉服商を開いた。それが私の曽祖父・野村喜三（明治八年一一月四日生まれ）の父であった。

緑橋教会に残る資料によれば、野村喜三は明治二五年の一七歳のときに吉敷毛利の服部章蔵から洗礼を受け、徳山でプロテスタントの周陽教会の創立（明治二二年）にかかわり、藤山村に入ると店の裏の自宅をキリスト教の集会場に開放していた。つづいて豊浦教会の辻徳兵衛牧師を自宅に招き、宇部での布教活動を始めると、今度は辻牧師の斡旋で、四国の徳島教会から前出の辻本四郎牧師が宇部入りした。その結果、日本基督宇部伝道教会が栄町に大正一三年六月に創設されるわけである。

陣内大蔵の父であった陣内厚生《あつお》牧師（三代目）は、『緑橋五〇年』（「第一章　宇部緑橋教会五十年史」）で、辻本牧師の宇部入りの背景に、宇部市制施行が関係していたと語っていた。大正一一年に宣教五〇周年を迎えた日本基督教会が、記念行事として集中伝道計画を立てたとき、前年（大正一〇年一一月）に村からいきなり市になった宇部が布教地として選ばれたというのだ。当時小学三年生だった辻本光好（辻本四郎牧師の息子）は、大正一三年に宇部に来たときの印象を、「キリスト教に対しても比較的理解があり、他の都市のような軋轢はなかったと思う」（『緑橋六〇年』「教会開拓期よりの思い出」）と述べている。

こうした延長線上に昭和三年から会堂建設のための献金活動が始まり、工事が進み、昭和七年八月に現在地（緑橋）に会堂が完成するのである。渡邊祐策、国吉信義、庄晋太郎なども献金に応じ、

信徒の杉村組が建設した緑橋教会
（緑橋教会蔵）

同年一一月二三日に盛大に献堂式が挙行されていた。

　ところで辻本光好は「会堂建築を請負ったのは教会役員をしていた杉村茂氏経営の杉村組であった」と語り、「聖堂を表象する尖塔と、屋上に十字架を掲げることは万難を排して実現し」たとつづけていた（前同）。

　実はこの杉村組が、直後に村野が設計した渡邊翁記念会館の工事を請負うのである。『渡邊翁記念会館図集』では篠川辰次（沖ノ山炭鉱株式会社工作課長）が、「宇部建築業に従来定評ある杉村工業所は今回本建築に重大なる役割を演じ、此の巨大な殿堂の主体鉄筋混凝土《コンクリート》を初め、内容外観の最も枢要な部分工作の完成に貢献した」と述べている。

　面白いのは、昭和二年に琴芝の俵田邸を建てたのも杉村組だったことである。『山口県の近代和風建築　―山口県近代和風建築総合調査報告書―』の「俵田家住宅」には、「俵田明が昭和二年（一九二七）に新築し、昭和八年（一九三三）に子供世帯の別棟が西側に増築され主屋と廊下で繋がれた」と見える。この解説文を書いたのは元宇部市役所職員で建築士の佐々木俊寿さん（昭和二八年生まれ）だが、「昭和二年」の「伝聞」が事実なら、俵田が第一回目の欧米視察をした年と重なる。そのとき俵田邸を手がけたのは杉村組の棟梁・内平皆一《うちひらみないち》で、子孫が同じく琴芝で内平工業所を経営している。

俵田邸の近くに住む村田美智子さん（昭和二年生まれ〔※2〕）は昔を語った。

「俵田邸の古い洋館の方は杉村組です。俵田さんの家にいた女中さんを杉村組の佐々木さんという大工と結婚させて、今その佐々木さんのご子孫が俵田邸の裏に住んでおられます。宇部興産の清水保夫社長（第六代）のお父さんも杉村組の大工で、佐々木さんと仲が良かったそうです」（平成二七年四月談）

杉村組は渡邊翁記念会館につづいて、同じく村野が手がけた宇部銀行の工事（昭和一四年に竣工）も請負っていた。昭和一四年一一月二六日付の『関門日日新聞』の「宇部銀行落成式　三百余名招いて挙行」と題する記事に、「大阪市村野組設計　宇部市杉村工業所の手で常盤通一丁目の一角に工事を進めてゐた株式会社宇部銀行はこの程竣工」と見える。

これだけではない。緑橋教会には、他にも村野建築とつながる人脈が見え隠れしていた。

宇部窒素工業の最初の工場建設を手がけ、後に村野と一緒に渡邊翁記念会館の工事を進めた篠川辰次も、妻が緑橋教会の信徒であった。辰次の二男で昭和三年生まれの篠川是昭さんは、「子供のころ家族で緑橋教会によく通っていたのは母の影響です」（平成二三年五月取材）と教えてくれた。

〔※1〕『徳山市史資料』の「公裁別録」〔子爵毛利元靖氏所蔵〕の「（明治二年）十二月廿八日」の箇所に「戊辰正月城州八幡合戦之節遂戦労候段奇特之事」で「金弐両」を貰ったとある。『宇部日報』「維新と高祖父　野村陣兵衛」（平成二九年二月二三日〜三月一六日、四回連載）参照。

〔※2〕宇部興産の重役・村田隆介の妻。隆介の父が村田義一。美智子さんは義一の娘で、隆介は婿養子。一方で義一の妻・妙《たえ》は、築地で石炭商を営んでいた俵田弁三郎（Ⅱ「目黒の火薬製造所」に登場）の娘で、その関係から俵田明と遠い親戚になる。

キリスト教で結ばれる大庄村役場

村野漾が父親の村野藤吾について、「マルクスの『資本論』と『公教要理』を必ずカバンの中に入れていたんですよ」（『村野藤吾建築設計図展カタログ　6』「インタビュー：村野藤吾の一九四〇年代―村野漾氏に聞く―」）と語っていた。

村野は晩年に近づくほど、宗教としてのキリスト教に傾倒した。村野が亡くなったとき、自らが設計した西宮トラピスチヌ修道院で告別式を行ったのも、四年前の昭和五五（一九八〇）年八月三日にフーゴー・ラサール神父から受洗されたからだった。

大庄村役場塔屋部のオリーブらしきレリーフと十字架をあしらった窓（尼崎市教育委員会提供）

キリスト教を通して村野を眺めるとき、渡邊翁記念会館の竣工直後の昭和一二年一一月に兵庫県武庫郡大庄村に完成した大庄村役場〔※1〕が目にとまる。阪神工業地帯の発展で、農村から工業都市へ変貌しつつある大庄村の飛躍は、石炭でのし上がった宇部とよく似ていた。そして村野は大庄村役場に、早くもラジカルにキリスト教の意匠を投影したのである。

外壁は塩焼き（タイルを焼くときの上薬に食塩を使用）の濃い煉瓦色のタイルで、渡邊翁記念

大庄村役場の1階主入り口の壁に設置された「グリフィン」のレリーフ（尼崎市教育委員会提供）

会館の外壁と似ている。それも村野が好んだ八幡の鉄の色であると同時に、ナチ・ドイツの色だった。西側一階の外壁は緩やかな弧を描き、あたかも船のようで、上に乗る形の二階、三階まで含めて「ノアの箱舟」のイメージと噂されてもいた。

旧約聖書の「ノアの箱舟」のストーリーは、大昔にノアがいた時代、人々は堕落し、神を信じなくなっていたことにはじまる。神を信じていたノアとその家族だけに、神は巨大な箱舟を造るように命じ、大洪水を起こした。堕落した人々は水に沈むが、ノアの一家や、箱舟に乗せられた動物たちは助かるのだ。箱舟はアラト山（トルコ）の山に漂着し、やがて下界の水が引いたかどうかを確かめるため、箱舟から鳩を放つと、鳩がオリーブをくわえて戻ってきたというのが粗筋である。

このオリーブの樹に見立てたレリーフが大庄村役場の塔屋部に設置されているのである。下の窓には十字架がデザインされ、ハトに似た彫刻も東側入り口の上部の壁に見える。塔屋の天井部には星と雲をデザインしたレリーフがあり、コンクリート壁に穿たれた穴から空が伺える。

一階の主入り口の壁の鷲のレリーフも、旧約聖書に登場する「グリフィン」といわれる。頭が鷲で体がライオンの想像上の動物だが、それは渡邊翁記念会館に複数ちりばめられているナチの鷲とつながる意匠かもしれない。キリスト教とナチズム割合が渡邊翁記念会館では二対八なら、大庄村役場では八対二といった感じだろうか。共通するのは、大庄村役場の建物が渡邊翁記念会館と同じファシズム期の作品だったことである。

〔※1〕竣工式は昭和一二年一一月二一日に行われ、翌二二日に村内有力者たちを、二四日には一般村民を招いて観覧会を行っている（昭和一二年一一月二〇日付『神戸新聞』「地階とも四階　阪神沿線の異彩　大庄村役場新築成る」）。尼崎市立歴史博物館には、（昭和一一年）七月六日付で村野が大庄村長にあてた書簡や、昭和一二年七月二四日付の棟札などが保管されている。同博物館の西村豪氏をはじめ尼崎市教育委員会の方々から内部資料を提供して戴き、本稿が執筆できた。

コルビュジエの残影

夜景に浮かぶ渡邊翁記念会館は幻想的で、全体が巨大な彫刻に見える。ファサードを縦に延びるガラス・ブロック。そのガラス面から漏れる黄色の光…。入口テラスの照明で炭鉱労働者の石像彫刻のレリーフが浮かびあがり、黒光りする柱の照明で輪郭を表わす怪しげな鷲の羽。ノスタルジックで、甘美なファシズムだ。

戦前を知る宇部の古い人たちは、渡邊翁記念会館を前から見れば戦車、上から見ると飛行機（戦闘機）と語っていた。おそらく軍人会館（現、九段会館）に代表される帝冠様式とはまた違った意味での、炭鉱ファシズムの巨大オブジェだったのだ。それは同時に公平と公正と正義を主張したナチ・ドイツを連想させる前庭の六本柱なども含めて、全体的なファンタジーとして完結していた。

側面外壁の複数の縦柱も、緩やかな孤を描く屋根を支えている。しかしこれは戦後の改築によるもので、竣工時はもっと大胆でアグレッシブな風貌だった。『村野藤吾の建築　昭和・戦前』の「第

七章　宇部の〈渡邊翁記念会館〉に見る構成主義の手法」には、渡邊翁記念会館の屋根の部分が「逆スラブ」の構造で、現在は屋根の下で止まっている縦の柱が、かつては屋根を突き抜けるように、すなわち「門」の字のような形状の柱が壁や屋根を抱え込むように外側に露出していたとの説明が見える。巨大なアームで壁や屋根を吊り下げる構造だが、戦後の改修でアームの上に屋根が被せられたのだ。

完成時の「逆スラブ」構造の屋根は、昭和一二（一九三七）年刊の『渡邊翁記念会館図集』に所収される側面写真で見ることができるし、渡邊翁記念会館の二階ロビーのガラスケース内に展示されている竣工直後の航空写真からも、それがわかる。あるいは平成二七年（二〇一五）八月に東京の目黒区美術館で開催された企画展「村野藤吾の建築」での展示模型も、「逆スラブ」の屋根で再現されていた（Ⅲ「よみがえる作品」）。

この「逆スラブ」のアイデアについて、建築史家の藤森照信は、「あの構成原理はコルビュジエのソビエトパレス以外の何ものでもない」（『村野藤吾建築設計図展カタログ　8』「インタビュー：藤森照信〈村野藤吾と日本近代建築〉」）と語っている。

ソビエト・パレスとは一九三一年、日本でいえば昭和六年にコルビュジエがソビエト共産党政府から依頼されて設計した一万五〇〇〇人を収容できる大劇場、六五〇〇人を収容できる多目的ホール、図書館やレストランなども備えた大型複合施設だった。大劇場は八本の逆スラブ構造で支えられ、多目的ホールも五本の逆スラブ構造で支えられていた。ただし結果は不採用で、ボリス・イオファンの案が採用されている。

コルビュジエのソビエト・パレス案。アームが天井を吊り下げる「逆スラブ」構造がわかる（『ル・コルビュジエ作品集』より）

渡邊翁記念会館の「逆スラブ」の屋根が、ソビエト・パレスのコピーという見立ては、長谷川堯《はせがわたかし》も同様で、「イメージ・ソースの一つとして、誰でもすぐに思いつくのは、一九三一年に行われた〈ソヴィエト・パレス〉をめぐる国際的な設計競技で、ル・コルビュジエが応募した計画案の構造である」（『村野藤吾の建築　昭和・戦前』）と断言している。

一方で松隈洋は、同じコルビュジエでも一九二六（大正一五）年の「国際連盟会館」のコンペ案のコピーではないかと、もう一段掘り下げていた。村野・森建築事務所から京都工芸繊維大学美術工芸資料館に運び込まれた資料を調査した際、ドイツ語版『ル・コルビュジエ作品集 1910-1929』に載っていた「国際連盟会館」のコンペ案の「鉄骨の架構図」の隣に、逆スラブ構造のスケッチを村野が書きつけていたからだという。あるいは「国際連盟会館」のオーディトリウムの平面図が、「T字型の配置と扇形のホールの形状が〈宇部市民館〉と酷似する」とも松隈は述べている（「宇部市民館　―新出資料から見えてきた設計プロセスと村野藤吾の方法論―」〔※1〕）。

もちろん「国際連盟会館」にしろ、ソビエト・パレスにしろ、コルビュジエの作品には変わりはない。本人は否定するが、村野もまたコルビュジエの影響下にあった同時代の建築家のひとりだったのであろう。

それにしてもコルビュジエは、絵画や彫刻の製作に取り組みながら、建築家として建物それ自体を巨大な彫刻や絵画のように設計した建築家であった。村野がコピーしたのは、むしろそんなコルビュジエのスタイルであったようにも見える。

渡邊翁記念会館の屋上のペントハウスについても、「明らかにパリ郊外の〈サヴォア邸〉の二階テラスの写し」(『村野藤吾の建築　昭和・戦前』)と長谷川は語る。

コルビュジエの「サヴォア邸」に似た渡邊翁記念会館のペントハウス（平成23年9月）

このサヴォア邸も、ソビエト・パレスと同時期の一九三一(昭和六)年に竣工したコルビュジエの代表作である。

もっともコルビュジエはソビエト共産党政府に近づいたかに見えたが、実際は共産主義者でなかったどころか、一九四〇(昭和一五)年六月にナチ・ドイツ傀儡のヴィシー政権がフランスに立ち上がると、レジスタンス運動に参加していた仕事上のパートナーだったピエール・ジャンヌレを切り捨て、自らヴィシー政権にすり寄っていた。その延長線上に、翌一九四一(昭和一六)年にはヴィシー政権の主席フィリップ・ペタンに自身を売り込み、一九四二(昭和一七)年にはＡＳＣＯＲＡＬ(建築革新のための建設家会議)を立ち上げている(『パルコ美術新書　ル・コルビュジエ』)。

このＡＳＣＯＲＡＬ時代の「線上工業都市」の図案は『ル・コ

ルビュジエ全作品集　第四巻』で見ることができる。なるほど工場と住居を分離する緑地帯があったり、住宅地に近くに保育園、小学校、映画館、図書館、運動場，子供の遊び場、青少年クラブ、花壇、果樹園、菜園などを効率的にまとめていたりで、ナチ・ドイツの「ジードロンク政策」を思わせる合理的な労働環境重視型の都市計画であった。

渡邊翁記念会館を村野が設計したのは、コルビュジエがヴィシー政権に接近する五年も前であるが、村野もまた共産主義とファシズムの意匠を接近させ、同居させた建築家という意味では同じであった。

〔※1〕『村野藤吾建築設計図展11　―新出資料に見る村野藤吾の世界―』所収。

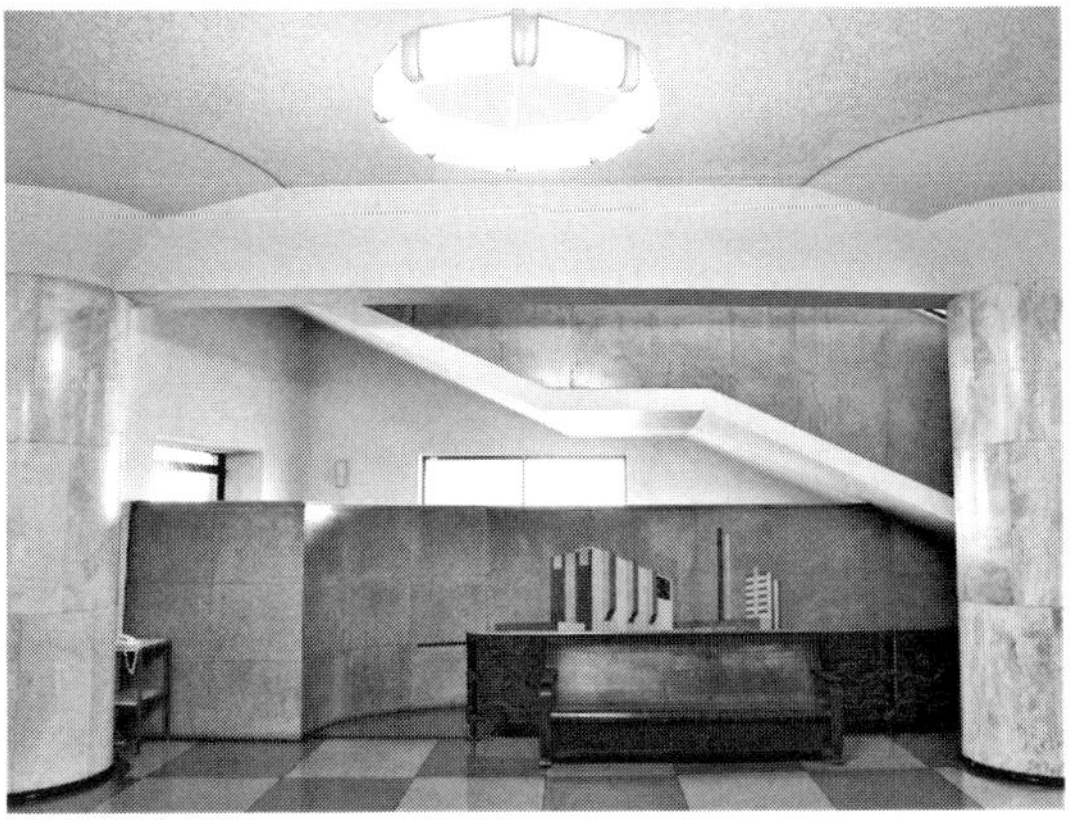

渡邊翁記念会館内に描かれた未来工場図（平成27年3月）

未来工場図と公害対策

渡邊翁記念会館のホワイエには、入口の左右両方から地下に降りる階段がついている。その背後の壁に、それぞれ宇部の未来を描いた工場の絵柄がある。未来工場図と呼ばれるものだ。それも建設当初からの意匠であった。

ところでホワイエ側から見て向かって右手の未来工場図は、縦ラインの入った白っぽい方形のビルディングとその右に煙突状の柱が白黒二本描かれている。階段で地下に降りるとき、自然に視界に入る仕かけなのも面白い。

一方で、向かって左手の未来工場図は、箱型の清潔な工場が三つ集まり、両側に煙突状の建物が建つ。その両方の絵柄の前に木製のイスが置かれ、椅子と階段の壁の間のプレート板に海の波のようなデザインが見える。新川港の海上から宇部の未来の工場を眺めた風景なのか。

左右両方にデザインされた煙突から、いずれも煙が出てないことも面白い。

渡邊翁記念会館の工事着工は昭和一〇（一九三五）年一〇月で、竣工が昭和一二年四月（落成披露式は同年七月）であった。未来工場図も、その時期に描かれていたのである。

ところで沖ノ山炭鉱が昭和一二年に刊行した『沖ノ山炭鉱株式会社　創業四十周年記念写真帖』には、西桃山の桃山配水計量室（国の登録有形文化財）辺りから眺めた風景写真が収められている。写っているのは、現在の西部体育館（宇部市島三丁目）の場所にあった沖ノ山小学校を中心に、背後に控える沖ノ山炭鉱系の工場群だ。林立する煙突からは煤煙が流れ出し、いかにも埃っぽい炭鉱街の風情である。

実際、昭和八年四月に創業された宇部窒素工業の硫安生産量の推移は、昭和九年に一万三〇〇〇トン、昭和一〇年に四万四〇〇〇トン、昭和一一年に九万七〇〇〇トン、昭和一二年に九万八〇〇〇トン、昭和一三年に一六万五〇〇〇トンとうなぎのぼりだ（『宇部興産創業百年史』）。硫安の製造の拡大と共に、煤煙や悪臭などの公害問題も大きくなる。渡邊翁記念会館が完成した時期は、宇部はスモッグに覆われていたのである。にもかかわらず未来工場図には清潔な工場が描かれていたことになる。

宇部の公害対策は、昭和二四年四月に宇部市議会が降灰対策委員会を設置し、市民、企業、学者、行政の四者で行った「宇部方式」が有名である。だが実際は、市制施行の一〇ヶ月前の大正一〇年一月の煤煙防止装置「手島式完全燃焼装置」の実験から、早くも公害防止は着手されていた。

たとえば大正一〇年一月九日付の『宇部時報』が報じた記事に「石炭の燃焼器　来宇中の加茂工学博士談」というのが見える。前年秋から東沖ノ山炭鉱で実験中の手島式完全燃焼装置を東京帝国大学教授の加茂正雄が、工学士の稲垣友枝《いながきともえ》を連れて視察に来たという内容だ。その夜、炭鉱を経営していた庄晋太郎が開いた岡村旅館での歓迎会で、加茂教授が燃料節約のためにも島式完全燃焼装置が有効と語っていた。

それから二週間が過ぎた一月二三日付の『宇部時報』は、「論より證據　完全燃焼器の効力」と題して、手島式石炭完全燃焼器を装着した煙突の写真を掲載している。

石油ランプの傘が無いときに煤が多く出ることをヒントに、宇部新川の手島寿吉が発明した装置だった。特許を取得し、大正九年一一月に日本煤煙機械株式会社を設立して製造をはじめていたのだ（大正一〇年七月刊『工芸記事』「手島式煤煙完全燃焼装置に就て」）。

加茂と宇部入りした稲垣も、大正一〇年一二月発行の『機械学会雑纂』（第三五号）で、「専売特許手島式煤煙完全燃焼装置に就て」と題する論文を書いていた。やはり煤煙防止をエネルギー問題として論じた内容だ。東沖ノ山炭鉱の公害対策実験が好成績だったことで、岡山の鐘紡備前工場、神戸製鋼所、沖ノ山炭鉱、大分の片倉組工場などに、今月中（論文を書いた大正一〇年一一月ころ）に手島式煤煙完全燃焼装置を設置するとも見える。

それにしても、ここまで公害対策で名をあげた東沖ノ山炭鉱が忘れられたのは、昭和二年五月に終業した（「東沖之山炭鉱終業記念」写真より）からだろう。

もっとも公害対策それ自体が幕を閉じたわけではなかった。宇部セメント製造の工場の煙突にも、静電気を利用した集塵装置「コットレル」が装着されていた。『宇部時報』が「宇部セメントのコットレル蒐塵《しゅうじん》装置」と題して報じたのは昭和九年一一月三日で、会社が五〇万円でコットレルを着けて一ヶ月が過ぎて効果が出たと報じている。

宇部窒素工業の煙突にも、同様のコットレルが装着されていた。昭和一三年一二月一〇日付の『大宇部』には、その煙突写真が見え、火力発電所での微粉炭燃焼方式が盛んになるにつれて降灰問題が起きたので、その対策との説明がある。

集塵装置コットレルを装着した戦前のセメント製造の煙突（故・杉谷敏一さん蔵）

こうした公害対策も市制施行時から進み始め、俵田が最初の洋行時（昭和三年四月）に、フランクフルトで公害対策のための電気集塵機を調査したことで、実現に向けて動き出したのだろう。渡邊翁記念会館の未来工業図は、そんな戦前からの公害対策思想を伝えるものである。

Ⅳ　村野作品を俯瞰する

旧宇部窒素工業の工場事務所棟（現、宇部興産ケミカル工場事務所・平成23年7月）

宇部ゴルフクラブハウス計画

村野藤吾の未完の作品に「Jun. 28. 1937」、すなわち昭和一二（一九三七）年六月二八日付で描かれた「宇部ゴルフクラブハウス」の図面（『村野藤吾建築設計図展カタログ 10』に所収）がある。ゴルフ場を計画した俵田明に依頼を受け、村野が設計したのは第一次近衛文麿内閣が成立（昭和一二年六月四日）した直後であった。それにしても目をひくのは、屋根部分にペン書きされた「カヤ葺キ」という文字である。

この設計図をもとにした模型は、目黒区美術館で開催された企画展「村野藤吾の建築」で展示されたが（Ⅲ「よみがえる作品」）、なるほど模型の屋根も「カヤ葺キ」風に再現されていた。指導教官の松隈洋さん（京都工芸繊維大学大学院教授）に聞くと、平成一九年の第九回村野藤吾建築設計図展で、箱根プリンスホテルの樹木園の模型を制作する際、学生のCさんが、「木綿の雑巾にジェッソを塗れば、それらしくなります」と提案して成功したので、第一〇回展で宇部ゴルフハウスを担当した学生のHさんにそのことを伝え、同じ方法で「カヤ葺キ」屋根を再現したのだという。

ところで、このゴルフクラブハウス計画の発端は、現在の常盤公園の南西部一帯に昭和四年の春、ゴルフ場を造成する計画が浮上したときにはじまっていた（昭和四年三月二〇日付『宇部時報』「常盤湖畔の福音　同所に二万坪の地を相しゴルフリング設置」）。

下関や門司に支店を持つ銀行や大手企業の行員や社員たち三〇名が倶楽部を立ち上げ、三万円の出資金で山口県内にゴルフ場（ゴルフリング）を造るというので、山口県水産課長の坂井貞一が場所を選定した結果、「常盤池附近高地」が第一候補になったらしい。

ところが、その後の進展はなかった。一〇月に世界恐慌がはじまったからだ。再び動き始めたのが五年後で渡邊祐策が亡くなって一ヶ月余りが過ぎた昭和九年八月二七日である。その日、山口県土木課長の関谷新造が森都市計画地方委員会の技師を連れて宇部に視察に来ていた。宇部市側では助役の西田文次たちが常盤公園池畔の丘陵や森林を案内した。近隣では別府と雲仙しかゴルフ場がない時代だったという（昭和九年八月二九日付『宇部時報』「勝地常盤池付近にゴルフ・リンク開設の機運濃厚となる」）。

こうしたなか、昭和九年一一月に福岡県企救郡（現、北九州市門司）の松ヶ江村に門司ゴルフ倶楽部がオープンする。一方で宇部の常盤池周辺での計画は再び中断する。

三度目に動きはじめるのが、さらに三年が過ぎた昭和一二年の年明けからだった。

昭和一二年一月一〇日付の『宇部時報』は「名勝！　常盤湖畔に東洋一のゴルフリンク」と題して、宇部窒素工業株式会社の常務・国吉省三が年頭に発表した「宇部ゴルフリンク兼陸上飛行機不時着離陸」の施設と報じている。

平時はゴルフコースだが、戦時には飛行場となるというものである。出資会員は山口、周東、関門若倉（下関、門司、若松、小倉）とし、阪神地方の特別会員も募るとある。また、記事の下には草江海岸の宇部航空輸送研究所が、「飛行機＝グライダー製作、操縦、発動機等　研究助手募集」と広告を出していた。主催者は「防長義勇飛行学校設立事務所」とある。スポンサーの渡邊が亡くなってから、葉方弘義が宇部市長の紀藤閑之介に頼りながら、飛行機乗りの養成学校の設立計画を進めていたときだ。

昭和一二年一月一九日、俵田と国吉省三は連名で、一株五〇〇円で資本金二五万円の宇部ゴルフ株式会社を創立する計画を発表した（昭和一二年一月二三日付『宇部時報』「宇部ゴルフリンクス　広く天下に会員募り　本格的設立工作に入る」）。

昭和一二年三月の『宇部時報』から、関連記事を拾っておこう。（　）は記事の概略。

三月九日　…「飛行場兼用の宇部ゴルフ場　用地買収交渉に入る」（常盤公園東側土地買収の第一回目の地主との会談が西岐波村大沢公会堂で開かれた。買収は即決し、その総面積は一六万一七七七坪）。

三月一三日…「飛行場兼用ゴルフ場設計に航空官の派遣を求む」（航空兼ゴルフ場設置のために、宇部市を通じて逓信省航空局に航空官の派遣を要請）

三月一六日…「ゴルフ場の用地買収交渉」（「一般の空気は極めて良好」とのことで用地買収が予定どおりに進んでいる）

すでに見たように沖ノ山炭鉱で系列の会社をコンツェルン化する計画が進み始めるのがこのときからで、渡邊翁記念会館も翌四月には竣工を迎える。

常盤池畔のゴルフ場計画も、俵田の主導でファシズム期に進んでいたわけである。

面白いのは六月三〇日付の『宇部時報』が「水の都・常盤湖を繞《めぐ》って種々の計画話題」と題して、常盤池畔に「文化住宅街」を建設する計画を報じたことだった。その「文化住宅街」は、宇部市街地と直営のバスで結ばれるとも見える。

思い出すのは、ナチ・ドイツのＫｄＦ（歓喜力行団《かんきりっこうだん》）だ。

ヒトラーは富裕層の乗り物であった自動車を大衆向けのフォルクス・ワーゲンに仕立て、農村と都市をアウトバーンで結び、さらには大型豪華客船での海外旅行や、バルト海に面したリューゲン島の二万人を収容できるプローラの建設など、リゾート開発をしながら格差の無い労働者重視型の都市づくりを進めた。常盤池畔に「文化住宅街」付きのゴルフ場を建設し、工業地帯と直営バスで結ぶ発想も、ＫｄＦをモデルにしていたように見える。

ファシズム期の労働者重視政策は、他にも沖ノ山炭鉱や宇部窒素工業、宇部セメント製造にそれぞれ食堂が供えられ、いずれも労働者に無料で高品質なメニューが提供されていたことでも見えてくる（昭和一二年六月一〇日付『大宇部』「会社食堂　食ひある記」）。

それにしてもゴルフクラブハウスの「カヤ葺キ」屋根の着想を、村野はどこから得たのか。

ゴルフ史をひもとけば、イギリス最古のゴルフコースは、イングランド王ジェームス一世が一六〇八年にロンドン郊外に造らせたロイヤルブラックヒース・ゴルフクラブであったという（『日本のゴルフ100年』）。アメリカでは三〇〇年近く遅れてニューヨーク郊外に一八八八（明治二一）年にセントアンドリューズ・ゴルフクラブが造られ、日本では明治三六年にイギリス人が六甲山（兵庫県）に造った現在の神戸ゴルフ倶楽部が最初となる。そして第一次世界大戦の勃発と同時にゴルフコースの「建設ラッシュ」がはじまる。

とはいえ、「カヤ葺キ」屋根のゴルフクラブハウスは、どこにも見当たらない。『俵田明伝』は、二度の外遊後に宇部で「新しい都市造り」に乗り出した俵田にとって「ゴルフ場の計画もその一つ」だったと語り、つぎの解説をしているだけだ。

「近辺には門司の松ヶ枝に九ホールのコースがあるにすぎなかった当時、俵田は国吉省三らとはかって宇部ゴルフ株式会社を設立しその社長となった」

ここに見える「門司の松ヶ枝」のゴルフ場とは、昭和九年一一月にオープンした前掲の門司ゴルフ倶楽部のことであった。それは初代理事長となる出光佐三（出光興産創業者・門司商工会議所会頭）をはじめ、久野勘助（久野商会社長）、中野真吾（海運会社「巴組」社長）ら、いわゆる〈門司の三羽烏〉〔※1〕が主導していた。ところが面白いことに『五〇年　松ヶ江』は、「全国沢山のゴルフ場で、かや葺き屋根のハウスは、恐らく門司だけと思います」と書いていたのである。しかも、「ずっと後の話になるが、宇部から三〇人くらいがやって来た」とも語っていた。

門司ゴルフ倶楽部の建物は昭和一〇年四月に完成しているので、「ずっと後」とは、村野が宇部ゴルフクラブハウス設計した昭和一二年ころではあるまいか。あるいは村野自身も視察団にいた可能性だってある。そうであるなら、コルビュジエのサヴォア邸を渡邊翁記念会館のペントハウスにコピーしたように、門司のゴルフ倶楽部ハウスの「カヤ葺キ」屋根を村野がコピーしても不思議はあるまい。

だが、結局、宇部ゴルフハウスは実現されなかった。昭和一二年七月七日に盧溝橋事件が起きて日中戦争へと突入したからだ。それでも七月二〇日付の『宇部時報』（「飛行場兼用ゴルフリンク　出現の日近づく」）は、「常盤池を起点に東西に全長距離を使用し、ゴルフリンクは十八ホールの完備したものにする」と語り、村野に依頼したゴルフクラブハウスが「今秋十月」に完成する予定を伝えていた。

俵田は八月に宇部ゴルフ株式会社を立ち上げて自ら社長に就く。しかし一〇月一〇日付の『大宇部』は「宇部土地興業株式会社の成立」と題して、常盤池東側のゴルフ場造成の延期を述べ、新たに宇部土地興業株式会社を立ち上げると報じたのみだった。

九月三日に創立された新会社の資本金は一万円で、発起人は俵田、国吉省三、渡邊剛二、名和田哲郎、紀藤常亮、高良四郎、濱田浅一ら七名で、株主は計一八名だった（『俵田明伝』）。

事業を継続しようとした痕跡は伺えるが、進展は見えない。俵田が主導した「宇部ゴルフクラブハウス」計画も、このあたりで頓挫したのだろう。

その顛末は、二代目宇部銀行の工事着工の許可が下りて昭和一二年三月から工事に着工する予定ながらも、その後も着工されなかったのと似ていた。

〔※1〕〈門司の三羽烏〉については、『「門司港」発展と栄光の軌跡』の「第三章　門司港の人間模様　三宜楼をめぐる人びと」に詳しい。なお、久野勘助は筆者の祖母（堀ミツエ（旧姓・野村ミツエ））の叔父で、拙著『関門の近代　―二つの港から見た100年』でも二四四頁から二四八頁にかけて門司ゴルフ倶楽部を取り上げた。

二代目宇部銀行

昭和一二（一九三七）年四月に竣工した渡邊翁記念会館につづいて、村野藤吾の設計で昭和一四年一一月二四日に宇部で落成したのが、二代目宇部銀行だった（同年一一月二五日付『宇部時報』「け

ふ宇部銀行　晴れの盛儀」）。

宇部銀行は明治四五年七月一日から宇部で営業を始めた地方銀行である（『山口銀行史』）。最初の行舎は、大正二（一九一三）年一〇月に落成した「木造洋館二階建望楼付きの大建築」（大正二年一〇月一五日付『宇部時報』「宇部銀行竣工祝」）であった。その姿は、真締川の下流に架かる新川橋を越えた右手に、展望塔付きの行舎の写真で残っている。

上　2代目宇部銀行が建つ前の常盤通り。手前が新川橋で、右手の展望塔付きの建物が初代の宇部銀行（宇部市学びの森くすのき蔵・絵葉書『宇部百景』）
下　2代目宇部銀行（現、ヒストリア宇部・平成27年4月）

二代目宇部銀行は、これを崩して同じ場所に建て替えた建物である。その後、宇部銀行は昭和一九年四月に戦時下の「一県一行主義」により山口銀行宇部支店となり〔※1〕、平成二二年九月にヒストリア宇部（市民活動の場）にリニューアルされ、現在は市民活動の場となっている。

二代目宇部銀行の新築が決まったのは、村野が渡邊翁記念会館の設計に着手するのとほぼ同時であった。『宇部時報』が「大宇部の金庫＝宇銀が本年内に新館建築」と題して「今年中にコンクリートの本建築」とすると報じたのが昭和一〇年一月二九日である。

村野が渡邊翁記念会館の設計者になると公表されたのが昭和一〇年二月二二日なので（Ⅲ「ローテクロイツ名誉賞」）、その直前の決定となろう。

こうして宇部銀行の建設が渡邊翁記念会館と並行してはじまるのである。

二つの建物の関連記事を時系列で『宇部時報』から拾うと、つぎのようになる。いずれも昭和一〇年の出来事で、【宇銀】が宇部銀行で、【渡邊】が渡邊翁記念会館の関係である。

【渡邊】渡邊祐策の三回忌（昭和一一年七月二〇日）に除幕する予定の銅像製作者が東京市の藤川勇造に決まる（昭和一〇年二月一三日付『宇部時報』「故渡邊翁銅像　三年忌に除幕式の予定」）。

【宇銀】三月下旬に第一回目の宇部銀行新館建築委員会が開かれたが「具体案」は出ず、工事中の事務所の場所に「頭をなやまして居る」（前同三月二八日付『宇部時報』「宇銀の新館建築と事務所の仮移転先」）。

【宇銀】四月下旬に宇部銀行を「向後《こうご》五、六十年先きを見越して相応《ふさわ》しい建築をすべく三階建の堂々たるものにする」と決定（前同四月二四日付『宇部時報』「委員会の意見は三層楼説　宇銀本館新築設計」）。

【渡邊】四月下旬に渡邊祐策の銅像模型が完成（前同四月二五日付『宇部時報』「懐かしき面貌はさも生けるが如く　吾等の素行翁銅像いよいよ設計なる」）。また同じ紙面に沖ノ山炭鉱が建設した信愛クラブに「図書館」を併置すると見える（「クラブ内に図書館を併置する」）。

【渡邊】四月三〇日に、渡邊祐策の銅像と記念会館の建設場所が朝日町（現在地）に決定。渡邊翁記念会館に「図書室」設置の予定（四月三〇日付『宇部時報』「設計成った銅像公園」）。

【宇銀】五月二五日の宇部銀行の重役会議後に新館建築委員会が開かれ、「鉄筋コンクリート三階建」で、一、二階を銀行、三階を貸事務所にすることが決定（五月二八日付『宇部時報』「愈々設計に入る宇部銀行新館」）。

【渡邊】六月一五日に渡邊祐策の銅像作成を依頼していた東京彫刻家・藤川勇造が急死したため、人選の調整（六月一八日付『宇部時報』「藤川氏の急死で故渡邊翁銅像　製作者変更か」）。

【渡邊】六月下旬に銅像製作者を朝倉文夫に変更（六月二五日付『宇部時報』「銅像は朝倉氏に」）。

【宇銀】宇部銀行に地下室を設け、四階構造にする案が七月一五日の重役会で決まる予定。工事中の仮営業所として、本町二丁目の御手洗邸前が候補地となる（七月一四日付『宇部時報』「宇銀本館改築　十五日の重役会で決する」）。

【宇銀】宇部銀行の横を流れる真締川に新川橋をかけ替える案が浮上（昭和一〇年八月一二日付『宇部時報』「宇部市街の大貫道　新川橋　架替え着工は何時か」）。

【渡邊】八月一七日に村野建築事務所が作成した渡邊翁記念会館の模型を公表。「工費建築のみにて約二十七、八万円」（八月一七日付『宇部時報』「設計成った市民館模型」）。

【宇銀】宇部銀行の前の常盤通りの舗装案が浮上。新川橋から琴芝通り交差点までの舗装工事に「石炭祭」が終わった一一月から着手予定（一〇月二五日付『宇部時報』「常盤通り舗装は十一月四日から着工」）。

新川橋の架け替えや常盤通りの舗装プランも同時進行しており、大正一〇年の市制施行がモダニズムの第一波なら、昭和一〇年は二つの村野作品を軸とするモダニズムの第二派だった。それは沖ノ山炭鉱に図書館が出来たり、渡邊翁記念会館に図書室の設置計画が浮上したり、あたかも同時期のナチ・ドイツにおけるヒトラー・ユーゲントのための朗読会（『図書館文化史研究』二〇一九年三六巻「ナチ時代の公共図書館における子どもの読書：Die Bucherei 誌の分析を中心に」）などと同じように、文化活動の興隆期であった。実際、昭和一六年二月一日付の『大宇部』は「宇部の勤労者諸君はどれほど物を読んでゐるか」と題し、昭和一五年末の工場労働者四六〇〇人余りの読書調査をもとに、新聞の読者七四％や雑誌の読者六九％、書籍の読者三一％などを公表し、六九％の未読書者に対して苦言を呈し、「勤労者諸君！ものを読もう！」と読書の啓発を行っていた。

都市開発はナチ・ドイツにおいても強力に進められていた。すなわち第三帝国の首都ベルリンを中心に画期的な都市改造が進んでいた時代だった。例えば二代目宇部銀行の建設工事と重なる昭和一三年一一月から昭和一四年一〇月まで外遊した建築家の谷口吉郎は「せせらぎ日記」（『雪あかり日記／せせらぎ日記』）で、「今、ベルリン市には新しい都市改造の計画が進められている」と語り、首都建設がヒトラーの発案であること、昭和一三年一一月にはヒトラーが臨席して定礎式がおこなわれたこと、ベルリン市に東西と南北に幹線道路が貫通することなどを綴っていた。

また、イタリアでもファシスト革命二〇周年となる昭和一七年のローマ万国博覧会の開催場所となる新都市ＥＵＲの建設が、昭和一三年から始まっている。

ファシズム期は文化振興と大規模な都市改造が行われた「革新」の時代であったのだ。宇部もまた同じで、昭和一四年一月一二日付の『宇部時報』は「工業都の大都市計画　小公園十五ヶ所設置」と題して、市内に都市計画公園一五ヶ所を造る予備調査を報じていた。


〔※1〕第百十銀行を柱に船城銀行、華浦銀行、長周銀行、大島銀行、宇部銀行の六銀行が合併された。

ヒトラー橋と音楽的意匠

建て替えが決まった宇部銀行のすぐ横を流れる真締川《まじめがわ》に、昭和一一（一九三六）年七月から「ゲルバー式鉄筋混凝土《てっきんコンクリート》橋」の架橋工事がはじまる。ドイツのハインリッヒ・ゲルバーが考案したので、そう呼ばれるが、実はオッペルン市のオーダー川に架橋された栄えあるアドルフ・ヒトラー橋〔※1〕をモデルにしたものである。

高野義祐の『新川から宇部へ』（『砂上の町』）によれば、明治三六（一九〇三）年に真締川に最初に架かった「木橋」が初代の新川橋で、二代目が明治四一年に造られた「鉄の欄干のついた」「石橋」で、三代目が昭和一二年七月着工のゲルバー式鉄筋コンクリート橋としている。

そんな宇部のヒトラー橋は、長さ三〇メートル余り、幅員一一メートル余りで、昭和一一年七月一〇日付の『宇部時報』が「県下では珍しいモダンな新川橋」と題して一一月末に竣工予定と報じ、初めての「試み」と報じていた。

こうしたなか、昭和一一年七月二四日に琴芝の俵田邸に宇部の重鎮たちが集まって「社会福祉」や「文化教養面の啓蒙」について話し合い、俵田が理事長、弓削達勝が常任理事に座る「財団法人渡邊翁記念文化協会」が一二月五日に立ち上がる。山口県全体では明治維新の王政復古から七〇年を迎えて盛り上がっていた時期であった（『防長新聞』は一二月一〇日付の「付録」で「皇政復古七十周年記念画報」と題して毛利敬親と元徳父子の写真が掲載されている）。

一方のドイツでは、昭和一一年九月九日にヒトラーが「新四ヶ年計画」を発表し、一〇月一八日に「四ヶ年計画の実施のための命令」（『ヒトラー全記録』）して第二次四ヶ年計画が動き始めていた。その結果、昭和一二年二月五日付の『読売新聞』（「独の自給自足策」）が、ルール炭田地帯に「石炭液化工場数ヶ所を建設」すると報じている。

前掲の渡邊翁記念文化協会の広報誌『大宇部』は、さらに三ヶ月後の昭和一二年五月一〇日に創刊される。創刊号の冒頭で俵田は「本誌の使命」と題し、「正しき思想を樹立する」ために、「文筆の力に依らなければ、出来ない」と、活字文化の重要性を語っていた。また、篠川辰次が「躍進宇部の一大威容　渡邊翁記念会館工事成る」という解説を書き、「大宇部の豪華版　渡邊翁記念会館落成す」と題するグラビアページも別に載せている。

こうした街づくりの興隆期に、二代目宇部銀行も輪郭を見せるのである。その建物入口に、いま

夜間金庫用窓の両側に刻まれた音楽的意匠（平成27年4月）

はガラス・ブロックがはめ込まれ、夜はホール内の光が外に漏れて美しいシルエットを見せる。しかし昭和一四年一二月の改修記念写真には村野が好んだガラス・ブロックは入ってない。村野の仕事を手伝ったことのある田代定明さん（※2）によると、昭和三二年五月から一二月にかけて山口銀行が三階建てに増築したとき（昭和三二年一二月七日付『宇部時報』「近代美観に装う山口銀行宇部支店」）、村野の指導でガラス・ブロックが入れられたのではないかとのことであった。工事を請け負った清水建設から、村野設計事務所にいた柳良治に連絡が入り、柳が村野に相談しながら増改築したので、「村野先生の意志が反映されているとは思います」（平成二七年四月談）と田代さんは語るのである。

ところで二代目宇部銀行のもうひとつの特徴が、真締川側の外壁の夜間金庫用の小さな方形窓の両脇に、楽譜の強弱記号フォルテ「f」が三つ並んだ「fff」のような意匠が刻まれていることである。「Feb. 18. 1937」、すなわち昭和一二年二月一八日付の設計図（『村野藤吾建築図面集　第3巻　地域と建築・宇部　図面篇』）にも、「ミカゲ石　彫刻模様」と見えるので、最初からのデザインであったことがわかる。

こうした音楽的意匠としては、昭和三三年に竣工した北九州市の八幡市民会館の二階ホールのピアノの鍵盤をモチーフにした明り取り窓（建物の両側にある）がある。あるいは同じく昭和三三年に竣工したグランドピアノを意匠化した米子市公会堂（鳥取県米子市角盤町）なども、そうであった。逆にいえば、こうした村野特有の音楽的デザインも、戦前の二代目宇部銀行の外壁にルーツがあったことになるのかも知れない。

ではなぜフォルティッシシモ「fff」に似た意匠が刻まれたかであるが、たまたま『スタインウェイ物語』を読んでいて、普通のピアノでは強い音はフォルティッシシモ「ff」くらいまでだが、スタインウェイでは「ffff」まで出せると書いてあったのが目にとまった。むろん「ffff」は大げさで、実際は「fff」程度らしいが、そのとき俵田たちが市制記念で完成した新川小学校に寄贈したスタインウェイ・ピアノのことを思い出したのである。

いうまでもなく工事が進んでいた渡邊翁記念会館も、オーディトリウムとして村野自身が設計していたことも「fff」を連想させるに十分だった。いずれにせよ、ファシズム期の宇部は音楽的な街であり、その空気も二代目宇部銀行の外壁に刻印されたように見えるのである。

〔※1〕物部長穂「海外道路時事」（昭和九年二月発行『道路の改良　第十六巻　第二号』）。

〔※2〕昭和九年に大分県日田市で生まれ、昭和二七年三月に福岡県立浮羽工業高校を卒業して宇部市の建築会社へ就職。昭和三三年五月に柳建築事務所に入所すると柳良治の師であった村野藤吾のいる村野・森建築事務所に翌六月に出向し、昭和三八年一月に村野・森建築事務所に正式に入所。同一二月に退所すると、翌昭和三九年一月に田代建築事務所を宇部市に設立。村野・森建築事務所時代は主に現場担当で、小倉市中央公民館（小倉市民館・小倉市）、毎日興行ビル（映画館等の雑居ビル・徳山市）、出光興産九州支店ビル（給油スタンド等・福岡市）、熊本市水道局庁舎（熊本市）などに携わった。

三階建ての挫折

二代目宇部銀行は、最初は鉄筋コンクリートの地上三階建てのプランだった（昭和一〇〔一九三五〕年五月二八日付『宇部時報』「愈々設計に入る宇部銀行新館」）。

ところが大蔵省が、これに水を差したのだ。村野は渋々、地上二階建てに設計し直す（昭和一〇年一一月一二日付『宇部時報』「宇部銀行の改築は厖大に失すると」）。

大蔵省は「時節柄」との理由で、建設経費削を求めていた。だが、未だ日中戦争勃発（昭和一二年八月）前で、資材統制もない時期であった。不況も満洲事変（昭和六年九月）あたりから緩和され、実際に渡邊翁記念会館の工事も昭和一〇年一〇月に着工されていた。

大蔵省が待ったをかけたのは、八月に永田鉄山が皇道派の相沢三郎に刺殺されるなど、翌年の二・二六事件（昭和一一年二月二六日）につながる不穏な空気が流れはじめていたからかもしれない。あるいは本州西端の名も知れぬ炭鉱町に、巨大なオーディトリウム（渡邊翁記念会館）の建設が始まった（『渡邊翁記念会館図集』には昭和一〇年一〇月に起工とある）ことを不安視した結果であろうか。

実は大蔵省が水を差した昭和一〇年一一月は、新川で市制施行を祝う「石炭祭」が出現したタイミングでもあった。現在の「宇部まつり」の原形だ〔※1〕。その盛り上がりも「沖ノ山王国」の意識の延長線上に醸成されていく。

昭和一二年一月一〇日付の『宇部時報』は「改築される宇部銀行」と題し、（大蔵省の意見により）二階建てに改めることで、「三月より着工することに決定し、目下施設設計を行って二月下旬工事請負人を決することになつた」と報じている。

その直後の一月一二日の取締役会で、頭取が高良宗七、副頭取が西村策朗に決まったのは（昭和一二年一月三〇日付『宇部時報』「宇部銀行＝頭取に高良氏　副頭取に西村策朗氏」）、前年一一年一二月に頭取の藤本閑作が病死したからだった（昭和一一年一二月一三日付『宇部時報』「炭都の柱石　藤本閑作翁逝去」）。

初代宇部銀行の「売家広告」が『宇部時報』に出たのは、昭和一二年一月二二日と二九日の両日であった。七一坪の建坪で、「外ニ二階」が四七坪の木造の旧宇部銀行の建物を「売却」するので、三〇日までに入札するようにとの達しである。

二月九日には「営業所移転御挨拶」の広告を『宇部時報』が載せた。

「当銀行本店改築の為、来る本月十五日より当分の間、左記場所に於て営業可仕候《つかまつりべくそうろう》間、精々御用命被成下度《くだされたく》、此段御願旁《このだんおねがいかたわら》謹告仕候《つかまつりそうろう》」

記事に見える「左記場所」とは、「宇部市東区錦橋通一丁目（錦橋詰角）」であった。

宇部のヒトラー橋こと、ゲルバー式鉄筋コンクリート製の三代目新川橋は、三月一三日に竣工する（昭和一二年三月一三日付『宇部時報』「祝新川橋竣功開通」）。

盧溝橋事件で日中戦争の幕が開くのは、渡邊翁記念会館の落成披露式（昭和一二年七月二一日）直前の七月七日だった。渡邊翁記念会館は日中戦争前にめどがつき、二代目宇部銀行はその後に工事がはじまるという流れであったのだ。時を同じくする昭和一二年七月に、ナチ・ドイツではパウル・トロースト（昭和九年一月没）が設計したドイツ芸術の家が完成し、大ドイツ展が開かれている（『ヒトラーと退廃芸術』）。二代目宇部銀行の建設がはじまり、地鎮祭が斎行されたのは、それから二ヶ月が過ぎた九月二〇日である（昭和一二年一〇月一〇日付『大宇部』に地鎮祭風景が載っている）。

田代定明さんは、後に村野に聞いた話を教えてくれた。

「宇部銀行の外壁は、当初は御影石で覆う予定になっていたと村野先生から聞いたことがあります。しかし支那事変（日中戦争）が起きたので、モルタル張りに変えられたようで、先生は非常に不満があったようです」


〔※1〕渡邊祐策が没した昭和九年の一一月に、それまで一一月の市制記念日に行われていた琴崎八幡宮での市制記念祭を商工会議所が中心となり、末社の中津瀬神社を中心に新川でも同時進行で行った「炭都祭《たんとさい》」がはじまり、翌昭和一〇年一一月の二回目に「石炭祭」と名を改めた。

《柱列と八角形》

現在のヒストリア宇部の屋上には、二代目宇部銀行時代からの屋上のペントハウスが残されている。その出入り口に立つ庇を支える五本の柱も、建設当初からのものであった（『村野藤吾建築図面集　第3巻　地域と建築・宇部　図面篇』に所収）。

竣工直後の昭和一四（一九三九）年一二月のペントハウス（展望室）前に銀行重役の婦人たちが並んだ記念写真にも、やはり五本の柱が写り込んでいる。

この無装飾の柱列は、小柄ながらナチの新古典主義を彷彿させる。渡邊翁記念会館前の六本の巨大柱列（Ⅲ扉写真）や、窒素工業の事務所棟入口の二階部分の五本柱（Ⅳ扉写真）などと同じ雰囲気なのだ。

一方で気になるのが二代目宇部銀行のホール天井の綺麗に整列した八角形の意匠である。このア

村野藤吾が設計した2代目宇部銀行（現在のヒストリア宇部）のホール天井を窓越しに眺めた風景（平成27年5月）

イデアも昭和五年の二度目の洋行にあったのではないか。というのも村野が、「ウィーンを経てイタリアへ出ました。ベニス〔※1〕からローマを通ってナポリへ、そこから逆にジェノバ、ピサ、フローレンス、ミラノ、それからフランスへ入りました」（『近代建築の目撃者』）〔※2〕と語っていたからだ。

そのころイタリアはムッソリーニ政権下のイタリア王国で、バチカンの教皇庁とラテラノ条約を結んだのが一九二九（昭和四）年二月である。田之倉稔《たのくらみのる》が『ファシズムと文化』で語るところでは、これよりムッソリーニ政権はカトリックをイタリア王国の宗教として認めたとしている。村野がローマを訪ねた昭和五年は、カトリックがイタリアの国教となった矢先であったのだ。プロテスタントとはいえ、昭和三年に南大阪教会を建てていた村野にとって、ファシズムと融合したキリスト教施設に興味を抱いたことは想像に難くない。そのローマには、キリスト教の教会堂の原型となった四世紀に造られたマクセンティウスのバシリカ（マクセンティウス聖堂）があったのである。早くもセメントで造られていた

マクセンティウスのバシリカ〔マクセンティウス聖堂〕
（Europeana より）

ドーム型の天井部に、宇部銀行の天井の意匠によく似た八角形の窪みが規則正しく並んでいたのである。この八角形の意匠は、ＥＵのデジタルプラットフォーム「Europeana」で見ることが出来る（写真タイトルは Roma. Basilica di Massenzio; Zicht op de restanten van de gewelven）。

二代目宇部銀行のホール天井の八角形は、果たしてファシズム期イタリアで村野が目にしたバシリカの天井のコピーだったのか。気になるところである。

〔※１〕ベネチアのこと。ベニスは英語読み。

〔※２〕村野は「動きつつ見る」（『村野藤吾著作集　全一巻』）で、昭和五年のイタリア視察について、「イタリア、イギリスなど、一日で見物しても時間が惜しいような気持ちで過ぎてしまったといいたい」という説明しかしていない。

化学工業の夜明け

二代目宇部銀行では不本意な設計変更を強いられた村野藤吾だが、俵田明の庇護を受けて沖ノ山炭鉱の関連会社の工場設計を続けたこと自体は、むしろ嬉しいことであった。

そもそも早稲田の建築学科を卒業するときの卒業制作は「マシーンショップ」であった。村野は「わたくしの建築観」（『村野藤吾著作集　全一巻』）で、「その設定は、河があってそこから掘割をひき、堀に面して機械の店がある。堀から舟で機械を運んで、クレーンで吊り上げて店に入れる。その裏側に倉庫があるというものでした」と語っている。

人が労働し、精神活動をしながら生きる〝場〟としての建築に村野は興味があったのだ。建築とは「土地」、「生産手段」、「労働」の三つのファクターが結びついたものであり、「建築が社会的に機能するということは、それが〈消費〉されるからです。この消費にも必ず〈人間労働〉が参加する」と村野は述べていた。

村野のスローガン「様式の上にあれ」の「様式」とは、ロマネスク様式やゴシック様式、ルネッサンス様式、バロック様式、ロココ様式など、ヨーロッパでの絶対王政期の建物のデザインを指していた。経済学的な視点で語れば、重商主義時代までの建物が様式建築であろう。その後に到来したアダム・スミス型の自由主義経済は、マルクスが『資本論』で指摘したとおり、最初から労働問題を抱え込んでいた。

村野が「様式の上にあれ」と叫んだ大正八（一九一九）年は、マルクスが『資本論』第一巻の初版を刊行した一八六七（慶応三）年から約半世紀が過ぎ、明治開国期からの「第一次グローバル化」（『静かなる大恐慌』）のピークに来ていたときである。ドイツの敗戦時にシュペングラーが『西洋の没落』を書き、覇権を握っていたヨーロッパの凋落がはじまる時代だった。

実際、モスクワで第三インターナショナル創立大会が開かれてコミンテルンが結成されたのも、イタリアでムッソリーニがファシスタ党の母体「戦闘ファッシ」を結成したのも、大正八年三月である。ドイツではワイマール共和国が成立し、その混乱に乗じて広がった「国際的資本主義」を糾

宇部窒素工業の前を通る「沖ノ山モダン道路」（俵田家蔵）

弾したゴットフリート・フェーダーが、翌大正九年二月にヒトラーと共にナチ党綱領二五ヶ条を発表し、翌三月にはナチ党が結成されている。世界史が「革新」に向かう時代に、村野もまた俵田に宇部に招かれ、宇部窒素工業事務所棟や宇部油化工業を設計して、自ら「革新」精神を作品に投影していくことになる。

俵田にしても、資源を持たないドイツでナチが科学技術を駆使して国難を乗り切ろうとしたように、宇部で石炭産業からの「革新」を牽引してゆく。そして産業技術のみならず、風景まで「革新」したことは、宇部窒素工業前に通した「沖ノ山モダン道路」などを見てもわかる。昭和八年二月二一日付の『宇部時報』が「文化の宇部・モダン道路」と題して報じたように、未だ宇部界隈に例がないヨーロッパ型の街路樹のある環境重視型の道路であったからだ。

あるいは俵田が手がけた宇部窒素工業それ自体も、ナチ・ドイツの支持会社であるI・G・ファルベンに近づこうとしていた。『イー・ゲー・ファルベンの対日戦略』の「宇部窒素（宇部油化工業）」の箇所（二五八頁）には、I・G・ファルベンが一九三七（昭和一二年）六月に宇部窒素工業側に二万トン規模のタール水素添加設備の見積もりを出したとの記録が見える。

木造の宇部窒素工業事務所棟

山口県文書館蔵の『鉄鋼工作物築造許可申請書』の中に、「宇部窒素工業株式会社事務所設計図一階平面」が綴じ込まれていた。その中にあった「宇部窒素工業株式会社工場配置図」に記されていた日付は「JUN 8 1940」で「T・MURANO」と確認できる。俵田明に依頼された村野藤吾は、昭和一五（一九四〇）年六月八日に石炭から化学肥料を合成する宇部窒素工業の事務所棟を設計していたのだ。

一方で宇部市常盤台の冨重洋さん（元宇部興産建築部長）の自宅には、それから二ヶ月後の昭和一五年八月二四日付の宇部窒素工業の事務所棟の建築申請書が保管されていた。窒素側代表として俵田の名が見え、設計者の欄に、「大阪市住吉区安倍野筋二丁目　村野設計事務所」と確認できる。その書類の表紙に、「条件」として「玄関、庇、ポーチニ鉄筋ヲ使用セザルコト」とペン書きされた紙が貼り付けられていた。

注目したのは、前掲の『鉄鋼工作物築造許可申請書』の図面の「車寄」の「独立柱」や「庇」、「玄関広間」の「帆立」などが「鉄筋コンクリート」だったのに対して、重冨さんの資料が、「玄関、庇、ポーチニ鉄筋ヲ使用セザルコト」と記されていたことである。

「ここに鉄筋を使うなって書いてありますね」と私が問うと、冨重さんはうなずき、「盧溝橋事件から鉄が自由に使えなくなっていたのです」と教えてくれた。

日中戦争の開始は昭和一二年七月である。このため一〇月には政府が事実上五〇トン以上の鉄材使用を禁止する「鉄鋼工作物築造許可規則」を出したのである。村野の設計図では、これがクリア

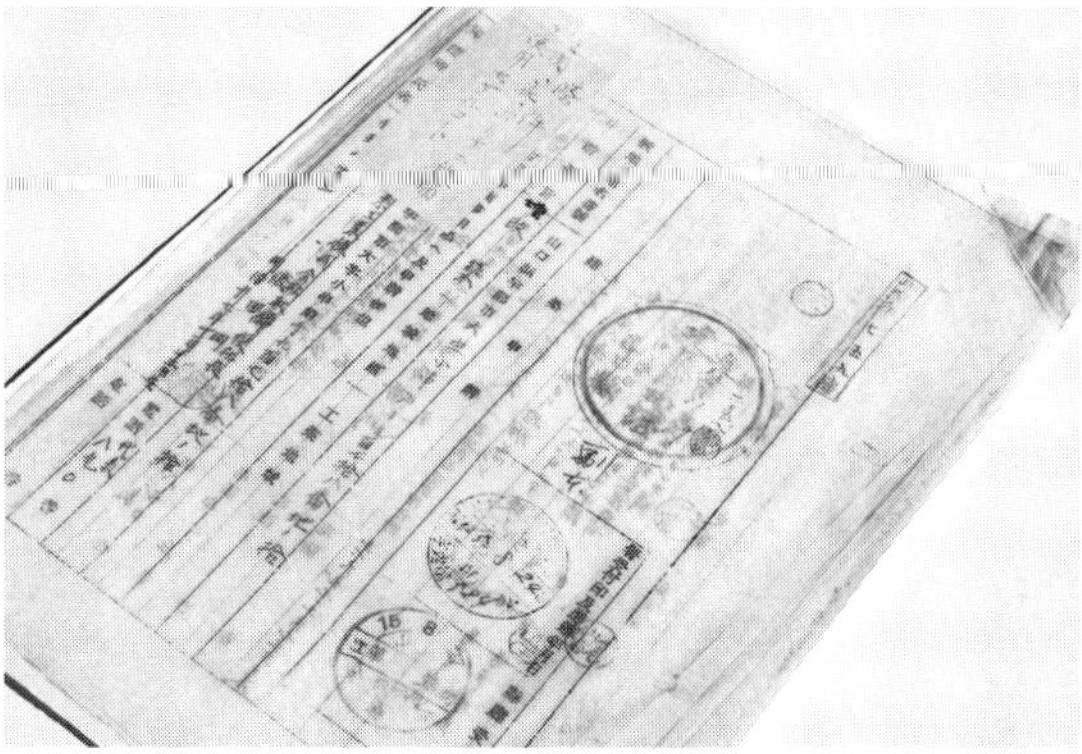

昭和15年8月の宇部窒素工業事務所棟の建築申請書
（冨重洋さん蔵）

できなかったようだ。しかも戦争は泥沼化し、昭和一四年五月には満洲のモンゴル人民共和国との境で関東軍とソ連軍が衝突するノモンハン事件にまで発展し、七月にはアメリカが日米通商航海条約の廃棄を通告してきた。そのことで翌昭和一五年一月に、日本はアメリカから原油や鉄鋼の輸入ができなくなる。村野が宇部窒素工業の事務所棟の建設に取りかかったのは鉄鋼も自由に使えず、エネルギーにも制限が加えられた最悪の時期だったことになろう。このため冨重さんの手元に残る建築申請書には、「主体構造、柱松一八〇　粍《ミリメートル》　角二丁立テ」と記され、鉄骨の代わりに松材の使用が求められていたのである。

冨重さんは昭和二三年に宇部窒素工業に入社したとき、木造の事務所棟で入社試験や口頭試験を受けていた。冨重さんは語る。

「この建物は皇紀二六〇〇年…、つまり昭和一五年から建設がはじまりました。村野先生の設計です。それで昭和一二年に支那事変（日中戦争）が始まったものですから、鉄は使うなということで、いかにも鉄筋コンクリートに見えるでしょうが、中の骨組みはみな木造です。周りはセメントレンガが使ってあり、外側にタイルが貼ってあるんです。鉄骨はかなり制限されましたので、セメントレンガは強度を出すために二〜三〇cmの厚さがあります」

前出の「宇部窒素工業株式会社事務所設計図　一階平面」に美しいカーブで描かれた窒素工業の

事務所棟の外壁は、今もそのまま保たれている。冨重さんはつづけた。

「このカーブは鉄道のレールの曲がりに沿っているのです。沖ノ山炭鉱で掘った石炭を、宇部港駅まで運ぶ鉄道が通っていたんです。それで私が昭和二三年に窒素に入って、それからすぐ増築の話があったんで、このカーブに沿って違和感がないように私が設計して増築したんです」

私は昔の玄関ホールの写真を見せて、「これはいかがですか」と質問をつづけた。

「そこは昔、チョコレート色のタイルでした。外壁と合わせたような色になっていたんです。しかし私が宇部興産を辞めた後…、平成五、六年ぐらいでしょうか、内装を変えたようです。社員の中にも村野先生のことを知る人がいなくなり、単にホールが暗いからという理由だけで床を明るい色のPタイル（ビニールタイル）に張り替えたのです。随分安っぽい工事をしていたので、私は文句を言ったことがあるんですが、もう張り替え工事をしたあとだったので元には戻りません。天井の明かりとりの窓は、昔のままですね。階段は床がチョコレート色でしたが、これも安っぽいのにやり替えてますね。村野先生は、階段の手摺《てすり》も角ばったのは嫌なんですね。ですからこう丸っこい、カーブした手摺りなんです。こういう軟らかい感じが、お好きなんですね」

冨重さんの手元にあった建築申請書（昭和一五年八月）には、実はもっと注目すべき記載があった。「各便所共水洗式トシ汚水ハ多槽式汚水浄化装置ニ導クモノトス」という一文である。工場や事務所のトイレは全て水洗にする計画だったのだ。

あるいは、「暖房及び厨房竃ハ工場内過剰蒸気ヲ利用ノ予定ナリ」とも記されていた。

これも工場内の蒸気を利用した、今でいうセントラルヒーティングだった。それにしても「贅沢は敵だ」の時代に、よくもここまで手厚い労働環境重視型の設計をしたものである。むろん村野の着想であり、俵田がそれを諒とした結果だった。水蒸気を利用した村野の暖房プランは昭和五年にモスクワで見た共産党クラブの建物の反省が投影されていたようにも見える。ソビエト視察で共産党クラブの「最上階のガラス張りの室に昇った」とき、「冬になると、とてもこの部屋は寒くていられないいんです」(『村野藤吾著作集　全一巻』「動きつつ見る」)という革命後のモダニズム建築の現実を見ていたからだ。こうした不都合の解決手段として、宇部窒素工業の事務所棟の暖房施設のアイデアにつなげた可能性は十分にあろう。

実は、世界恐慌後の村野の二度目の洋行は、「プロレタリア・レアリズム」の建築の見学だった。しかし翌年の昭和六年の九月に満洲事変が勃発し、世の流行は共産主義からファシズムへと大きく舵を切る。実際、直前の昭和六年五月に、早くも赤松克麿が左派から移行する形で「搾取なき新日本の建設」や「金権支配を廃絶し、皇道政治の徹底」、「資本主義機構を打破し、国家統制経済の実況」をスローガンにした国家社会党を立ちあげていた(『世界陰謀と日本共産党』)。そして昭和七年三月に満洲建国が実現するとファッショ化はさらに進み、大正九(一九二〇)年に八幡製鉄所で労働争議を扇動した浅原健三などもファシズム陣営に名を連ねるのである〔※1〕。

こうした時代に、村野の「プロレタリア・レアリズム」志向もファシズムに転換した可能性は十分に感じられる。事実、のちに村野が宇部で手がけた渡邊翁記念会館の正面ファサード前の六本の柱列も、ナチの新古典主義を彷彿させるデザインであった(Ⅲ扉写真)。また、その延長線上に宇部窒素工業の事務所棟入口の二階部分にもナチっぽい五本柱の意匠が施されていた(Ⅳ扉写真)。この五本柱が、村野にとって「彫刻」の認識だったことも、前掲の「宇部窒素工業株式会社事務所設計図　一階平面」に「上部人造石彫刻ツキ」と書かれていることでわかる。

だが、モスクワで目にした「プロレタリア・レアリズム」は消えたわけではない。村野流の人間中心主義の建物の中で生き続けたからだ。実際、宇部窒素工業の事務所棟に足を踏み入れると、入口ホールの天井の明りとりの窓から注ぐ柔らかな光が、階段の柔らかな曲線の手すりを浮かび上がらせ、労働者たちを暖かに包み込む。

そこにあるのは人間が意味ある存在となれる〝トポス〟であった。社会主義とファシズムの混在に潜むヒューマスティックな労働空間こそが、「労働」や「生産」をテーマにした村野の工場建設の本質であったのではないか。そのことは昭和一六年六月一五日付の『大宇部』の「窒素」の紹介欄に、「最近宇部窒素工業株式会社では読書熱が盛ん」という言葉からも浮かびあがる。工場労働者たちが、盛んに読書をするようになったというのだ。

石炭から化学工業への転換を実現させた俵田のイノベーションは、村野の「プロレタリア・レアリズム」と連結し、労働者の職場環境の改善のみならず、建物を通して文化的生活をも向上させていた。そこに公平だけでなく、文化向上手段としてのファシズムの面白さがある。

昭和一六年一一月日付の『大宇部』の「窒素」欄は、宇部窒素工業の事務所工事の完成の度合いについて、「外部の足場を取り除いてゐる處を見ると外部はもうこれで良いのかなと言ふ感がする」と伝えていた。

また同じ誌面で宇部油化工業を示す「油化」の欄に、「工場建設工事も日に日に進捗し既に労務課員は現場に移り、居能《いのう》駅前に工事中の修理工場も骨組を完成して居り大煙突も一本既に完成してゐると言ふ」とも書いてある。

油化工場の設計も、村野が俵田から請けたものだった。したがって宇部窒素工業の事務所が一歩先に完成したわけである。その事務所棟は「堂々たるモダン建築の美観」で、「恐らく宇部一の立派な事務所になるだらう。土足で上るのが勿体ない」と昭和一七年二月一五日付の『大宇部』（「窒素」）が報じるほどであった。

沖ノ山炭鉱、宇部窒素工業、宇部セメント製造、宇部鉄工所の四社が合併して宇部興産株式会社が誕生するのは、それから一か月が過ぎたとき（昭和一七年三月）だった。このコンツェルン化により、沖ノ山炭鉱は沖ノ山炭鉱々業所に、宇部窒素工業は宇部窒素工場に、宇部セメント製造は宇部セメント工場に、宇部鉄工所は宇部興産（株）宇部鉄工所に、それぞれ名称が変わる。宇部興産は大東亜の建設を目指す「革新」のコンツェルンとなり、国策に従って俵田を社長に据えて生まれ変わるのだ。

実をいえば、その「興産」の名も旧福原家臣の紀藤閑之介が、俵田に頼まれてつけていた。紀藤は、「名前をつけるときは大低《ママ》二つくらいはできるものだが、どうしても一つしか浮かばず思いつくままに〈宇部興産〉と返答した」（『宇部興産六十年の歩み』「宇部興産株式会社の命名」）と語っている。

付言すれば「興産」の名のルーツも、藤本晋一ら一三名が発起人となり、明治二二（一八八九）年に立ち上げた炭鉱開発に必要な排水ポンプやレール、荷車その他の器具を貸し付けるリース会社「興産会社」〔※2〕にあった。俵田家が主導した石炭会社の延長線上の会社という意味では、ここでも「革新」は伝統と結びついていたことになろう。

〔※1〕昭和七年三月一三日付『読売新聞』「浅原健三もファッショ入り」。

〔※2〕『宇部市史　史料篇』（三七七～三七八頁）の「興産会社設立願書」には、藤本晋一、木村勘介、藤本里衛、藤田松兵衛、西村品太郎、柏谷喜七、村田稲太郎、品田善四郎、林仙輔、三隅男也、新谷藤蔵、山田種千代、渡邊祐策ら一三名の発起人名が並び、日付は明治二二年九月になっている。

《宇部窒素とロケット燃料》

山陽小野田市歴史民俗資料館に「蛇管《じゃかん》」と呼ばれる茶色の陶器が保管されている。同市指定の文化財で、高さは一メートル強、直径は四五センチメートル弱の円筒管だ。周囲に大きな鋸の刃状になった陶器の突起物が張り出し、刃の窪みに細い陶器の管が巻きつく奇妙な形である。

『小野田市歴史民俗資料館研究叢書第一集　小野田の窯業　皿山・その変遷』（以下『皿山』と略す）には、製造に関わった田辺隆への取材記録（取材日は平成二（一九九〇）年一一月）があり、戦時中に宇部窒素工業の硫酸課長・太田薫（戦後、日本労働組合総評議長となる）の下で「技手《ぎて》」として特殊硫酸の製造を手がけていたとある。ナチ・ドイツが開発したA2ロケットの設計図を日本海軍が入手し、試作に取りかかるのと並行した仕事だったと田辺はいう。

一方で井上実智夫さん（宇部市在住）は『日本海軍燃料史』などをもとに調査〔※1〕を行い、実際は有人のロケット戦闘機Me163Bの設計図が昭和一九（一九四四）年七月にナチ・ドイツから日本にもたらされていたことを突き止めた。なるほど『日本初のロケット戦闘機〈秋水〉――液

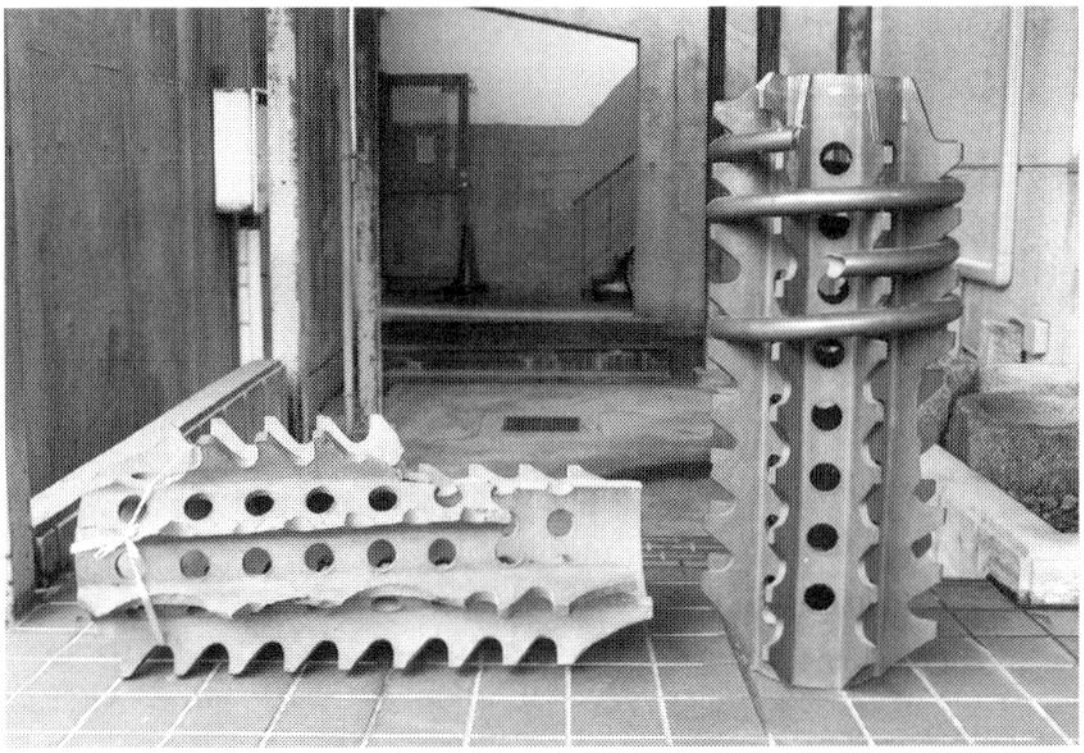

蛇管〔右＝河野製陶所製、左＝江本窯業所製〕
（山陽小野田市歴史民俗資料館蔵）

体ロケットエンジン機の誕生』にも、昭和一九年三月にナチ・ドイツからＭｅ１６３Ｂロケット戦闘機とＭｅ２６２ジェット戦闘機の製造権の譲渡と設計図面など二部の資料の提供が決まったとある。すなわちこれをモデルに、日本でロケット戦闘機「秋水」の開発がはじまるのだ。「秋水」の推進力は、甲液（過酸化水素八〇％水溶液）に触媒の丙液（過マンガン酸カリ四〇％水溶液）によって発生したガスでタービンを回し、燃料ポンプが作動して乙液（水化ヒドラジン八〇％水溶液）が爆発して得られた。

前掲『皿山』で、田辺は昭和一九年春に海軍から秘密指令の暗号「マルロ」が宇部窒素に届いたと語る。そのことで燃料の一部となる過酸化水素水を造るのに必要な純硫酸の製造を始めるのである。前掲の「蛇管」は、その純硫酸の製造過程で必要な冷却装置だったのである。それを宇部窒素工場に近い小野田の皿山で造ることになり、田辺の父である田辺熊一が江本窯業所で、あるいは植木末二が河野製陶所で製造したというわけだ。

かつて井上さんが行った聞き取り調査で、「昭和二〇年に入ってから、不純物を取り除いた純硫酸が（宇部窒素工業で）一日三トンでき出して、一〇～一四日間ぐらいかかって作ったものを耐酸性のガラス容器に入れて、つぎの工場である〈島根化学〉（島根県江津市）に木造船で三回送ったところで終戦になりました」と田辺は答えていた。

島根化学は、昭和一二年に設立された新日本レイヨン産業が昭和一九年に社名変更された会社である（現、日本製紙株式会社）。なるほど「呂号乙薬之生産ニ関スル件」（アジ歴〔※2〕）で、「呂号乙薬第一期生産計画表」の生産工場として「島根工業株式会社」が確認できる。だが、「甲液」前段階を担当した宇部窒素工場はない。試作段階で敗戦を迎えた「秋水」は歴史の闇に葬られ、宇部窒素工場のロケット燃焼製造史も忘れ去られたのだ。

〔※1〕井上実智夫さんは平成一五年九月二〇日の香川高等学校文化祭用に『呂号乙薬製造について』と題する小冊子を作り、当時の取材記録や調査結果をまとめている。また、蛇管についての井上さんの解説が、平成一五年九月五日付『ウベニチ』の「小野田の蛇管は冷却装置に」にも見える。

〔※2〕アジア歴史資料センターの略。インターネット上の資料館（デジタルアーカイブ）。

《工場と音楽》

昭和一七（一九四二）年三月に宇部興産（株）が誕生したことで、宇部窒素工業が経営していた「海の家」も、夏から宇部興産の全社で利用が出来るようになる。そして六月一七日に敷地内の「図南館」で音楽演奏会が開かれる。そのプログラムがまた面白い。

人事部長の網野英策の挨拶につづき、窒素工場ブラスバンドによる軍歌演奏、若葉（老松町遊郭の若葉楼）の宇野羊邦の尺八演奏、そして社員・中原思郎《なかはらしろう》のハーモニカ演奏という流れである（昭和一七年七月一日付『大宇部』「窒素」）。「戦友」、「緑の地平線」、「汽車の旅」の曲をハーモニカで披露した中原思郎は『兄中原中也と祖先たち』の著者であり、詩人の中原中也の弟だった。中原思郎は宇部窒素工業時代から窒素工場に務め、ハーモニカが得意であった〔※1〕。宇部でのハーモニカ・ブームは、Ⅲ「ピアノとハーモニカ」で見たように市制施行後の大正末から盛り上がるが、その舞台のひとつが宇部窒素工業だったことになる。実際、窒素工場では毎朝、講堂前で体操の時間があり、レコードの音楽に合わせてウオーミングアップがされていた（昭和一七年五月一日付『大宇部』「窒素」）。

「窒素節」の楽譜（俵田家蔵）

実をいえば、宇部窒素工業は当初から音楽と縁のある文化的な工場だった。例えば創業から間もない昭和九年一〇月の時点で、国吉省三が実弟の有光《ありみつ》牛声《ぎゅうせい》と「窒素節」を作詞していた（同年一〇月一七日付『宇部時報』「宇部の行手は明るいネ」）。この歌詞に曲と踊りを付けた楽譜が俵田邸に残されており、曲は椎野桂風、振付けは島中夢人とペン書きされ、音符と振り付けの人型も描き込んである。歌には踊りまでついていたのだ。

あるいは『宇部興産創業百年史』は「宇部窒素吹奏楽団」の箇所で、昭和一二年一二月に硫安第三期増設の竣工に際して、専務の俵田明に頼んで楽器を買ってもらったとしている。「宇部窒素にブラスバンド設置」の記事が『宇部時報』に載るのは、一年後の昭和一三年一二月八日で、「従業員の士気鼓舞のため会社にブラスバンドを常置することになつた」として各一五名のメンバーで、二組のバンドを置くとも見える。

面白いのは大東亜戦争中の昭和一八年二月二三日と三月二日に「図南館」で「工場内素人演芸大会」が開かれていたことであった。同年三月五日の『大宇部』では「われらの工場　かくて楽し」と題し、「玄人はだしの芸人続出、涙もあり朗笑もあり」といった「楽しき演芸会」が催され、「セメント軽音楽団」や中原思郎が「ハーモニカ独奏」もしていた。

こうした工場と音楽の密接な関係は、文化好きの俵田の趣味といえば、それまでだが、一方で教会音楽家の津川主一が「独逸勤労戦線と厚生団の音楽活動」（『音楽之友』昭和一七年六月号）で、ナチ・ドイツでも工場労働者と音楽が強く結びついていたと述べている。例えばＫｄＦ（歓喜力行団）は結成直後の昭和九年からベルリンで七つの歌劇場を勤労者のために開放し、楽団が工場まで出張して休息時間に演奏を行っていたと、いうのである。それは宇部窒素工業で「窒素節」が作られた時期とも重なる。ナチのＫｄＦも、「勤労者自身で組織する工場楽団 Werkkapelle の設置を奨励した」らしい。ファシズム期は化学工業の発展のみならず、工場付随の音楽文化の開花期でもあったのだ。

〔※1〕中原家は長男の中也を筆頭に亜郎《つぐろう》、恰三《こうぞう》、思郎、呉郎《ごろう》、拾郎《じゅうろう》の六人兄弟の何れもハーモニカ好きで、末弟の拾郎（伊藤拾郎）はプロ奏者になっている。

宇部油化工業

昭和一四（一九三九）年八月に創業される宇部油化工業も、二度に渡る洋行後の俵田明のイノベーションから生まれた「革新」的企業であった。昭和八年四月に創業された宇部窒素工業株式会社の兄弟社というべき存在で、工場は現在、宇部市藤山の厚東川左岸の埋立地一帯にある協和発酵バイオ株式会社〔※1〕のある一帯に建設されていた。石炭から人造石油を合成する化学工場で、やはり村野に工場の設計が任されていた。

宇部油化工業時代の合成工場跡
(現存しない・協和発酵バイオ株式会社提供)

宇部における人造石油の事業化プランは、市制施行直前の大正一〇年一月に工学博士の加茂正雄が宇部に来て「完全燃焼器の実施と低温乾留法の応用」を講演したときに始まっていた(Ⅲ「未来工場図と公害対策」)。そのとき加茂が語ったのは、低温乾留法で石炭から重油を採る油化技術論だった(大正一〇年一月一六日付『宇部時報』)。それが実現に向けて動き始めたのが一五年後だったのである。昭和一一年六月二〇日付の『東京朝日新聞』が「宇部窒素増資　石炭液化計画」と題して報じたのがそれで、油化事業のために第二宇部窒素工業株式会社を立ち上げる「非公式」の会合の開催を報じている。だが、この油化事業化計画もすぐには着手されず、昭和一二年三月に成立した人造石油事業法によってようやく動き始める。三井、三菱、日産が名乗りを上げ、満洲国でも満鉄が油化事業の計画を立ち上げたのが、宇部で渡邊翁記念会館が竣工する直前のことである。

転機は昭和一三年の夏であった。青島の陸軍病院から山口の日赤病院に戻って療養中の俵田寛夫が宇部工業会館で内祝の宴を催したとき、東京帝大経済学部の脇村義太郎教授から部厚い封筒が寛夫のもとに届けられたと『俵田明伝』は語る。寛夫は脇村の手紙を父の俵田明に見せた。そこにはドイツの人造石油工業の現況が詳細に述べられていた。なかでもドイツのオッパウにあったＩＧファルベンの人造石油工場「オッパウのＩＧ染料会社」の人造石油工場については詳しく報告がされていた。俵田明は二、三日、熟考して人造石油工業起業を決断した。もっとも結論からいえばナチを支えていたＩ・Ｇ・ファルベンの高度な技術をそのまま使うことはできなかった。だが、昭和一四年六月一日には宇部工業会会館で発起人総会を開き、八月二五日には創立総会に持ち込み、俵田が自ら社長となって事業化に向けて動き出す。宇部窒素工業で硫安合成を成功させた技師長・大山剛吉は常務となって俵田を支える。宇部窒素工業と帝国燃料の共同出資（資本金五〇〇〇万円）で立ち上がった宇部油化工業は、厚東川河口である宇部市藤曲の二六万坪の工場敷地を造成しながら工場建築を進めていくわけである（昭和三四年一〇月一三日付の『日刊工業新聞』（大山剛吉「私の技術履歴書〝会社創設の連続　宇部炭のガス化に成功〟」）。

冨重洋さんは宇部油化工業の人造石油の合成技術が、宇部窒素工業の延長線上にあったことを教えてくれた。

「宇部では窒素工業の方が先にできましたが、これは硫安という化学肥料を作るためでした。先ず、宇部に豊富にある石炭を燃やして水素ガスを取り、つぎに窒素工場の中にあった空気分離工場で空気から窒素を取り出し、合成工場で窒素と水素を合成して、アンモニアガスを造るのです。そ

昭和18年8月に大山剛吉が厚東川堤防側から撮影した油化工場の全景写真
（部分・宇部市学びの森くすのき蔵）

れからまた別の工場では硫化鉱を燃やして硫酸を造り、その硫酸と先ほどのアンモニアを合成して硫安を造る。これが宇部窒素工業の目的物でした。一方、石炭を燃やす途中でタールが出ました。このタールを精油して人造油を造るのです。製造過程で水素も出るので、合成工場で硫安も作った。油化の場合、これは副産物になります。ですから窒素工業も油化工業も同じもので、主製品と副産物が逆なだけです」

宇部油化工業の創立には、一ヶ月前の昭和一四年七月にアメリカが「日米通商航海条約の廃棄」を通告したことが影響していた。アメリカからの石油の輸入が出来なくなるわけである（実際に昭和一五年一月には「日米通商航海条約」が失効し、アメリカからの石油の輸入が止まった）。石油が無ければ戦闘機用の飛行機は飛べない。油化工場は、それを打開する重責を負っていたのである。

工場の地鎮祭は昭和一四年一〇月六日に行われ（一〇月八日付『宇部時報』）、このときから建屋の建設がはじまる。同年一二月一五日付の『大宇部』には宇部工業会館前に建設された宇部油化工業の事務所の写真が見える。工場の方は大山剛吉が昭和一八年八月に厚東川堤防側から撮影した油化工場の全景写真が残っており、左から「合成工場―発電所―タンク―ガス炉―硫安工場―硫酸工場」が並んでいる。昭和一八年五月一日付の『大宇部』が、「此の夏頃はどこからみても建設完了の油化と云うことになるだらう」と報じている。前掲の写真は、完成直後に大山が撮影した風景だろう。この工場も、俵田の依頼を受けた村野が設計していた。ただ、残念なことに最終目標のガソリン合成の一歩手前で、日本は大東亜戦争に敗れたのである。前出の大山は、「資材不足などに禍いされ低温タールからの重油、潤滑油、火力発電所は動いたが、水素添加ガソリンその他は完成直前に終戦時のはげしい空爆をうけた」と残念がっている。

宇部油化工業用の原料炭は、現在の山陽小野田市の萩森にあった萩森炭礦の第三坑から供給される予定であった。萩森炭礦が昭和一九年六月三日付で大蔵大臣、農商大臣、軍需大臣宛てた「事業拡張可申書」では、「三坑」から掘り出される石炭運搬用として、小野田駅から分岐する萩森炭礦専用鉄道の終点に選炭場を建設する計画も見える。直前の昭和一九年二月に名和田哲郎（渡邊祐策の三男）が萩森炭礦の社長（岡和と交代）として送り込まれたのも、こうした事業計画のためと思われる（『萩森興産80年のあゆみ』）。国策会社の帝国燃料興業に吸収され、その第一事業所となるのは昭和一九年一〇月であった。

宇部油化工業の工場建築について、村野は長谷川堯との対談「宇部市民館のことなど」（『SPACE MODULATOR 52』）で語っていた。

（長谷川）〔略〕先生の戦前のお仕事でおそらく最後のものだと思いますが、戦争中に宇部油化工業の工場をお建てになっていますね。これは宇部市民館の評判がよかったことで、続いて来た仕事だったわけですか。

（村野）いやあ、そういうことでもなかったでしょうが、記念会館で縁故ができて、俵田さんから依頼されたものです。これはたくさんやりましたなあ、戦時中は仕事がなかったけれどもこれは大きかった。全部コンクリートで非常に大規模なものでした。戦争で中断しましたがね。

（長谷川）私は拝見したことはありませんが、どんなところに特徴がある建物ですか。

（村野）ヴァンチレーションですね、いろんなガスが出ますからね、だから自然換気のための大型のルーバーを採用した。〔略〕

（長谷川）しかし先生については、その頃の言葉でいえば「美術建築家」として世間は受けとっていたんじゃありませんか。それが工場をおやりになったのは…。

（村野）いや昔から私は、工場なんて「美術建築」だというんですよ。「美術建築」ということはそこに人間がいるからということです。人間がいる以上は「美術建築」でなきゃいかんというんですよ。なにも「美術建築」だからきれいにするというわけではない。工場だから汚くしていいという考え方に対して、それ間違いである、といいたかった。私も工場生活を知っているから。八幡製鉄にいたことがありますからねえ、どんなに工場生活が苦しいかがわかる。人間不在ですからねえ、あんなのは。〔略〕

面白いのは村野が工場建築を「美術建築」と語っていたことだ。「人間がいる以上は〈美術建築〉でなきゃいかん」との言葉は、宇部窒素工業の事務所トイレの水洗化や工場内の蒸気を利用した暖房設備に見える「プロレタリア・レアリズム」の意識と重なる。若き日の村野が「都市建築論」で語った「私は一個のBuilderである事よりも、一個の社会改良家でありたい」というフレーズが、戦時下の宇部油化工場の設計にも息づいていたのだ。

村野藤吾の設計伝説のある協和発酵バイオのアグロ製造係の建物。屋上に謎の柱列がある（平成23年10月）

私が藤曲の協和発酵バイオ株式会社の敷地内で、油化時代の残骸たる発電所を見たのは平成二三（二〇一一）年一〇月であった。そのとき案内してくれた岡崎正敏さん（総務課長補佐）が、「村野の設計ではないかと噂されている建物が残っています」と語り、そこまで案内して見せてくれたのが、協和発酵バイオのアグロ製造係の農薬を作っている建屋だった。かつては村野が設計した合成工場に隣接していたらしい。

なるほど屋根に、機能的には全く無意味な短い煙突のような搭状の突起が一〇本突き出している奇妙な建物で、いかにも村野っぽかった。

一方で、この独特な意匠の意味を知る社員は皆無で、岡崎さんは、「みんな、あれはなんだろうと首をかしげているんです」というのである。

謎めいた一〇本の煙突状のモニュメントは、渡邊翁記念会館前の列柱を思わせる姿でもあった。記念性という意味では、村野がよく使うナチの柱列を短くしたモデファイにも見える。それが村野と関係があったのか否か、今となっては確かめる術はない。しかし、「工場なんて〈美術建築〉だ」と語った村野なら、この程度のデザインをしても不思議はない気がしたのである。

〔※1〕協和発酵バイオ株式会社の社名は平成二三年一〇月の取材当時のもの。現在はＥＪホールディングス株式会社の敷地になっている。

《シーメンス社とクルップ社》

昭和一六（一九四一）年に入ると『大宇部』が、ドイツの主要企業を紹介しはじめる。ナチ・ドイツが高度な技術力を誇り、高い産業力を維持しながら国家再建に向かう現実を宇部人たちに知らせるためである。むろん当時は同盟国でもあった。

まずは、「全従業員共同の利益を計るシーメンスの福利施設」と題する記事が二月一〇日の紙面を飾った。ベルリンにある電気機器メーカーのシーメンス社は、会社の全長が約三・八マイルもあるそうで、実に六キロメートルを超えるシーメンス街を形成していたらしい。だが驚くべきは、その巨大さではなく「盲人」や「不具者」までも「何の不安もなくどしどし生産作業にたずさわってゐる」という障害者雇用の実態だった。工場内にも保健婦が常駐して労働者の健康管理を行い、別にシーメンス病院や、自由に診察を受けられる結核療養所などを開設し、保健衛生を徹底させていた。あるい社宅も工場から離れた場所に「独立住宅」と「大集団住宅」の二種類が用意されていた。

は工場と居住地域の間には子供が学校に上がるまで預けられる保育所「子供の家」が設置されていた。しかも労働者には六五歳で「年金」が支給され、「公傷」で身体障害になっても「年金」が受給できるなど、高水準の社会保障制度が整えられていた。この時期のナチ・ドイツは、完全なる福祉国家を目指していたのだ。

工場内には図書館が開設されており、しかも三万五〇〇〇冊も所蔵があって、「従業員は誰でも自由に出入りして読める」本格的なものだった。あるいはＫｄＦ（歓喜力行団《かんきりっこうだん》）の社内版ともとれるシーメンス社友会があり、全職員に展覧会や音楽会、映画上映などの娯楽が惜しげもなく提供されていた。

つづいて三月一五日付の『大字部』が報じた記事が「クルップの集団住宅〝労働の目的は公益だ〟」であった。同じくナチ政権を支える有力企業で、エッセンに本拠を置く鉄鋼会社である。その歴史は古く、一八六〇年代から建設が始まった会社の集団住宅が、今ではエッセンとその郊外に三万戸も出来ていると書かれている。しかも、「従業員に良い生活をあてがう」のみならず、「地方独特の郷土美」を環境に取り込み、「住宅を中心に緑の大庭園」を成すように造られ、従業員の心身をリフレッシュさせるとも見える。

エッセンには従業員が余暇を利用して「無料でのび〳〵と楽しく静養できる」というアルテンホーフ休養所があったらしい。「独身者の家」、「病院」、「歯科」、「産科施設」などが完備され、工場の購買施設では安くて良質な食料品や衣服、日用品が簡単に手に入った。やはり図書館や閲覧室が完備され、工場雑誌の発行まで行われていた。教養クラブ、スポーツクラブ、家政学校、工場合唱団、工場管弦楽団などの諸団体もあり、従業員とその家族が有意義に楽しく余暇を過ごすことが出来たのである。ナチズムの現実は、民族共同体の枠組みの中とはいえ、高度な社会保障や保険制度の充実や、社会教育としての図書館の設置、さらには自然を重視した労働環境の整備や労働者への娯楽の提供に主眼が置かれていたことがわかる。

マルクスを読む

村野藤吾が宇部窒素工業事務所棟や宇部油化工業の工場の設計を終えると、大東亜戦争が始まった。昭和一六（一九四二）年一二月八日から幕を開けた戦争中に、建築の仕事が閑になった村野はマルクスの『資本論』を読んでいた。正確には、河上肇の『資本論入門』である。

松隈洋と竹内次男が、村野の長男・村野漾に向けて行ったインタビュー（『村野藤吾建築設計図展カタログ　6』「インタビュー：村野藤吾の一九四〇年代」）には、昭和一六年に小学校一年生だった漾が、そのころマルクスを読んでいた父の姿を見たと語っていた。

「あの人は、けっして反戦主義者ではなかったけれど、戦争賛美のタイプでもないし、多くの日本人と共通した、戦争には負けない、という思いを持っていた。何でそう言うかというと、村野はね、マルクスの『資本論』を、そういう角度からは読んでいなかったんです」

そして、つぎのようにつづけていた。

「当時、うちにはプロレタリア文学の本もたくさんありました。小林多喜二の『蟹工船』とか、徳永直の『太陽ない町』〔※1〕とかね。村野もそういうものを読んでいたんですが、検兵《ママ》から追われるような思想の持ち主ではなかった」

京都のドイツ文化研究所の設計でナチ政権下のドイツ赤十社からローテクロイツ名誉賞を授与されて以来、村野は渡邊翁記念会館や二代目宇部銀行、あるいは宇部窒素工業事務所棟にナチの意匠や柱列を刻んでいた。そんな村野が興味を持っていたマルクスとは何であったのか。近代史を振り返るとき、左右の混濁のスタートが大正期に入ってすぐの京都での河上肇と近衛文麿の出会いにあったことを見ておく必要がある。

というのも河上は『日本尊農論』（明治三八年一一月刊）を書いたように、もともとは帝国主義的な農本主義者であったからだ。ところが次第にマルクス主義に傾くのである。実際、大正元年から二年にかけて京都帝大で助教授だった河上からマルクス主義を学んだ近衛文麿が、大正七年一二月発行の『日本及び日本人』で「英米本位の平和主義を排す」と題し、イギリスとアメリカを「経済的帝国主義」と罵倒していた（『近衛文麿　清談録』）。その時期が、村野が卒論「都市建築論」を発表した直後でもあったのも面白い。

こうして英米流の自由主義、すなわち明治開国以来のグローバリズムと対峙しはじめた近衛は、昭和一二年六月に第一次近衛文麿内閣を立ち上げると、八月には国民精神総動員実施要綱を決定するのである。以来、政府側から日本版ファシズムを牽引するが、一方で世間の評判はすこぶる良く、昭和一二年六月一〇日付の『日本学芸新聞』（「近衛内閣の出現」）も、「超前内閣ではあるが、世間の評判はなか〳〵よささうである」と持ち上げた。

九月一一日に近衛が東京の日比谷公会堂で演説したのは「東洋の道徳」と「西洋の文明」の「総

合調和」のうえに「新しき世界に貢献すること」であった（『国民精神総動員資料　第一輯　国民精神総動員について』）。

その帰結として昭和一五年一〇月に大政翼賛会が立ち上がり、西欧列強の植民地からのアジア解放をスローガンにした大東亜戦争へ突入するのである。竹山道雄は、こうした左右の「革新」運動によって戦争へ飛び込んだ当時の空気を、「いかに軍人のあいだに革新気分がみなぎっていたかおどろかされる」（『竹山道雄著作集　1昭和の精神史』）と語っている。その意味で、大東亜戦争は左右両翼の「革新」によって用意されたのであろう。

ところで、かつて山口文象《やまぐちぶんぞう》の門下だった渡辺豊和（京都造形芸術大学教授）が、村野を話題に出したとき、山口は村野への「憎悪感」むき出しで、「ムラノ？　何がいいんだ」と怒鳴った話を『文象先生のころ　毛綱モンちゃんのころ』で披露していた。グロピウスのアトリエに在籍した経験のある山口の村野への嫌悪で思い出すのは、社会主義からファシズムへの転向組に向けられた左翼側からのそれである。渡辺は、あるとき京都の都ホテルで会ったとき、村野から赤の傍線があちこちに引かれた「岩波文庫の『資本論』」を見せられたが、「これは村野一流のポーズでもあったのではないか」と意味深なことを述べている。面白いことに井上章一も同じ指摘をしており、『資本論入門』を読むこと自体が、村野にとって「財界方面への宣伝」のための「一種の知的なアクセサリー」だったと語り、資本家たちに向けたそんな「ポーズ」にこそ、意味があったと暴露していた（『井上章一　現代の建築家』）。また、笠原一人などは、「資本主義のメカニズムを読み解くための教科書のようなもの」〔※2〕だったのではないかとも解説している。

村野のマルクス趣味が、コミンテルン賛美のそれと異なっていたなら、河上の『資本論入門』を読みつつ、渡邊翁記念会館にナチの鷲をデザインしたり、ナチの柱列を組み込んだりした姿にも納得がいく。おそらく村野はマルクス主義の基層を共有する「人間中心主義」のファシスト建築家だったと見て、大きな間違いはないのであろう。

実際、渡邊翁記念会館に刻まれた村野のデザインが、「ワシの姿と×印のモチーフ」をはじめ、「明らかにナチスのシンボルを意識」していると藤森照信は『日本の近代建築（下）―大正・昭和篇』）で語っていた。また、その理由もふるっていた。

「村野が、ナチスの、国家社会主義的によって資本主義の矛盾を一掃し貧困を解消する、というスローガンに引かれたのはしかたない。台頭期のナチスへの評価は、今とちがい、世界の良心的な人々の間でもけっして低くなかったし、昭和一二年に協定を結ぶ日本では特にそうだった」

それは経済政策でも、雇用政策でも、さらには産業技術の発展でも、当時は成功していたナチの現実を知れば当然であった。特に宇部はドイツの高度な化学技術や、公平で公正なナチズムの社会システムを模倣しようと努力した場所でもある。村野の「様式の上にあれ」の絶叫は、ファシズムを受容したクローズド・コミューンとしての宇部だからこそ、大きく開花したともいえる。ときに排外的な郷土意識とされた「宇部モンロー」について、『俵田明伝』は「民権を結束して政治的に強い団結を遂げ、郷土自治のわが道を歩んできた」という見方をしている。

村野はナチを憧憬したのと同じ視線で、ヒューマニズムの立場から『資本論』も愛読したのであろう。

〔※1〕昭和四年に『戦旗』に発表された「太陽のない街」のこと。

〔※2〕笠原一人「村野藤吾の旧大庄村役場をめぐって」(『地域史研究』第三三巻第二号)。

V

戦後の風景

宇部興産ビル（現、ANAクラウンプラザホテル宇部・平成27年5月）

産業祈念像

俵田寛夫と彫刻家の山内壮夫《やまのうちたけお》が並んで座っている写真が俵田家に残されていた。二人の間に置かれているのが、昭和三一（一九五六）年一一月一日に戦後復興のシンボルとして真締川公園に設置され産業祈念像のミニュチュアである。その制作者が山内であり、ポートレートの台紙に「34・12 山内氏と共に（岡田さんへの記念品）」のペン書きが添えられている。

産業祈念像のミニュチュアを前にする俵田寛夫〔左〕と山内壮夫〔右〕（昭和34年12月撮影・俵田家蔵）

産業祈念像の除幕から三年が過ぎた昭和三四年一一月に、宇部興産の副社長だった岡田完二郎が宇部興産の副社長を退職した。そこで翌一二月に産業祈念像のミニチュアを寛夫が岡田にプレゼントした際に写したポートレートだったのである。

実は、GHQによって古河鉱業の社長の座を追われた岡田（昭和二一年一二月にパージ）を宇部興産の副社長に迎えたのが俵田であった。その俵田が昭和三三年三月に他界したことで、岡田も任期満了を待って宇部興産を去ったのである。俵田寛夫が『岡田完二郎さんの思い出』で語るところでは、岡田の妻の兄が寛夫の東大時代の恩師・佐々木道雄であったことも、岡田との縁をつないでいた。その岡田に山内作品のミニュチュアが進呈されたことは、山内もまた俵田の庇護を受けた彫刻家であったことを意味していた。実際、琴芝の俵田邸の本玄関には、少年が木の枝を担ぐ姿のブロンズが額装された「風の子」と題する山内作品が飾られている。同じものが西岐波の西光寺近くの弘長忠彬《ひろながただあき》さん（昭和一三年生まれ）の自宅にもあるが、それは父の務さんが宇部商工会議所専務だったとき、東京に住んでいた山内を訪ね、産業祈念像の製作を頼みに行ったことで貰ったものらしい。もしかすると弘長を山内の元に遣わせたのが俵田であったのかもしれない。

実は、宇部市では昭和三六年七月に常盤湖畔で「第一回宇部市野外彫刻展」が開催されて以来、大規模な野外彫刻の公募展「UBEビエンナーレ（現代日本彫刻展）」が隔年開かれている。戦後は〝彫刻の街〟で有名になったわけであるが、その端緒も山内の産業祈念像にあったことがわかる。

産業祈念像の建設の発端は、宇部商工会議所の会頭だった中安閑一が昭和三〇年六月に立ち上げた「宇部を花で埋める会」にあったといわれる。商工会議所、教育委員会、市役所の商工課や土木課、そして商店街の人たちや市民が協力して市街地に花を植え、戦後の荒廃から街を復興する官民協働の運動である〔※1〕。

それは長野県松本市の小学校教頭（小松一三夢《こまついさむ》）が昭和二七年四月に仲間たちと立ち上げた「街を花いっぱいにする会」から全国に波及した〝花いっぱい〟運動のひとつであったが、宇部ではこの流れから昭和三〇年一二月に「産業殉職者慰霊碑」の建立計画が表面化するのである〔※2〕。

当時、組織された建設委員会の面々はつぎであった。

三隅順輔〔宇部市長〕、中安閑一〔宇部商工会議所会頭〕、松本佐一、小山朝治、藤本兵吾〔三名は前同副会頭〕、俵田寛夫〔宇部興産常務〕、安近勲治〔宇部曹達常務〕、大久保五郎〔山陽化学工業〔※3〕常

務）、河野（沖宇部専務）、藤部祐雄（山口銀行支店長）、藤野隆三（宇部市役所総務局長）、藤田公一（農協組合長）、内田軍治（漁業組合長）、藤里マチ（婦人会長）、野中安治、酒田敏一（市議）、岩城次郎（宇部図書館長）（昭和三一年三月四日付『宇部時報』「モダンな〝火を教えた神像〟産業祈念像の構想きまる」）。

こうして昭和三一年三月二日にメンバーが一堂に会して相談して、山内壮夫に彫刻を依頼することになった、というわけである。

ところで明治四〇年八月に北海道（岩見沢）で生まれた山内は、昭和四年に東京高工芸校彫刻部を卒業して、昭和一四年から新制作協会に入った彫刻家だった。昭和一七年一〇月刊の『旬刊 美術新報（十月上旬号）』の表紙は、山内が製作したナチっぽい鷲羽を持つ古代武人姿の彫刻「空の防人」で飾られていた。これは新制作派第七回展「大東亜建設に捧ぐ」で共同制作した「パレンバン落下傘降下記念碑」の前面に据えられたファシズム的立像だったが、そのときは宇部と特に関係があったわけではない。

宇部の野外彫刻展につながる出来事は、戦後の昭和二六年一一月に東京都が主催した日比谷公園での第一回の野外彫刻展「秋の野外創作彫刻展」で展示された山内の「母子像」（『回顧七十年』）のほうであった。このときの材料が小野田セメント提供の白色セメントであった。その年は明治一四年に小野田セメントが創業して七〇周年の節目でもあり、翌昭和二七年五月には同じく日比谷公園で第二回目となる「春の野外創作彫刻展」にも同社は協賛し、六月から大阪市主催の移動彫刻展の形で中之島公園での野外彫刻展へと発展して全国的な話題になる。こうした小野田セメント側のデモンストレーションを、ライバル関係にあった宇部興産の宇部セメント側が見逃すはずはなかったのである。日比谷公園での彫刻制作者のひとりであった山内に、宇部でも戦後復興のシンボルとなるモニュメントの製作を依頼したとみるのが自然である。実際、山内に決まったとき、俵田寛夫がつぎのあいさつをしていた。

「宇部産業へ尽くされた無名の人々の努力をたたえ、物故者の遺徳も織り込み、さらに将来の発展を表徴するという考え方に立つて名称と設計を審査した。何を作るかについては近代都市宇部を表徴するに相応しくプロメテウス（文化の基をなした火を人間に教えた神）を想定した半抽象の男像を山内壮夫氏に依頼したい」

山内は、昭和三一年三月二八日に宇部入りした。そして現地を視察後、宇部商工会議所（旧同仁病院）を会場にして、「九尺ぐらいのブロンズ像で三人ぐらいを組合せたもの。即ち団結の強さを表現する」彫刻を造りたいと語ったのである（昭和三一年三月三〇日付『宇部時報』「団結表徴のブロンズ」）。

しかし五月二四日付の『宇部時報』で発表されたデッサンは、最初の構想から大きく変更されていた。現在のものとほぼ同じ、スコップを持つ男と女のモニュメントになっていたのである。またこの段階では、「下の台の正面にハンマー型の小さい彫刻を置き、それに〈宇部の土地に眠りし人々よ、安らかなる夢の中より、われらとともに明日を祈らん〉といった意味の詩を刻んだらと思う」と山内が解説していた。

興味深いのは「三人ぐらいを組合せた」そのときの構想が、昭和三五年三月に俵田翁記念体育館前に完成する「若人像」に持ち越されたことである。ちなみに台座にハンマー型の小さい彫刻を置いて詩を刻むというアイデアは実現されず、「宇部の土地に眠りし人々よ…」の詩は、御影石にほぼ同じ内容の「宇部の土にねむる人々よ　やすらかな夢のなかから　われらとともにあしたを祈ろう」の詩として刻まれているだけである。

ところでスコップをモチーフにした男女像へのデザイン変更は、渡邊翁記念会館内に置かれていた木製椅子の側面の図柄を彷彿させる。丸型と角型の二本のスコップが交差し、そのうえに歯車が描かれている意匠である。このデザインは村野事務所にいた杉浦巴〔※4〕の手仕事というが、後年まで村野はこの意匠を気に入っていたらしい（『SPACE MODULATOR 52』「村野藤吾氏に聞く　宇部市民館のことなど」）。ナチの映画『意志の勝利』（レニ・リーフェンシュタール監督）に登場する国家労働奉仕団の旗にもスコップがデザインされているように、それはファシズム期の労働奨励のシンボルだった。面白いのは松隈洋が「宇部市民館　―新出資料から見えてきた設計プロセスと村野藤吾の方法論―」（『村野藤吾設計図展　11』）で紹介した「ホールの木製長椅子」の側面の文様が、三本の花の絵で、「花ノミスカシ」の文字が見えることだ。最初は花弁の部分だけ刳りぬいた透かし彫りを予定していたが、これも後に二本のスコップの交わる前掲の図柄に改変されていたのである。それは館の入口の両側に設置されている宮島久七の労働者の彫刻と対をなす炭鉱労働者たちのレリーフともつながっていたのだろう。山内が手がけた産業祈念像のスコップは、ファシズム期の宇部の記憶の刻印であると同時に、未来に向けた復興精神のシンボルとして焼き直されたように見える。

〔※1〕昭和三〇年六月三〇日付『宇部時報』「荒み勝ちなゴ時世に　みんなで作ろう！〝花の都〟」。

〔※2〕昭和三〇年一二月一六日付『ウベニチ』「市制三十五周年記念に産業殉職者の慰霊碑」。
〔※3〕山陽化学工業は宇部油化工業の後身会社。宇部油化工業が戦争末期に帝国燃料に吸収され、戦後は山陽化学工場と社名を変えた（『歴史の宇部　戦前戦後五十年』）。
〔※4〕杉浦巴は、村野事務所の最初からのスタッフ。戦時中に退き、山口県庁を経て戦後は早稲田大学施設部長になる（『村野藤吾研究　第2号』・柳眞也「まぢかで見た村野藤吾」）。『早稲田大学百年史　第四巻』によると、杉浦は昭和一五年一〇月から同二四年三月まで早稲田大学の教員として「建築計画」や「設計図及製図」、「建築装飾」を教え（八五二頁）、昭和二二年三月には「営繕課」に籍を置き（四三六頁）、昭和三二年の時点で「施設部長」であった（一一一六頁）ことがわかる。

戦後復興と満洲国

大東亜戦争で宇部が米軍の攻撃を受けたのは、宇部窒素工業や宇部油化工業などが軍需工場だったからだ。このため市街地は焼夷弾攻撃を受けて焼け野原となり、敗戦を迎えた。

戦後復興は新川市街地の緑化からはじまる。宇部市長の西田文次に造園家の折下吉延《おりしもよしのぶ》が招かれ、市の緑化顧問になったところから、それが幕を開けるのだ。昭和三〇（一九五五）年六月に宇部で立ち上がった「宇部を花で埋める会」の更なる伏線が、そこにあった。

むろん緑化運動それ自体が、戦後にはじまったものではなかった。戦前からファシズム国家で自然保護運動が盛んだったことは、例えばナチ・ドイツで昭和一〇年に「帝国《ライヒ》自然保護法」が制定されていたことでも明らかである。ナチの宣伝映画『意志の勝利』（レニ・リーフェンシュタール監督）に登場する労働奉仕団も、「我々は木を植え森を茂らせる」と声高に宣言していた。日本でも昭和一三年一月六日付の『宇部時報』が「緑化報国運動『奉公木』植樹」と題して報じたように、植樹運動が盛り上がっていた。付言すれば昭和一四年五月一五日付の『大宇部』も「宇部と緑化運動」と題し、内務省土木課の提唱で山口県下一斉に「都市緑化週間」となると報じている。

しかし内地より、むしろ満洲での植樹運動のほうが徹底していた。実は戦後宇部の緑化運動を指導した折下も満洲国の首都・新京（現、長春）の緑化事業の担い手だった。折下と部下の佐藤昌、佐藤の部下の山崎盛司、その三人の満洲組により戦後宇部の緑化運動は進められたのである。

佐藤は宇部の戦後復興に際して、折下から有能な技術者を求められ、満洲時代の部下のひとり山崎盛司を紹介したと『緑で公害から町がよみがえるまで』で明かしている。

折下は、明治一四（一八八一）年に東京麻布の旧新庄藩主戸沢《とざわ》子爵邸で家令の子として生まれていた。その後、明治四一年に東京帝国大学農科を卒業、大正三年に橿原神宮林苑整備事業に従事した。明治神宮造営局林苑課に勤務したのが大正四（一九一五）年で、大正一二（一九二三）年九月の関東大震災により、以後は東京市長の後藤新平のブレインとして帝都の復興に力を注ぐのだ。そして復興局の経理部長だった十河信二の満鉄の理事就任にともない、自身も昭和七年七月に渡満したのであった。こうして満鉄東亜経済調査会と満鉄調査部の嘱託となり、旅順、奉天、新京、ハルビンなど満洲の主要都市の街づくりを担うのである。

その後の行動は『折下吉延先生業績録』に詳しく、満鉄奉天事務所長の関屋弟蔵が昭和一二年一二月に新京特別市副市長になり、直木倫太郎や岸田日出刀らと共に折下が新京の街づくりの顧問になっていた。このとき直木が、「首都は緑と花の豊富な公園都市的なるものにするのが良い」と提案したことで、折下の指導で「緑と花の」公園都市として新京の都市公園化計画が進むのである。その折下が、今度は佐藤昌を招聘したのである。

佐藤が『あゝ満洲』の「新京の公園」で語るのは、昭和一三年春に満州に渡ると、新京の「シビックセンターとしての大同公園」をはじめとする緑地事業を手がけた話である。なかでも満洲建国大学に近い南嶺の総合運動場近くに、折下の提案で造られた巨大な動植物園（『折下吉延先生業績録』）が印象に残っていたらしい。「新京に建設　東洋一の動植物園」と題して昭和一三年八月六日付の『大阪朝日新聞〔満洲版〕』が報じた記事には、三年がかりで南嶺国立総合運動場の西隅に一三万八〇〇〇坪の広大な動植物園を造る計画が見える。その構想は、満洲国内の動植物を集め、動物は「無柵式放養場」で飼育するというものだった。

この「無柵式」は、ナチ政権下のハンブルグのハーゲンベック動物園が行っていた方式である。ハーゲンベック式といえば無柵式の代名詞でさえあった時代で、これをモデルにした動物園を佐藤が新京で手がけたのである。ヒトラーが環境保護の目的から造園家アルヴィン・ザイフェルトを起用してアウトバーンの緑地帯を充実させたように、満洲における折下及び佐藤の役回りも、荒地の大陸を緑の都市に再生することだった。

実に、こうした折下—佐藤—山崎の満洲時代の上下関係が、そのまま戦後の宇部に流れ込み、戦後の「花と緑の」街づくりが始まったのが面白い。

山崎は宇部への赴任について、昭和二五年の「夏のころ」に建設省から話があり、「ほとんど確定していた千葉大行きから宇部行きへと切り替えられました」と『緑で公害から町がよみがえるま

新京っぽい昭和26年の50メートル道路（『目で見る宇部の歴史より』）

で』で語っている。こうして昭和二五年の秋に新川駅に降り立ち、宇部市役所の都市計画課の「部下一人いない一人ぼっちの公園係」になるのであった。

宇部市役所の『人事記録綴』によれば、山崎は「都市計画課工事係」として昭和二五年一〇月一七日に着任し、昭和二九年四月一日に「都計下水課公園係長」、昭和三六年六月一日に「公園緑地課長」になっている。退任は昭和四八年七月三一日である。

山崎は、最初は僅か五〇万円の予算だけで宇部の緑化事業に取り組む。そして翌昭和二六年の春から五〇メートル道路（戦後の常盤通り）の街路樹「プラタナス」を植え、さらには高速車線と緩速車線の分離帯に公害や潮風に強い「とうしゅろ」を植えていった。宇部市役所の庁舎は昭和二九年一〇月に第一期工事を終え、同三〇年一〇月に第二期工事が完了するが、この間に撮影された風景写真に、植樹後間がない街路樹が見える。

幅員が五〇メートルもある巨大道路として生まれ変わった常盤通りも、大きく見れば新京の都市計画の焼き直しであった。とくにミニ新京っぽいのが幹線道路と植樹したロータリーで結ぶあたりであろうか。宇部では五〇メートル道路にプラタナスが植えられたが、新京ではポプラに近い「ドロノキ」が重用された。

新京駅近くの東公園や西公園から、少し下って大同広場近くの白山公園、大同公園、牡丹公園、順天公園など、多くの公園が『新京観光地図』（山口県文書館蔵）に描かれている。都市公園法は昭和三一年に制定されたが、その発想も満洲がモデルであり、宇部の戦後復興計画においても、「植樹を主体に造園施工され、大公園一か所、児童公園六か所が設けられた」と『宇部市史　通史篇下巻』は語る。これも新京の街づくりの焼き直しに見える。

実は、山崎が手がけた常盤公園の動物園化も、こうした動きの中で折下の指導のもとで昭和三一年から着手されていた。有名な白鳥一〇〇羽の放養も、折下のアドバイスによる。その結果、昭和三二年七月にオランダとドイツから五〇羽の白鳥が輸入され、昭和三五年には「待望の一〇〇羽」となるのである（昭和三五年七月七日付『広報うべ』）。

そもそも常盤公園の歴史は大正一三年に常盤湖畔七〇〇〇坪を渡邊祐策が購入し、宇部市に寄贈したことにはじまっていた。ところが早くも昭和七年に折下は宇部市に招かれ（当時の市長は国吉信義）、公園化のための「計画の大綱」を任されていたのである。戦後の常盤公園の動物園化は、折下の中では戦前から継続された事業だったことになろう。

実際、昭和三一年度を初年とする「常盤公園開発計画」（『白鳥のしおり』）には、「自然放養式動物園」と見える。佐藤昌が満洲時代に「無柵式」として手がけた新京の動植物園と同じ手法を、常盤公園に応用していたのだ。

常盤池に白鳥を放つアイデアも、折下が皇居外苑保存協会の理事であったことに関係があった。昭和二八年一二月に〈白鳥をお濠に放つ会〉の斡旋で、上野動物園とドイツのハーゲンベック動物園から折下が理事を務める皇居外苑保存協会に二四羽のコブ白鳥が寄贈されたことで、白鳥が東京名物になっていたのである。これに倣って常盤公園開発計画のひとつとして、折下が白鳥百羽放養を提案し、昭和三二年の常盤公園の白鳥湖誕生を迎えたのだ。『折下吉延先生業績録』は、「常盤公園開発整備計画（面積約十二万坪）の一環として園内に白鳥湖の誕生を見、灰の都の白鳥として話題を天下に布いた蔭の人は先生であった」と明記している。

これには更なる後日談があった。白鳥放養式の日に宇部市長の紀藤閑之介が読んだ式辞の表に「宇部市公園課長様」と書いてあったのを折下が見つけ、公園課が出来てないのにそう書いてあったことで、「市民が認めている公園課を市長がつくらないのは、市民を冒涜するもの」と食い下がったのが契機となり、昭和三四年に宇部市に全国で一三番目の公園緑地課が設置されていた。宇部市の公園緑地課の生みの親も折下だったのである。

面白いのは、渡邊祐策の遺族（孫の渡邊浩策）から一〇〇万円の寄付を受けて常盤公園に「熱帯動植物館（熱帯館）」の建設計画が進みはじめたのが、同じ昭和三四年だったことであろう（昭和三四年一〇月七日付『宇部時報』「ときわ池畔に渡辺熱帯植物園」）。

翌年には東岐波で長年サボテンの研究をつづけてきた伊藤芳夫に協力を仰ぎ、「大サボテンセンター」の建設が具体化されている。昭和三五年四月一七日付の『宇部時報』は「常盤公園に大サボテン園」と題してサボテンの種子をドイツから取り寄せ、温室用のガラスは宇部曹達のセントラル

「こちら市役所」に登壇した山崎盛司〔左〕と上田芳江〔右〕
（横川ひろ子さん提供）

硝子からの寄付の申し出があると報じている。これが後のサボテンセンターになるわけだ。

折下の意向を受けた山崎盛司は、昭和三六年一月六日付の『宇部新聞』で「一九六一年のわが夢㊤」と題し、テニスコートになっていた渡邊翁記念会館前の広場を緑に満ちた公園にしたいと語っていた。村野の建築に似合う、洋風の公園にするというのである。

渡邊翁記念会館の前庭の緑化は、昭和三七年三月二日に「市民の森推進委員会」が結成されて進められた（同年三月三日付『ウベニチ』「百三十万円を目標に市民の森推進委が発足」）。宇部市医師会やライオンズクラブ、中央銀天街の商店主たちがクスノキなどを植えたのは、昭和三八年三月から四月にかけてである〔※1〕。折下が「宇部木緑化功労者」として招待表彰されたのは昭和四一年一一月一日だった（『折下吉延先生業績録』）。

奇しくも本稿の執筆中に、山崎盛司の娘である横川ひろ子さんが千葉県白井市神々廻《ししば》に健在であることが分かり、宇部時代の父親の写真を送って戴けた。その一枚に昭和四六年六月から同五〇年三月までTYSで放送された「こちら市役所」でのスナップ写真があった。向かって左に山崎、右に上田芳江が写っているポートレートである。昭和四七年五月三一日の「春の花壇コンクール」の放送で、公園緑地課長の山崎が登壇した時〔※2〕に写されたものではあるまいか。

〔※1〕『緑化運動のしおり』（一九七〇〔昭和四五〕年）「市民の森一覧表」。

〔※2〕昭和四七年五月一五日付の『広報宇部』の「テレビ放送番組」欄に、「ＴＹＳ20チャンネル」として「5／31　春の花壇コンクール　公園緑地課長・表彰団体」を放送する予定が記されている。

消えた宇部図書館建設プラン

村野藤吾の設計した宇部図書館の設計図が、京都工芸繊維大学美術工芸資料館に残されている。昭和二四（一九四九）年一月三一日に描いたものだ。すでに述べたとおり、その図面から起こした模型を平成二七（二〇一五）年八月に東京の目黒区美術館での企画展での展示模型で見た（Ⅲ「よみがえる作品」）。松下迪生《まつしたみちお》（京都工芸繊維大学大学院博士課程）によれば、昭和五年の二度目の洋行で村野が目にしたストックホルム市立図書館のコピーではないかという（『村野藤吾建築設計図展カタログ10』「宇部図書館計画案―〈本歌取り〉にみる創意―」）。

結論から言えば、その宇部図書館は造られないままで終わる。宇部市側の冨重洋さんは、「村野先生はご自分のお住まいになっている宝塚の市役所を設計されたとき、宇部図書館でやろうとしていたこの設計を応用されておられます」と教えてくれた。昭和五五年に出来た宝塚市役所に、宇部図書館の図面が流用されたらしい。

平成三年一〇月に開館した現在の宇部市立図書館は、真締川沿いの旧宇部紡績株式会社の跡地（琴芝町）にある。それまで宇部市島にあった図書館は、昭和二六年から翌二七年にかけて計画さ

村野藤吾の「宇部図書館建築設計図」のコピーといわれる宝塚市役所庁舎（宝塚市役所提供）

れ、二八年二月に落成していた（『宇部市史　通史篇　下巻』）。

村野の宇部図書館プランが頓挫し、島の図書館が建設された背景と思われる記事が、昭和二四年五月四日付の『宇部時報』に見える。「口約無視を詰問　図書館敷地で」とタイトルにあるように、図書館建設を巡って共同義会と宇部市の間にトラブルが生じていたのだ。

詳細に触れる前に、宇部の図書館の歴史のスタートが、明治三八（一九〇五）年一月五日に宇部小学校の校舎二階の一室に開館した「図書室・閲覧室」という話からはじめたい。日露戦争で日本軍が旅順入場した記念として、共同義会が開設した小さな図書館である。

その後、昭和六年九月に満洲事変が起きると、読書傾向がマルキシズムの本からファッショ方向に全国的に一転する（昭和七年七月二日付『読売新聞』「がらりと変つた図書館でのよみもの」）。作家の直木三十五でさえ、「僕は、光輝ある読売新聞を通じて、僕が一九三二年より、一九三三年まで、ファシストであることを、万国に対して、宣言する」と昭和七年一月八日付の『読売新聞』で「ファシズム宣伝」をしたほどだった。

面白いことにファシズムの勃興は、文化施設としての図書館の開設運動を誘発した。宇部では昭和一〇年四月に沖ノ山炭鉱に図書館を開設する計画が浮上し（Ⅳ「二代目宇部銀行」）、渡邊翁記念文化協会が一〇万円の予算で図書館建設案を出している（昭和一二年一月三一日付『宇部時報』「市制記念日迄に図書館」）。また、昭和一三年一一月一〇日付の『大宇部』の「明日の宇部を語る」でも、「やはり図書館がなければいけませんでせうなあ」との発言が見える。

すでに見たように、ナチ・ドイツでもシーメンス社やクルップ社は、図書館まで備えた企業経営を行っていた（Ⅳ《シーメンス社とクルップ社》）。社会教育を担う図書館がファシズム期に必要とされた中で、宇部でも昭和一八年一一月に待望の市立図書館が新川講堂の中に開設されるのである。この図書館は昭和一五年一二月以来、新川講堂に入居していた商工会議所が昭和一八年六月に解散したことで、商工会議所側が一万円を添えて宇部市立図書館とする条件で、建物ごと市に寄付した結果だった。ただ、残念ながら大東亜戦争で新川講堂そのものが焼失し、図書館も灰と化したのである。

そこで戦後の昭和二一年一一月に上宇部国民学校内に改めて図書館が開かれる（『宇部市史年表』）。また、これとは別に昭和二三年一月二四日に共同義会が神原公園の敷地内に改めて図書館の建設計画を立ち上げていた（『宇部共同義会史』「神原公園の図書館敷地」）。

共同義会の理事であった俵田明の依頼で、村野が「宇部図書館建築設計図」を描くのが、それから一年が過ぎた昭和二四年一月三一日だったわけである。だが、事件が起こる。

昭和二四年二月一六日付の『防長新聞』に、「俵田、篠崎両氏護送　炭管事件　舞台東京へ移る」と報じられたのが、それだった。いわゆる「炭管事件」であり、俵田は六五歳になっていた。

未だ占領下のなかで、実業の方でも宇部興産を窒素工業、セメント製造、鉄工所、沖ノ山炭鉱の四社に分社化することを求めてきたＧＨＱと、俵田は戦っていた。それがようやく一区切りついた矢先の逮捕劇だったのだ。

戦後復興で石炭と鉄を基幹産業とする傾斜生産方式を導入したが期待通りの成果が得られず、社会党の片山哲内閣が炭鉱国有化案を出してきたことで、俵田は昭和二二年八月に「宇部自由企業擁護連盟」を結成し、国家管理に反対する運動を展開していた。このことで議員への金銭供与の嫌疑がかけられ、昭和二三年一一月からはじまった捜査で、ほとんど無実の罪で逮捕され、前掲の新聞記事になったわけである。むろん一緒に捕まった沖宇部炭鉱を経営する篠﨑久治〔※１〕も事実上の冤罪だった。

こうして俵田の行く手が阻まれて二ヶ月余りが過ぎた昭和二四年五月四日に、前出の『宇部時報』の記事「口約無視を詰問　図書館敷地で」が出たのである。共同義会が神原公園に図書館建設を計画し、宇部市長の西田文次と約束をとりつけながらも、西田が裁判所検察庁に敷地を貸与したことで当初の計画が宙に浮いたというトラブルである。それもまた村野が図面を描いて三ヶ月余り後で、共同義会も翌昭和二五年五月二日に消滅するという戦前から戦後への転換のタイミングで起きた事件だった。

「〝余剰金八百万円〞を寄付　有終の美を残し宇部共同義会解散」と『山口日日新聞』が報じたのが五月四日であった。共同義会は残金を全てを新たな図書館建設に投じる覚悟を決めて解散したのだ。俵田は昭和一六年六月から共同義会の理事を務めていたが、村野を庇護してきた力も、ここに潰えたことになろう。

面白いことに、これと入れ替わるように、市制三〇年を迎えた昭和二六年に新図書館が誕生していた。同年一二月五日に渡邊翁記念会館内の一部に広島ＣＩＥ図書館宇部分室が開設されたのだ。連合国軍総司令部ＧＨＱの民間情報教育局（ＣＩＥ）が日本各地に設置した図書館のひとつである（昭和二六年一二月八日付『ウベニチ』「ＣＩＥ図書館宇部分室　市民待望のうちに開館」）。ＣＩＥ本部がＧＨＱの幕僚部の一局として皇居前の第一生命ビルに開設されたのが昭和二〇年九月で、同二五年までに人口二〇万人以上の二三都市にＣＩＥ図書館が開設されていた（『図書館の日本史』）。その翌年に宇部にも開設されていたのだ。

昭和二六年一二月九日付の『ウベニチ』は「〝喫茶文庫〟非常に好評博す」と題する小さな記事を載せた。戦後すぐ、上宇部国民学校内に置かれた宇部市立図書館の新たな試みとして、市内のいくつかの喫茶店に三〇冊ばかり本を置き、喫茶文庫にしたらしい。

敗戦後のＧＨＱによる民主化は、一方で戦前から継承されていた俵田明―村野藤吾の文化政策を破壊したのである。その亀裂から噴き出すように、昭和二八年二月に島の図書館が開館したわけであるが、一方で村野個人には面白い動きも起きていた。

昭和二八年二月一〇日付の『朝日新聞』（「石川寅治氏に恩賜賞」）が報じたのは、村野の芸術院賞受賞の記事であった。五月の総会を経て、下旬に授賞式が行われると報じたのだ。還暦を過ぎてはいたが、村野に戦後の第二幕が開いたことを意味していた。

〔※1〕宇部市長の三隅順輔の実弟（『昭和山口県人物誌』）。三隅と篠崎家の関係については『唐津正一さんに聞く』

（非売品）に詳述した。

ダムと観光

俵田家に、工事中の厚東川ダムの写真が残されていた。それは水力発電施設の工事風景だった。厚東川ダム自体は昭和一五（一九四〇）年一二月に総工費九〇〇万円の予算で、三ヶ年計画で着工されたが、大東亜戦争勃発で資材と労働力が不足して中断し、戦後に持ち越されたのである（『宇部産業史』）。

宇部興産の部下であった中安閑一（専務）を引き連れ、俵田が厚東川ダム工事を再開の打ち合わせのために山口県知事の田中龍夫を訪ねたのが昭和二三年五月二六日である（同年五月二八日付『防長新聞』「厚東川発電所工事の進行へ」）。

戦後の復興も化学工業から手をつける必要があったのだ。このため水力エネルギーの供給源として厚東川ダムの完成を強く求めたのである。昭和二〇年九月一〇日付『防長新聞』でのインタビュー記事「石炭は老齢期　余る〈水〉を活かせ」での発言がそれであった。

このとき俵田は、「われわれの古い考へ方はこの際一掃して新しき宇部、青年宇部の建設が要望される」と改革論をぶちあげていた。新たな発展のために「立地条件」、「水」、「人」の三つをあげ、このうち不足している「水」こそが、未完の厚東川ダムの完成により実現すると豪語したのである。この発言が昭和二三年五月の厚東川ダム工事再開を導き、ダムの完成後は宇部興産の窒素工場への電力供給用として、昭和二四年二月に起工されるダム水力発電所の工事（昭和二四年二月一九

厚東川ダム工事中（俵田家蔵）

日付『宇部時報』）を導く。

厚東川ダムの水力発電所は、昭和二五年三月二〇日に竣工する（同日『山口日日新聞』「人工の大水郷実現　二十日盛大な竣工式」）。前掲の工事風景もこの時期のものだろう。

時を同じくして俵田が首を突っ込んだのが山口県の観光事業だった。厚東川ダムの工事再開時と重なる昭和二三年五月二九日に柳井町（現、山口県柳井市）で山口県観光協会の第一会総会が開かれ、俵田は会長に推される。この席で年六回の機関誌や観光案内書の刊行や西日本映画社とタイアップした映画『美しき防長』の製作が決まるのだ（昭和二三年六月一日付『防長新聞』「会長に俵田氏　観光協会役員改選」）。

文化好きの俵田には、文化による郷土復興も急ぎたいとの思いがあった。映画製作は順調に進み、下関から山陽本線で上り、あるいは須佐から山陰線を下って山口までを一一月から二ヶ月かけて撮影することが決まる（昭和二三年一〇月二三日付『防長新聞』「すすむ映画〝観光と産業の山口県〟」）。

しかしすでに見たように、俵田は昭和二四年二月に「炭管事件」に巻き込まれ、東京の小菅刑務所に収監された心労から、心臓病を患い慶応病院に入院したのである〔※1〕。昭和二四年五月五日付の『防長新聞』が「県観光協会九日理事会」と題して山口商工会議所の会議室で理事会を開き、「役員の改選」を行ったのも、俵田の逮捕を受けたものだろう。

一方で映画の方は『観光と産業の山口県』というタイトルで昭和二四年秋にどうにか完成に漕ぎつく。その紹介記事を同年一〇月一三日付の『観光の山口』（『山口県新聞』付録）で見ることができる。

年老いてゆく俵田だったが、敗戦後は新たな戦いがはじまっていたのだ。

〔※1〕『社報　特集　故俵田社長追討号』での「喪主俵田寛夫氏の挨拶」で、昭和二四年に慶応病院に入院、昭和三〇年一〇月に心房細動による肺血栓、昭和三二年夏に心臓並びに気管支拡張症となったと病気の経過を報告している。

幻の宇部鉱業会館

現在、真締川右岸の相生町に建つＡＮＡクラウンプラザホテル宇部（Ｖ扉写真）は、村野藤吾の設計で昭和五八（一九八三）年に竣工した。もとの名は宇部興産ビルである（開業は同年一一月）。かつてその場所には新川小学校があったが（開校八〇周年の記念で建てられた「新川小学校跡地」の石碑がある）、空襲で焼け野原になったその地に、宇部鉱業会館の建設が計画されていたことを知る人は、今ではほとんどいない。その設計者が村野であったことを知る人は、さらに皆無だ。だが、当時の設計図が京都工芸繊維大学美術工芸資料館に一八点、残されている。

これについて松下迪生《まつしたみちお》が、初期の名称が「労働会館（仮称）」であり、後に「宇部鉱業会館」に変更されたと述べていた（『村野藤吾建築設計図展カタログ　10』「宇部鉱業会館計画案―プロレタリアートの殿堂と都市の戦後復興―」）。後者の「宇部鉱業会館」の設計図は昭和二四年二月一三日から二月二六日の間に描かれているので、「宇部図書館建築設計図」（昭和二四年一月三一日設計）を作成した直後に村野が描いたことがわかる。

最初は「労働会館」の名だったので、労働者の福利厚生施設として構想されていたのだろう。集会や芸術鑑賞の場となるオーディトリウム、室内運動場、二五メートル温水プール、大小会議室、店舗などを備えた当時としては珍しい複合型の厚生施設だった。

その後、名称が「宇部鉱業会館」と変わった青焼き図面が、宇部市役所の文化・スポーツ振興課にも残されていた。

実は村野が「宇部鉱業会館」を設計する直前の昭和二四年一月一五日付の『宇部時報』が「宇部労働会館設立」と題して報じていた。

市役所が空襲で焼失したことで、渡邊翁記念会館に公共職業安定所、労働基準監督署、宇部労政事務所が入っていたが、これを移転するため、受け入れ施設として宇部労働会館の建設する予定を報じていたのだ。宇部市長の西田文次の仲介で、「起債約三百万円をもつて市役所北側付近の敷地（場所未定）に新庁舎が設置される」ことになり、宇部労働会館事務所建設組合（仮称）が設立され、二月上旬に創立総会が開かれ、「大体五、六月」に新庁舎の建設に取りかかるとある。

村野の宇部鉱業会館（旧・労働会館）プランは、この「宇部労働会館設立」計画と関係があったのではないか。昭和二四年三月二三日付の『宇部時報』は続報として「労働会館の建設等」と題し、三月に開催される市議会で社会党宇部職場支部が労働者の立場から意見を述べるとして、話し合いに向けた委員会を開くと報じている。

だが、その後の進展はない。やはり俵田明が失脚する昭和二四年二月の「炭管事件」の影響で、「宇部鉱業会館」プランも立ち消えになったのか。戦前と戦後の亀裂が浮かびあがる。

結局、『ウベニチ』が「労働会館設置本決まり」と題して報じたのは、二年余り後の昭和二六年六月二九日であった。この間に「宇部モンロー」の主体であった共同義会も消滅していた（昭和二五年五月）。その後、昭和二九年一一月一八日付の『ウベニチ』が「資金難の労働会館　見通しつき次第建設委任」と題して、二二〇〇万円の建築費のめどがつき次第、市役所に委任すると報じた。結局、常盤町一丁目に落成したのは昭和三一年九月である（昭和三一年九月一三日付『宇部時報』「労働会館の落成式」）。むろん村野の「宇部鉱業会館」（旧労働会館）プランとの連続性は、もはや不明である。

ところで昭和四四年の『ゼンリン住宅地図』で確認すると、「宇部鉱業会館」の予定地（新川小学校跡地）に「宇部興産株式会社　新川寮」と記されている。「宇部鉱業会館」プランが流れた後、その予定地だった空き地が宇部興産の社宅になったと冨重洋さんが教えてくれた。

「労働会館（宇部鉱業会館）について私はよく知りません。その後、そこに造られた社員寮というのも、われわれが造ったものではなく、バラックみたいな…、木造平屋のがあっただけです。そこに今の興産ビルが建つわけです」

宇部興産中央研究所

「炭管事件」の影響により頓挫した宇部図書館や宇部鉱業会館の計画、さらには共同義会の消滅という苦悩の中で、俵田明は渾身の思いで村野藤吾に仕事を与えようとした。自らが社長を務める宇部興産はGHQによる分社化を免れ、辛うじて戦前からの形を維持した。そのタイミングで村野に託したのが宇部興産中央研究所の設計だった。

昭和二六（一九五一）年七月に着工され、翌二七年七月に完成した中央研究所〔※1〕は、俵田が戦前から熱望していた施設であった。昭和一二年一〇月から翌一三年六月にかけての欧米を視察した俵田は、ヨーロッパの化学会社が持っていたような研究所を沖ノ山炭鉱にも造りたかった。高い研究力がイノベーションを生み、生産性を向上させ、社会を発展させることを知っていたからだ。しかし当時は世界恐慌などの影響で実現に至らなかった。それでも宇部窒素工業が軌道に乗ると工場内に試験室を設け、原料製品の分析や新技術の研究を行い、いずれ本化的な研究施設にする計画を温め続けていたのである。しかも、「引退したら研究所に一部屋をもらって、余生は本でも読んですごしたい」（『俵田明伝』）と語ったほどの熱の入れようだった。

冨重洋さんは、「中央研究所も俵田さんが村野さんに依頼したのです」と教えてくれた。最初は東京に造る話もあったようだが、工場に近い方が便利なので、宇部に造ったという。

「二階建てで、長さが七〇メーター。できたばかりのころは窓の上半分が村野の好きなガラス・ブロックで、下側が突き出しの窓でした。枠はスチールです。『宇部興産創業百年史』に見える写真（一八一頁）が、それです。ただ、すぐ近くを伊佐のセメントから石灰石を運んでくる鉄道が通っており、貨車の重みで振動が起きて、ガラス・ブロックがひび割れたので、昭和四〇年代にはサッシ窓枠になったと思います」

昭和32年刊『宇部興産創業60周年記念行事写真集』に見える宇部興産中央研究所。建物側面のガラス・ブロック窓や入口部分がよく分る

並行して俵田が進めたのが『宇部産業史』の編纂であった。昭和二六年一一月の市制三〇周年を機に、俵田が理事長を務める渡邊翁記念文化協会が庄忠人、山田亀之介、小島成美、西村秀兵衛を編集委員に任命し、藤井敏右が宇部産業の歩みをまとめた五〇〇頁を越える大著だ（『宇部産業史』俵田明の「序文」）。原稿は中央研究所の竣工直後にまとまり、昭和二八年一月に発行されている。

中央研究所の建設と、自らが進めたイノベーション史の記録『宇部産業史』の編集は、俵田にとっては技術革新こそが社会改良の手段という「革新」の具現でもあった。

今、宇部興産を訪ねると、外観に多少の改変はあるが、戦後の俵田―村野コンビで完成に漕ぎついた中央研究所の姿を見ることができる。

壁は灰色から白っぽく塗り替えられ、一階と二階共にサッシ窓に替わり、入口の長い庇が黒っぽい色になっている。しかし外観はほぼ昔のままだ。特徴は、庇の天井部のフォームに滑らかなカーブが多用されていることと、庇を支える柱にも前倒しの動きがつていることであろう。玄関ホールには建設当初からのガラス・ブロックが残され、柔らかな外光がホールの内部を今も美しく照らし出す。滑らかな手すりの付いた二階へ上がるテラゾー（人造石）の階段も、建物を使う人達への優しさが感じられる。

昭和三二年に発行された『宇部興産創業60周年記念行事写真集』では、建設から僅か六年しか経ってない中央研究所の全景を見ることができる。薄暗がりの中で、内部からガラス・ブロックを通して光が漏れる幻想的な姿である。

〔※1〕渡辺幸三郎は「中央研究所の着工」（『宇部興産六十年の歩み』）で、建物は昭和二七年六月三〇日に完成し、各事業所の研究部門が七月五日に移転してきたと語る。

宇部興産本社事務所

宇部興産中央研究所が建設中の昭和二六（一九五一）年一一月に、宇部市は市制三〇周年を迎えた。サンフランシスコ講和条約が発効して独立したのは翌昭和二七年四月で、七月に中央研究所は完成する。冨重さんは、「本社事務所は中央研究所が完成してすぐに村野先生が設計した建物です」と教えてくれた。宇部興産本社事務所の竣工は、昭和二八年三月である。

ただし湾岸道路が通ることになり、敷地を山口県に売却する際に建物は平成一二（二〇〇〇）年に壊された。このとき宇部工業会館も壊された。第五代社長の中東素男〔※1〕の時代である。

宇部市役所に残されていた本社事務所の写真を見ながら、「これは、かなり後になってからの写

宇部興産本社事務所の外観（部分・宇部市役所「文化・スポーツ振興課」蔵）

真ですね」と冨重さんが口にして、説明をつづけた。

「あとから重役の会議室が要ると中安（閑一）さんが言うものですから、三階部分の手前側は私が設計した増築部分です。それから左側の壁の側面に縦の線が何本か入っているでしょう。ここも最初はガラス・ブロックだったんですけど、割れてしょうがないものですから、アルミのパネルにやり替えたんです。パネルの間にガラスの窓があるというようにデザインをやり替えたんですよ。ただ、壁のタイルの色は最初からこんな感じでしたね。中央研究所よりもまだちょっと色が薄かったですね」

そこまで話して、突然思い出したように言葉を繋いだ。

「本社事務所の裏側に電子計算機の事務所を造ったんですよ。まあ二階建てですが、一階に電子計算機を据えて、二階を事務室にしようと。そういう建物を造ろうという時にも俵田さんが村野先生に設計をしてもらおうと。それで村野先生が打ち合わせに来られたのを私は見たんですよ。で、結局、あれぐらいの二階建ての建物なら、村野先生に頼まんでも本社に建築課があるから、それらにやらせてもええじゃないかということになって。〈電子計算機室は〉村野先生にやらせるほどの建物じゃないということで中安さんが言うたんか、誰かが俵田さんにいうたんです。それで結局、その分は我々で設計したんです」

――それでも俵田さんは村野さんにやらせたかったのでしょう。

「そりゃあ俵田さんは村野先生にやらせたかったんですよ」

――電子計算機のある事務所というのは、いつ頃できたんでしょうか。

「昭和三〇年ころ〔※2〕でした。中安さんの時代の建物は、大体我々がやりましたね」

――玄関ホールはいかがでしょうか。

「だいたい昔のままです。壁の色もそうですね。柱には黒の大理石を貼ってありました」

今はなき宇部興産本社事務所が、俵田―村野による宇部での最後の仕事になっていた。

昭和三一年七月一〇日、宇部商工会議所で開催された宇部ロータリークラブの創立総会で俵田は会長に担ぎ出された。副会長は中安閑一で、幹事が国吉省三、副幹事兼会場監督が弘長務、会計が藤部祐雄。理事は俵田、中安、国吉、岡田完二郎、安近勲治、古谷博美、田中太郎の七名であった。他のメンバーは藤本豊三、二木謙吾、廣澤道彦、廣澤忠彦、石川実蔵、柱忠馬、紀藤常亮、松田一人、松本彰、美安利一、水野一夫、森清治、元永友助、村上実、村田義夫、永野広、西川貞一、野島土人、坂倉駿一、篠崎久治、白川敏夫、末山正顕、竹歳敏夫、俵田寛夫、上田十一、吉岡義人、田中末松、末広薫夫の総勢三七名である（『創立40周年記念誌　宇部ロータリークラブ』）。

〔※1〕中東素男は大阪出身。海軍士官学校卒で従軍するも敗戦で帰還、改めて大阪大学工学部を卒業し、昭和二四年に宇部興産に就職した。音楽好きで、同年発足した宇部興産コーラス部の初代指揮者を務めたが、そのときソプラノを歌っていた俵田愛子を見初めて結婚。俵田軍太郎の息子・克己の息子が俵田孝明。愛子がその妹なので、俵田孝明邸の近くに中東邸を建てている（渡邊裕志さん談）。

〔※2〕『宇部興産創業百年史』には、昭和三一年八月に常務会でＩＢＭ社製の電子計算機の導入が決まり、一〇月四日付で計算室を設けたとある。

俵田翁記念体育館と「若人像」

昭和三三（一九五八）年三月二一日に俵田明は他界した。享年七三歳だった。社葬は三月二七日に、村野藤吾が設計した渡邊翁記念会館で行われた。宇部市琴芝の俵田邸と渡邊翁記念会館を結ぶ産業道路には、全国各地から俵田明へ贈られた五〇〇余りもの大花輪が並べられた（昭和三三年三月二八日付『宇部時報』）。葬儀風景は会場外にＮＨＫの有線テレビが六ケ所設置されて中継された。参列者は約一万人にのぼり、俵田が創業した宇部興産では、事業所ごとに朝から弔旗が掲げられていた（同年三月二八日付『防長新聞』）。「革新」を求め続けた巨人の消滅であった。

宇部興産が総工費一億五〇〇〇万円の予算で俵田翁記念体育館の工事をはじめたのが、葬儀終了直後の昭和三三年四月からである。宇部セメントの改良品として、昭和三一年二月に日本で初めて開発されたポゾランセメントが建築材として使われた。宇部興産の創立六〇周年記念事業〔※1〕としての建築だったが、多くの人が俵田への追悼を感じていた。

上　渡邊翁記念会館で昭和33年3月に行われた俵田明の葬儀（俵田家蔵）
下　竣工時の俵田翁記念体育館（宇部市役所蔵）

ただし設計者は俵田が生前に庇護した村野ではなく、大成建設だった。俵田の死と共に、村野と宇部の関係も急速に薄れていくのだ。

俵田翁記念体育館の落成式は昭和三四年七月一七日に行われた。玄関ホールで行われた俵田の胸像の除幕を行ったのは孫の俵田万里子であった（昭和三四年七月一八日付『防長新聞』「脚光をあびるスポーツの殿堂　俵田翁体育館完工式あぐ」）。

竣工間もない全景写真が宇部市に残されている。落成から半年余りが過ぎた昭和三五年三月二一日には、山内壮夫が製作した巨大彫刻「若人像」が前庭に完成している。それは俵田が生前に、「宇部市の有意義な事業につかってほしい」と寄付した五〇〇〇万円で造った噴水池に設置された。池の周囲から水を交差させて噴き上げる噴水で、七色の照明で照らし出す斬新さだった。昭和三五年二月一三日付の『防長新聞』は「俵田翁記念体育館の」と題して、「わが国に初めての豪華な大噴水〈※2〉」と報じている。

その日、盛大なオーケストラ演奏で俵田寛夫が若者像の除幕を演出したときの写真も、俵田家に残されていた。直前の三月六日にも寛夫は宇部好楽協会の事業として、渡邊翁記念会館にウィーン少年少女合唱団の男女二六名を招いて演奏会を行っていた（二月一七日付『防長新聞』「国立アカデミーウィーン合唱団」）。宇部の戦後復興もまた、俵田父子の献身的な文化活動の連続の流れで、推進されていたのである。

宇部駅前（現在の宇部新川駅）に据えられた「鳥と少年像」（俵田家蔵）

ところで市街地の緑化を手がけていた山崎盛司が、山内の若人象が除幕された直後の昭和三五年八月に、星出寿雄市長に呼び出されたエピソードを『まちづくりは市民の手で』で披露していた。それによると、山内は宇部セメントのセメントを材料に「鳥と少年像」を制作して宇部市に寄贈し、宇部駅前（現在の宇部新川駅）の噴水場に据えたらしい。世話になった俵田への追悼の気持ちからだろう。宇部市もこれを歓迎し、八月一〇日に星出市長と山内ら関係者が参列して除幕式を行った（昭和三五年八月一一日付『宇部時報』「宇部セメントを使った〝鳥と少年像除幕式〟」）。俵田家には、そのときの写真が残されている。

ところがここで波乱が起きるのだ。昭和二九年から宇部市女性問題対策審議会（以下、「女審」と略す）の会長を務めていた上田芳江が、星出市長にねじ込んだのである。

山内の「鳥と少年像」が据えられた場所に、上田は市民からの寄付で買ったファルコネの模造品「ゆあみする女」を、それより前に置いていた。安物のレプリカだったが、勝手に外されたことに腹を立て、星出市長に食いつき、山内の「鳥と少年像」が駅前から撤去される騒動となったのである。この出来事は、単に上田の苦言というより、俵田路線の郷土文化の消滅を意味していたのだろう。村野の設計した宇部図書館や宇部鉱業会館の挫折と同じ流れに沿っていたように見えるからだ。GHQの占領を経て顕在化しはじめた俵田的な文化の消滅は、昭和二五年五月の共同義会の解散によって次第に強まり、ついに俵田系の彫刻家であった山内の「鳥と少年像」の撤去となったのである。

俵田が没して三年が過ぎた昭和三六年七月に、常盤湖畔で「第一回宇部市野外彫刻展」が開催される。だが、もはやそこに山内の姿も作品もなかった。岩城次郎が宇部野外美術館長となり、土方定一（美術評論家）、向井良吉（彫刻家）、柳原義達（彫刻家）、大高正人（建築家）ら新顔がそろった。

俵田家にはセメントブロックを重ねた台座に彫刻を並べた「第一回宇部市野外彫刻展」の風景写

真が残されている。この野外彫刻展だけが宇部興産と毎日新聞社のバックアップで、後世に引き継がれていくことになるのである。

昭和三八年四月四日付の『宇部時報』は、日本美術館企画協議会から持ち込まれた全国彫刻公募展が昭和三八年秋に開催される予定を伝えた。「宇部興産はコンクール賞のほか全面的に協賛することが内定している」と。すでに俵田の死から五年が過ぎていた。昭和三八年は宇部では閉山が相次ぎ、六月には萩森炭礦が生コン事業に転換するなど、石炭産業も曲がり角を迎えていた時代である。

一方で、七二歳になっていた村野は、東京の日本生命日比谷ビル（現、日生劇場）や、大阪梅田駅近くの梅田換気塔など、巨大彫刻のような人間中心主義の建築を各地で造り続けていた。俵田は消え、村野は新しい生命を吹き込まれたかのようであった。

第1回宇部市野外彫刻展（昭和36年7月・俵田家蔵）

〔※1〕宇部興産が創業六〇年を迎えたのは昭和三二年。同年三月の常務会で恩田へ体育館を建設して宇部市に寄贈することが決まっていた（『歴史の宇部　戦前戦後五十年』）。俵田の死は、その一年後である。

〔※2〕宇部市役所公園緑地課によると、俵田翁記念体育館前の噴水池は昭和五〇年度から始まった恩田運動公園の改修工事で撤去されたとのこと。同課の所蔵する工事着工前の「昭和五〇年度　恩田運動公園事業認可申請計画平面図」には「噴水池」の文字が確認できる。

宇部市文化会館

宇部市文化会館は、宇部興産本社事務所の竣工から二六年余りが過ぎた昭和五四（一九七九）年一〇月に、同じく村野藤吾の設計で誕生した。さらにさかのぼること四二年前の昭和一二年に、村野の出世作となった渡邊翁記念会館に隣接して建てられたという意味でも特別な意味があった。文化会館の着工は昭和五三年六月からなので、村野の年齢でいえば八七歳から八八歳にかけてで、言ってみれば米寿の祝いで出来たような作品だった。

宇部市文化会館（令和3年1月）

地上三階、一部四階の鉄筋コンクリート造りで、工費は九億六八〇〇万円。

建築家の佐々木宏が「宇部市文化会館の新築をめぐって」と題して『近代建築4』（昭和五五年四月号）で語ったのは、国鉄の線路沿いの道路と渡邊翁記念会館との間の、決して好ましい条件の敷地ではないにもかかわらず、あえて設計したという驚きだった。そして渡邊翁記念会館に隣接する四二年後の新作が、「ひとりの建築家の活動期間としては長い」「コンプレックス（複合体）」という意味で、「いまだかつてほとんど事例のないことを、村野藤吾はやって見せた」と感動していた。

もっとも最初は市制五〇周年記念事業として昭和四六年に計画されていたらしい。それがオイルショックによる経済不況で八年後の竣工にずれ込んだのだ（昭和五三年六月三〇日付『宇部時報』「待望八年、文化会館に着工」）。

昭和五三年六月三〇日の起工式では村野をはじめ、施工業者約五〇名が出席し、工事業者の代表として村上信三郎（村上建設工業代表）が二木秀夫市長とクワ入れを行った。工事は村上建設工業、早川組、今田工務店の三社である。

当時、技術指導をした田代定明さんが、宇部市役所の建築課にいた山西茂さん（昭和六年生れ）が最初のころのことは詳しいと教えてくれた。そこで山西さんに話を聞くと（取材は平成二四（一九四九）年二月）、役所の先輩だった松岡憲正さん（大正一二（一九二三）年生れ）と一緒に大阪の村野・森建築事務所に出向いたのが昭和五一年ころとのことだった。松岡さんは復員後に営繕課に入り、山西さんは昭和二四年に住宅課に入り、一〇年くらいして建築課が出来てから一緒に仕事をしたそうだ。二人で村野事務所を訪ねたときは、敷地の場所も予算も議会で決まった後で、「それでやっていただきたいとお願いに上がった」ということであった。

――渡邊翁記念会館に隣接して建てることに村野さんが難色を示したとの話も聞きましたが。

「〈敷地が狭いかな〉くらいはおっしゃいました。それより渡邊翁記念会館を宇部市が残す方針で文化会館の建築案を持って行きましたので、村野先生は非常に喜んでくださったのを覚えております。それから設計図が描かれて、それから起工されました。工事で苦心したのはタイルの色合わせくらいで、その他は余り苦労が無かったように記憶しております」

文化会館の収蔵庫には「宇部市文化会館新築工事竣工図」と題する図面集が保管され、「53.5.20」と記された「宇部市文化会館新築工事」の図面が残されている。

つぎに松岡憲正さん宅（宇部市妻崎第一原）を訪ねると、故人に代って息子の松岡秀道さん（昭和二三年生まれ）に文化会館の建設中の写真を見せて貰えた。それをカメラで接写した後、改めて田代さんに画像を見せながら話を伺うと、文化会館を建てるとき村野が宇部に来たのは、階段の横に貼ってあるテラゾー（人造石）の色を決めるときだけだったらしい。田代さんは懐かしそうに振り返った。

「文化会館の場合は、色はこちらがお膳立てして、〈先生、どの色が良いですか〉といって決めてもらうわけです。そうせんと間に合わんわけですから、そのお膳立ての準備とかが大変でしたね」

――建築家からみて、文化会館の面白いところはどこでしょうか。

「実際は、文化会館は渡邊翁記念会館より背が高いのです。しかし渡邊翁記念会館の正面側の小串通り辺りから眺めると、同じ高さに見えるんですよ。そういう具合に設計してあるんです。あれを見た時、村野先生はすごい設計をされたなと思いましたよ」

――中庭に多田美波《ただみなみ》さん〔※1〕の彫刻「双極子」が置かれています。昭和五四年一〇月の建物の落成式のときに除幕されたそうですが、あれは村野さんの希望ですか。

「多田美波さんの彫刻は、市のほうが置いたと思います。事前に村野先生に了解をとったか、そらあ知らんですよ、聞いてないから。竣工式の日に村野先生がおいでて、あの（多田さんの彫刻の円錐形の）ガラスを手で触りよったら、あの彫刻家の多田ちゅうのが、〈それ触っちゃいけません〉ってだいぶ言うたですよ。それで村野先生は黙ったまましばらく触りつづけて、そのうちに触るのをやめたですね」

多田の彫刻の設置された中庭は村野のアドバイスで、モウソウチクや笹が植えられたという。一方で、二階の屋上庭園は、村野は関わらなかったらしい。

昭和五四年一〇月二二日付の『ウベニチ』に「市民総意の〈宇部市文化会館〉あす落成式」と題する記事には、屋上庭園の造園の工事は、森うべ園がしたと書いてあるだけだ。

一〇月二三日付の『宇部時報』（「『忘れ得ぬ街に』感慨ひとしお〝生みの親〟」）には竣工式のときの村野のつぎのコメントが載っている。

「色の調和がうまくいったと思う。タイルの大きさは違うが一体化できた。落成は私にとって大変感慨深くうれしい。四十年前の自分の作品と新作が並ぶことは私にとっても余りないことだ。市関係者の要求どおりに作らせて頂き、大変な親切を受け感謝している。昔、宇部興産本社や工場などいろんな設計をお引き受けしており、私には宇部は忘れえぬ街として記憶に残っている。この会館が市民のみなさん方にご満足がいくものとなったか、どうかそれが心配です」

村野が語った「四十年前の自分の作品」とは、ファシズム期の昭和一二年五月に竣工した渡邊翁記念会館である。むろん文化会館を建てることで、俵田との思い出が去来したであろう。

村野は落成式前に常盤公園を訪れ、開催中の第八回現代日本彫刻展を観覧していた。一〇月二三日付の『ウベニチ』は「迫力ある彫刻展　村野さん感心」と題して、村野が常盤公園を訪れるのは

「二十七年ぶり」と報じている。「二十七年」前の昭和二七年は俵田の庇護を受けた最後の時期であり、宇部興産中央研究所が竣工し、本社務所の設計を手がけた年だった。

〔※1〕多田美波は大正一三年七月に東京で生まれた女性彫刻家。宇部市には「双極子」（昭和五二年製作）のほかにJR宇部新川駅前交差点の噴水池上に設置された強化プラスチックとアクリル樹脂製の「超空間」（昭和四六年製作）や、宇部市立図書館前庭に据えられたアクリル樹脂製の「天象」（昭和五〇年製作）などがある。

宇部興産ビル

宇部市の中心街に建つANAクラウンプラザホテル宇部は、もとは宇部興産ビルの名で、村野の設計で昭和五八（一九八三）年に竣工（開業は同年一一月）した。村野は九二歳。翌年（昭和五九年）一一月二六日に九三歳で亡くなるので、文字どおり宇部での遺作である（扉V）。

この仕事で宇部興産建築部長として村野と折衝し、工事を主導した冨重洋さんは語る。

「建設プラン自体は昭和五二年ころからあったのです。宇部興産の社長だった中安閑一さんが、宇部には国際会議場や大型のホテルが無いので、そういうものを造りたかったのでしょう。ただ、重役の中には反対した人もいました。東京の興業銀行から来て副社長になっていた人は反対していました。ムダ使いだと。銀行家ですから財政的なことで、そう言われたのでしょう。それで昭和五四年二月に宇部興産の大阪支店で村野先生に新築の依頼をしました。そのとき興産側の出席者は中安閑一会長、佐々木英治専務、私でした。それで七月には東京で村野先生から模型を見せて頂きました」

――宇部興産ビルの場所は、戦後すぐに村野が設計した「宇部鉱業会館（労働会館）」が建設される予定地でしたね。

「戦前に新川小学校があって、戦争で焼けた跡地に会社の新川寮がありました。それを壊して興産ビルを建てる計画を打ち出したのが中安閑一さんです」

宇部興産ビルは当初の計画では八階建てだったが、中安の構想のふくらみと共に一二階、一五階へと拡大した（『中安閑一伝』）。

建設に際して中安が鉄骨工事を任せたのが、柳井等の率いる大和《だいわ》建工であったのも面白い出来事だった。宇部窒素工業の職員で第二労働組合（会社側の組合）の創設に関わり、後にラクタムの所長となった藤川三郎さん（大正九年生まれ・故人）は柳井等と仕事上で付き合いがあり、画家の長尾淘太を柳井が庇護していたことを教えてくれた。

現在のＡＮＡクラウンプラザホテル宇部（旧宇部興産ビル）の三階フロアーに、竣工時に柳井が買い上げて設置した長尾淘太の五〇〇号の油絵「エルサレム」が飾られているのも二人の関係を示していた。

昭和一三年に東京都杉並区に生まれた長尾は、中学校を出ると昭和三五年に西日本から九州にかけて写生旅行に出て、宇部を訪ねていた（『長尾淘太在仏三〇年記念展作品集』）。

現在、長崎市県大村市幸町に居を構える長尾さんは、宇部で柳井家が経営していた銀天街の〝メンズショップＯＳ〟に行ったのが、「二〇歳のころでした」と語った〔※1〕

その〝メンズショップＯＳ〟は小郡商事の略称で、柳井家が山口市小郡の出身であったことに由

ANA クラウンプラザホテル（旧宇部興産ビル）に飾られている長尾淘汰の「エルサレム」（平成27年5月）

来した店名である。柳井の息子で、後にユニクロを立ち上げた柳井正も『一勝九敗』（「多田さんとのご縁」）で、「ぼくの父は、ある画家と親交が深かった」と長尾について触れて、つぎの説明をしていた。

「今から四十年以上前、その人が日本で描いた油絵を何枚も買った。彼は一晩で絵の代金をすべて飲み代につかってしまい、また父にカネを借りに来たという。彼はその後、すぐフランスに渡って絵を描きつづける」

長尾が昭和四一年に船でフランスに渡る一方で、柳井は代議士の田中龍夫の後援会長になったり、前掲の大和建工という建設会社を別に立ち上げたりして、事業家としても飛躍する。その大和建工が宇部興産ビルの鉄骨の組み立てを請け負ったことで、長尾の絵が飾られることになった、というわけである。

長尾は「エルサレム」の油絵について、酒席で建築中の村野の建物に飾る絵を描いて欲しいと頼まれて、そのためだけにエルサレムに向かった。そのころは、エルサレムが平和を意味する場所だと、誰も知らなかったそうだ。

昭和五八年九月三〇日付の『宇部時報』は「市制記念日にオープン」と題して総工費一三〇億円をかけた宇部興産ビルの完成間近の様子を伝え、「洋画家長尾淘太氏の五百号の力作〈エルサレム〉が、大和建工（柳井等会長、磯崎明信社長）の寄贈で飾られることになった」と報じている。

——実際に油絵が飾られて、反応はどうでしたか。

「村野先生はとても厳しいひとで、宇部興産ビルの国際会議場の設計も気に入らないと一晩でひっくり返して全部変えさせたくらいなので、ボクの絵が気に入らなくてダメだということになりはしないかと、みなヒヤヒヤしていたようです。それで先に譲渡式をやろうということになって、村野先生が見る前に譲渡式をやったんです」

だが、結果的には村野は長尾の絵を気に入り、ことなきを得たらしい。

ところで宇部興産ビルの建設には、社長だった中安閑一なりの理想があったようだ。

三男の昭三さん（昭和一五年生まれ）は、「当時はまだ宇部で国際会議ができる会場が無かったのです。ですから父は国際会議で同時通訳ができ、それをテレビで中継でき、さらに参加者を輸送する空港や親睦ゴルフのためのゴルフ場、これらをセットにしたコンセプトで村野藤吾に依頼したのです」と語った。「テレビ」というのはＴＹＳ（テレビ山口）のことで、「空港」とは山口宇部空港のことで、「ゴルフ場」とは現在の「宇部72カントリークラブ阿知須コース」のことである。

なるほど宇部興産ビルには四階に通訳のために村野が設計した六つの小部屋の扉が並んでいる。

いまは職員の更衣室などに使われているようだが、当時のコンセプトの片鱗が伺えるユニークなデザインだ。国際会議場を支える巨大な四本の円柱の内部も空洞で、普段は見ることが出来ないものの、そこには幾何学的で見事なまでに美しいラセン階段が備わっている。

〔※1〕本取材は長尾作品を多数所蔵する三宅美術館（鹿児島市）の三宅たまき学芸員の仲介で、令和二（二〇二〇）年二月二六日に実現した。

国際会議場下のピロティー

宇部興産ビルの工事は大成建設と大林組が共同企業体を組んで、急ピッチで進められた。冨重洋さんは工事中の写真を眺めながら取材に応じた。

――「S．57年8月」と記されているこの写真は、どういう状態でしょうか。

「柳井（等）さんの大和建工が鉄骨を工事中ですね。興産ビルは地下二階、地上一五階で、宇部で一番高い建物ということで、地盤を調査せんといけんということで、ここは石炭を掘ってないということでした。ところが宇部興産に資源調査部というのがありまして、そこが調査したら案の定（石炭を）掘っておったわけです。地下五〇メートルと三五メートルの二層の石炭層がありまして、石炭を掘った空洞が残っておったわけです。その掘ったあとに水が入っており、七キロの圧力をかけてセメントと水と砂を混ぜて穴を潰しました。地下五〇メートルの方は大丈夫だろうということで、上の方だけ潰しました」

――外壁は、今も美しい光沢がありますが。

大和建工が鉄骨を組んでいる写真（冨重洋さん蔵）

「外壁の表面はアメリカの石・マホガニーレッドです。岐阜県の関ヶ原石材から調達しました。村野事務所はこれをよく使ったですね。石は厚さが三、五センチで、表面を磨いて、裏にコンクリート板を張り付けました。石の選定は渡邊翁記念会館の壁に合うような色を選びました。茶色っぽい石を探して使ったわけです。日本興業銀行の設計も村野先生がやっておって、それと同じ石です」

――最も村野っぽいと思われた部分はどこでしょうか。

「国際会議場下のピロティーの池と、そこに置かれていた六つの彫刻でしょうね。平成になって駐車場を広げるために、全部取っ払っちゃったんです。上に大きな皿のようなものがあって、それを支える支柱があるでしょう」

――皿と柱は残っていますね。

「あの柱は構造上必要なものです。柱に何かグニュグニュとした形の照明がついておるでしょう。あれは何のイメージですかと村野先生に尋ねたことがあったんです。そしたら新聞を見ていたら歯ブラシの上に歯磨きを搾《しぼ》り出している広告があったんで、それをヒントにしたと言っておられたです」

渡邊翁記念会館から四五年余りが過ぎ、九〇歳を越えてなお、村野のなかに「様式の上にあれ」

宇部興産ビル完成直後の国際会議場下のピロティー（冨重洋さん蔵）

の精神が漲っていたようである。

一方で、ピロティーの池の周りに設置された六つの彫刻は、文化勲章受章者の圓鍔勝三《えんつばかつぞう》の作品だった。それらは現在、宇部興産中央病院（宇部市西岐波）の入口前の花壇に移設されている。傍らに設置されたプレートに、「作品名　宇部興産ビル旧噴水彫刻　6体」とあり、よく観察すると彫刻の子供が手にした鳥の口には管が付き、かつてはそこから水が噴き出していたことがわかる。

冨重さんによればピロティーから取っ払われた後は興産ビルの倉庫にしばらく保管されていたらしく、冨重さんが市の公園緑地課に申し出て市に寄贈したという。ただし一体だけ、しばらく渡邊翁記念会館の二階に飾ってあったという。ところが今度は寄贈した五体が市の倉庫に入ったままになったので、宇部興産の部長クラスの人が市に申し出て、結局、興産の中央病院の庭の植え込みの中に置かれることになったらしい。

――彫刻は最初から六体だったのですか。

「最初はですね、村野先生は小便小僧を置こうと言われていたんです。しかし小便小僧ではちょっと、と思いまして、〈それはまずいです〉と私が申しまして、それで圓鍔先生の彫刻になったんです。一つは男の子が白鳥を抱えて、白鳥の口から噴水が出るものと、もう一つは女の子が鯉を掴んでいて、その鯉かの口から噴水が出るものです」

――それは常磐公園の白鳥と鯉ではないですか。

「おそらくそうでしょう。わざわざ宇部にゆかりのある彫刻にされたんです。『村野藤吾　イメージと建築』には、村野先生が最初に考えておられた小便小僧のデザインが載っております」

そう口にすると、冨重さんは『宇部興産ビル　建設計画概要説明書』と表紙に書かれた冊子を取り出して開いた。

「宇部興産ビルは途中でコマゴマとした変更がありましたが、これは最初の設計図をもとにした計画書です。実は国際会議場の屋上には最初はプールを作る予定になっておったので、そういうデザインがあります。もちろん今はこんなプールなどありません」

驚いたことに設計図にもプールが見え、片側に更衣室も描かれていた。市街地の上空でスイミングとは、なかなか洒落ている。

一通りの説明を終えた冨重さんは、一通の書簡を取り出した。

「村野先生が亡くなられたのは、それから一年後の昭和五九年一一月二六日です」

つぶやきながら広げたのは万年筆で記された二枚の便せんだった。

「これが、村野先生が亡くなられる日に書かれた手紙です。亡くなられる日に大阪の事務所で書かれたもので、興産ビルが日本建築士会の特別賞（最高賞）に入った知らせが届いたので、そのお礼のお手紙でした。これを書かれたあと、村野先生はつぎの日が東京へ出張だったので、大阪から宝塚まで運転手付きの車で奥さんと途中で食事をされて帰宅され、奥さん、漾さん夫婦と談笑され、それから先生だけ早く床に就かれたということです。それから眠るように亡くなられたと聞きました。ですからこの手紙が絶筆なのです」

村野が冨重さんに宛てた手紙は『追悼文集「村野先生と私」』（昭和六一年刊）の中表紙に載っている。

宇部の渡邊翁記念会館に始まり、宇部興産ビルに終わった革命の建築家・村野藤吾にとって宇部とは何であったのか。

Ⅵ

継承される文化

現在の俵田邸の応接室（令和２年６月）

宇部好楽協会

宇部市街地の復興を象徴する山内壮夫の産業祈念像が真締川畔に除幕されたのが昭和三一（一九五六）年一一月である（V「産業祈念像」）。つづいて常盤湖畔で「第一回宇部市野外彫刻展」が昭和三六年七月に開催される（V「俵田翁記念体育館と〈若人像〉」）。

これとは別に、戦後復興のスタートは、敗戦直後の昭和二一年三月に俵田寛夫（俵田明の嗣子）が地元の文化人や学生たちを集めて立ち上げた宇部好楽協会が早くも輪郭を見せていた。

結成のきっかけは、焼け残った渡邊翁記念会館で開かれた下八川圭介《しもやがわけいすけ》の独唱会（宇部女子高等学校が主催）だった。山口医専（現、山口大学医学部）の学生だった永谷忠が舞台裏で、宇部工業専門学校生徒の小路正和、植村隆三、堀豊たちと宇部中学の教師・神田敦雄から「好楽協会設立計画の腹案」を聞いたときだ（『宇部好楽協会拾周年誌』）。

学生部隊はすぐに活動をはじめ、会費の徴収や楽器の手配、入場整理などを行う。だが、まくり上げた腕の刺青《いれずみ》を見せながらヤクザが妨害するなど炭鉱街ならではの困難があった。

それにも負けず、昭和二二年三月に諏訪根自子《すわねじこ》のバイオリン演奏会の渡邊翁記念会館での館開に漕ぎつく。直前に山口市の山口経済専門学校（現、山口大学経済学部）の公堂で開かれた諏訪のバイオリン演奏会に、トラックの荷台に約二〇名の学生たちが乗込んで押しかけ、コンサートを聞いていた。そのときピアノ伴奏が俵田寛夫の妹のピアニスト・属澄江だったことで澄江に口添えしてもらい、宇部での諏訪のコンサートが実現したのだ。

昭和二三年二〇月には、はじめて東京フィルハーモニーが渡邊翁記念会館でコンサートを開く。

会員の米川榛男によれば、物資も資金もないときで、宿や楽器の手配まで委員が行ったらしい。また、コントラバス二丁とティンパニー一組が必要だったので、九州大学が所有する楽器を堀豊たちが鉄道で取りに行って、開演ギリギリで間にあったとも語る。

あるいは昭和二四年はプログラムがガリ版刷りから印刷に替わったと紀藤文生は述べている。だが、しょせんは学生部隊の手づくりだった。クラッシック音楽のピアニスト・原智恵子のプログラムも、宇部工業専門学校の印刷部に所属していた堀豊が作成したが、出来ばえは、「ぱつとしたものので無く」、つぎに紀藤が藤原義江のプログラムを作ったが、やはり「田舎臭い駄作」になったと恥じ入っている。

ベッヒシュタインのピアノ（令和2年8月）

昭和二五年は設立五周年の節目だった。そこで一月に属澄江のピアノリサイタルを開催する。堺久雄によれば一〇月には世界一流のピアニストであるラザール・レビー招いたそうだ。そのために神田敦雄が上京してベッヒシュタインのピアノを購入していた。むろん会員からの資金だけでは足りず、宇部興産社長の俵田明の保証で借金をして、どうにか手に入れたという。このピアノは横浜の外国人が所有していたベッヒシュタインC型で、現在も渡邊翁記念会館で保存され、「C.BECHSTEIN」の金文字が確認できる。

こうして昭和三〇年三月に宇部好楽協会は一〇周年を迎える。実に宇部商工会議所が「宇部を花で埋める会」を立ち上げたのが、三ヶ月後の六月であった。そこから山内壮夫の産業祈念像や、宇部の野外彫刻展が盛り上がっていったことはすでに見たとおりだ。

宇部好楽協会から浮かび上がるのは、俵田明—俵田寛夫父子により戦前から戦後に継承された文化による街づくりである。そのことは彼らの活動の舞台となった渡邊翁記念会館の設計者である村野にとっても同じ意味があった。竣工から二〇年を迎えるタイミングでの好楽協会一〇周年で、村野は、「次第に建物の真価が認められて、世界的な音楽家は大阪以西で先づ宇部に足をとゞむると云う事を度々伺つては喜んで居ります」と語り、つぎの言葉をつづけていた。

「記念会館は私の作品中でも代表的なもので自他共に許されて居ります」(『宇部好楽協会拾周年誌』)。

俵田邸と松田正平

琴芝の俵田邸の応接間(音楽室)に松田正平画伯の「玉川風景」の油絵が飾られている。ねじり鉢巻き褌姿の男三人が小船の上に立つ風景で、いかにも松田らしい牧歌的な風景画だ。それは村野が設計した宇部興産本社事務所が完成した昭和二八(一九五三)年に、松田が多摩川河畔の風景を描いたものであった。もっとも四〇歳の松田は、未だ画家としては無名で、昭和二七年春

俵田邸に飾られている松田正平の「玉川風景」

に家族とともに山口県から上京し、一〇月に世田谷区玉川用賀町に転居し、画業に勤しんでいた時代である。新潮文芸振興会から日本芸術大賞を贈られたのは、はるか後の昭和五九年六月だった。

無名時期の松田の油絵が俵田邸にある理由を語る前に、松田の略歴から見ておこう。

松田は、大正二（一九一三）年一月に島根県鹿足郡青原村（現、日原町）に商家の久保田家に生まれ、五歳になった大正六年に宇部村恩田の松田家の養子に入った。だが寂しくなって帰郷し、大正八年四月に青原村立青原尋常小学校に入学。翌大正九年四月に再び宇部に移り、松田家が新川に新居構えていたことで、新川小学校の二年に編入したのである。

このとき俵田明の長女・初枝も松田と同級生となる。

松田が新川小学校に編入した翌年の大正一〇年一一月に、宇部市は市制施行を行った。炭鉱労働者の急増で、新川小学校は児童を収容しきれなくなり、大正一二年四月に新たに開校した神原小学校に、二学年から五学年までが転入する（『神原小学校五十年史』）。五年生の松田と初枝は、一緒に神原小学校に転入していたのだ。

その後、松田は宇部中学校に入学。昭和五年二月に上京して川端画学校に入り、三月に在京のまま宇部中学を卒業。二浪後の昭和七年四月に、東京美術学校西洋画科に入学すると、親戚筋の新田宇一（第一七代宇部市長・新田圭二の父）から学費の援助を受け、昭和一二年三月に卒業すると、一〇月に西洋画を学ぶために神戸港からフランスに旅立つ。帰国は大東亜戦争勃発後の昭和一七年一月で、四月から山口師範学校で美術を教えたが、翌昭和一八年三月には辞職。パリで知り合った吉田精子と結婚して横浜に移り住んだのが、そのタイミングだったが、戦局は悪化の一途で、画業どころではなくなる。昭和二〇年二月に宇部に戻り、新田宇一が経営する東見初炭鉱で坑夫として働き、終戦を迎えるのだ。

一方で東見初炭鉱が、昭和一九年七月に俵田が社長を務める宇部興産に合併された縁もあり、俵田は娘の初枝の同級生で画家を目指す松田を、初枝と共に応援するのである。

かつて『ウベニチ』の記者であった坂本豊さん（昭和三〇年生まれ）は、生前に松田本人から、俵田がスポンサーになってくれていたという話を直接聞いたと教えてくれた。

林万里子さん（昭和一二年生まれ）は母の初枝に連れられて、よく銀座の画廊に松田の絵を見に行ったと語った。福島繁太郎が昭和二四年に開廊したフォルム画廊で松田が最初の個展を開いたのが昭和二六年である。一家で松田を応援していた姿が、そこからも見えてきた。

万里子さんによると明の妻のシゲも、長女の初枝も、次女の美代子も、絵の先生を自宅に招いて習うほど絵画が好きだったらしい。美代子さんの画集『あじさい』には、昭和一二年から波多野鶴《かく》汀《てい》に南画を学び、昭和五一年三月に没するまで絵を描き続けたとある。昭和一三年に浅野正敏に嫁した美代子は、昭和二六年に日本画院展に入選したのを皮切りに、第三回、第四回、第六回、第七回、第八回、第九回、第一〇回の西部女性美術展に連続入選し、昭和三九年には熊本県知事賞まで受賞している。

宇部がモデルの八幡の復興

敗戦で焼けたのは北九州市の八幡も同じだった。若き日の村野藤吾が仕事をした官営八幡製鐵所が軍事工場として狙われた結果である。

このためJR八幡駅周辺の復興のために、まずは駅前から五〇メートル道路（国際通り）を建設し、南端にロータリーを設置して、周辺に公共施設を配置することになった。そこにも村野が関与していた。かつて八幡駅を出て向かって右手に昭和二七（一九五二）年から同二九年にかけて建設されたという平和ビル（第一棟と第二棟・平成一五年に解体）の設計者として村野説があったのも、そのひとつだった。すでに昭和二三年に最初の八幡市民館を設計していたので（Ⅱ「八幡製鐵所とロール製造工場」）、その延長線上の仕事だったのか。ただし、『北九州地域における戦前の建築と戦後復興の建築活動に関する研究』には「平和ビル」の第一棟についての元八幡市職員からの聞き取り調査が所収されており、村野はアドバイスを行った程度としている。そうはいっても村野は八幡の戦後復興計画で、はっきりわかっているだけで以下の三つの作品を残していた。

第一が昭和三〇年一二月に開館した八幡図書館である。つづいて三三年一〇月に八幡市民館が完成する。八幡市は門司、小倉、戸畑、若松と合併して昭和三八年に北九州市となり、第三として福岡ひびき信用金庫本店（当時は八幡信用金庫）が昭和四六年に出来上がった。この三つを地元では

「村野建築のトライアングル」と呼んでいたのである〔※1〕。

　ところで村野が昭和二三年に最初に設計図を描き、一〇年後にようやく陽の目を見た八幡市民会館の建設に際して、宇部市との関係を示す興味深いエピソードが、前掲の『北九州地域における戦前の建築と戦後復興の建築活動に関する研究』に記されていた。「八幡市民会館建設の背景」と題する一文に書かれていたのは、戦前から戦後にかけて福岡や北九州の住民たちが、宇部の渡邊翁記念会館まで出かけて音楽を楽しんでいたというエピソードだった。そこで八幡市民会館の構想が持ち上がったとき、「馴染みのある宇部市民会館が引き合いに出され、八幡市職員が見学に赴いた」というのである。渡邊翁記念会館が八幡ゆかりの村野の設計であったことから、八幡市長の守田道隆が関心を示し、村野を八幡に招聘したという流れとなる。

　むろん福岡や北九州の住民たちが関心を示したのは、渡邊翁記念会館とセットである俵田寛夫が率いる宇部好楽協会の活動まで含めた全てであった。簡単にいえば、クラシック音楽で戦後復興する宇部そのものを街づくりのモデルにしたかったのだ。

　俵田寛夫の『音楽雑談』には「レコードコンサートで始まった好楽協会発足時のメンバー」というキャプション付きのポートレートがあり、会長の寛夫と顧問の森本覚丹を中心に学生たちの顔が見える。私の叔父・堀豊（大正一三〔一九二四〕年生まれ、当時は宇部工業専門学校生徒）も寛夫さんの隣（写真の左端）に並んでいる。そこで叔父に初期のメンバーを調べてもらったところ、一緒に活動していた紀藤文生さん（ひらき台）が協力してくれて、以下の「宇部好楽協会々員名簿」が明らかになった。

発足時の宇部好楽協会メンバー。渡邊翁記念会館前にて（堀豊さん蔵）

【会長】俵田寛夫、【顧問】森本覚丹、【幹事】神田敦雄、小川石代、【委員】中野四郎（市役所）、藤本一男（警察署）、右田秀雄（沖之山）、新田圭二（東見初）、武野良二（窒素）、須原百合人（洋灰）、浅野正敏（鉄工）、前田胖（興産本）、松色巌（帝燃）、東條俊明（曹達）、波多野勝好（日発油）、村上征治（日本石）、小島泰（山口石）、白石了（防長新）、脇昂（宇部時）、山崎清勝（文藝）、植村隆三（工専）、小路正和（工専）、堀豊（工専）、永谷忠（医専）、佐古泰夫（長工）、和田スヤ（文化協会）、松本照子（県女）、前田美智子（市女）、佐々木温（香女）、加戸典子（女商）、藤本力（国民校代表）、岡本順二郎（医専）

俵田寛夫によれば、昭和二一年三月一三日に行ったシューマンのレコードコンサートが活動の最初だったらしい（『宇部好楽協会拾周年誌』）。同年七月一一日付の『防長新聞』で寛夫は「レコード音楽と実演」と題するエッセイを書いており、ピアニストの井口基成を招いてコンサートを行ったとき、東京の日比谷公会堂と名古屋の公会堂と並んで渡邊翁記念会館が「日本の三つの模範的音楽ホールだ」と褒められたと語っていた。

こうした功績が認められて、寛夫は昭和二六年一一月三日（文化の日）に中国文化賞を受賞した。主催者の中国新聞社は当日の『中国新聞』一面で、「音楽鑑賞に献身　俵田寛夫氏」と題して受賞を祝した。寛夫の肩書は、宇部興産本社取締役炭業本部監理部長だ。つづく一問一答式のインタビューでは、東京の麻生中学から第一高等学校、東京帝大を卒業し、昭和九年四月に俵田明の長女初枝の婿養子となり、沖ノ山炭鉱に入った経緯を語った。

――ご弟妹に音楽家がおられるそうですが。

「弟の属啓成《さっかけいせい》が音楽評論をやっており、妹の属澄江《さっかすみえ》〔※2〕がピアニストで母の方の兼安洞堂《ママ》〔※3〕が琴古流《きんこりゅう》、宮城道雄さんも親類です。まあ音楽一家というところですかね」

――宇部好楽協会の会長をしておられますがその方のことを。

「神田さん（好楽協会幹事）、森本覚丹さん（同会顧問）、わたしなどが中心となって、ささやかな音楽愛好者の集いを作り、これから協会は発足したのです。しかし時の経過とともに盛んになって会員も二千余名となり、いまでは全国でもまれにみる文化団体に発展、さきにはレヴィ、メニューヒンなど〔※4〕世界的音楽家を迎えバレエ、交響楽団オペラならこれまで地方の中小都市では実現できなかった幾多のものも立派にやってのけるようになりました」

〔※1〕『ひろば北九州』（二〇〇七年六月号）に「〈カメラルポ〉新しい息吹　八幡駅前」。

〔※2〕属澄江は俵田寛夫の実妹。属家は元萩藩士で、いずれも三井鉱山所長・属最吉《さっかさいきち》の子。『レッスンの友』（昭和四五年四月号）のインタビューで、澄江は誕生地の大牟田で小学校四年まで過ごし、その後は東京に出たと語る。東洋英和女学校を卒業、東京高等音楽学院に学び、昭和八年に渡欧してエミール・ザウアー（ドイツのピアニストでリストの高弟）に学び、昭和一二年秋に帰国した（昭和一三年二月四日付『読売新聞』「巨匠ザウアー門下の新進ピアニスト　属澄江夫人初放送」）。

〔※3〕琴古流尺八の創始者・兼安洞童のこと。本名は兼安純乗で兼安洹乗《かねやすおんじょう》の二男。俵田明の妻シゲと兄妹になる。長男の兼安英哲が教念寺を継いだので、二男の純乗が家を出て、尺八の家元になった（令和二年八月・教念寺取材）

〔※4〕「レヴィ」はフランスのピアニスト「ラザール・レビー（Lazare Levy）」のこと。昭和二五年一〇月に初来日して宇部で演奏した。また「メニューヒン」は、ユダヤ系バイオリニストの「ユーディ・メニューヒン（Yehudi Menuhin）」のことで、昭和二六年一〇月に初来日、両者との思い出は俵田寛夫が『音楽雑談』で紹介している。来日の時期は『宇部好楽協会拾周年誌』を参照。

俵田邸を語る

東京モノレールの終点「浜松町駅」で降り、しばらく歩くとガラス張りの巨大なツインビルが現れた。令和二（二〇二〇）年一〇月も後半だったが背中が汗ばみ、上着を脱ぎながら二つのビルを見上げた。正式名はシーバンスN館とS館で、北（North）と南（South）のビルである。

目指したのはN館二〇階に受付のある宇部興産（株）東京本社だった。エレベーターでたどり着くと、案内嬢が大窓のある応接室に案内してくれた。しかし秘書グループに勤める俵田拓さん（昭和三八〔一九六三〕年生まれ）はまだ来ていなかった。

拓さんは俵田寛夫の長男・忠さん〔故人〕の息子で、現在の俵田家の当主である。本書で使用した多くの写真も拓さんの許可を得て使ったが、その拓さんが来る前に、忠さんの妹で、俵田明の孫娘である林万里子さんが先に着席されていた。

不覚にも最初は誰かわからず、万里子さんの方から声をかけられ、慌てて挨拶を交わすタイミングで拓さんが飛び込んできた。

「ボクじゃよくわからないので、万里子叔母に来てもらいました」

そのときはじめて状況が把握できたのである。

それから琴芝の俵田邸の話題になった。万里子さんによると俵田邸の西半分を「新座敷」と呼んだそうで、懐かしそうに昔語りを始めた。

「私は昭和一二年四月生まれで、渡邊翁記念会館と同じ年なんです。新座敷は父（寛夫）が母（初枝）のところにお婿さんに来るとき、新しく増築した部分です。洗面所から西で、いま事務所（息子の林芳正さんの事務所）になっているところまでです。音楽室になっている応接間は、私が宇部高校に入った昭和二八年くらいでしょうか、そのときやり直してコンクリートのモダンな感じになりました。それまでは昔風の応接間で、みんな〝大正洋館〟と呼んでいました。昭和初期に建てられたものですが、大正時代のスタイルだったのでそう呼んでいたのでしょ

俵田拓さん（左）と林万里子さん（右）

う」

私は万里子さんに告げた。

「村野藤吾の設計図の多くが京都工芸繊維大学の美術工芸資料館に保管されておりまして、そこに俵田邸の設計図面も七枚、残されていました。俵田邸を村野が設計したという話を、お聞きになったことはありますか」

万里子さんは驚いた顔になり、「はじめて聞きます」と答えた。

京都工芸繊維大学が所蔵する図面の一枚に「俵田社長邸玄関応接室」と記された図面があり、日付は入ってないが、俵田明の「邸」以外は考えられない〔※1〕。それは今とは異なる間取りだが、ピアノとレコードケースの設置場所が示されていた。そしてもう一枚が、現在の応接間〔音楽室〕とほぼ同じ間取りの「俵田邸」の図面であったのである。そちらの図面は佐々木俊寿さんが『山口県の近代和風建築』の「俵田家住宅」を執筆する際、実測した平面図とほとんど同じ間取りであった。

外観図は「第一案」、「第二案」、「第三案」がいずれも平屋建て〔現在は二階建て〕で、このうち「第三案」が今の俵田邸の本玄関の外観とよく似ていた〔※2〕。

万里子さんは興奮した口調になった。

「驚きましたねえ。最初の設計図から変更されて、今の俵田邸の応接間〔音楽室〕になったのでしょう。外観も今の本玄関と似ています。施工が大成建設と聞いていたので、設計も大成さんと思っていましたが、村野さんの設計だったようですね」

「出来上がった建物を見ても、かなり村野の設計が反映されているように感じます。その意味では、宇部に村野作品が、もう一つ残っていたわけです。応接間の高窓のガラスに刻まれているハープやバイオリンなどの音楽的なデザイン（Ⅳ扉写真）も村野さんのアイデアが反映されたものではないでしょうか。ところで、いまは二階建てに増築されていますね」

「応接間の上の階はただのフロアーで、手が込んだ感じではないです。二階は大成建設が継ぎ足したのではないでしょうか」

「琴芝の俵田邸が出来る前は、明さんは何処に住んでおられたのでしょうか」

「結婚してすぐ貧乏所帯を東京に持ち、それでお兄さん（軍太郎）が亡くなったので東京から呼び返されて琴芝に家を建てるまでの間、朝日町に家があったと聞いております。昔の新川小学校（現在のＡＮＡクラウンプラザホテル宇部の場所）の近くで、真締川沿いに家があったようです。だから母（初枝）は新川小学校に通ったのでしょう」

「それから琴芝の〝大正洋館〟が出来たわけですね」

「あれは村田義一さんの家と同じ大工さんが建てたように聞いております」

「杉村組でしょう。渡邊翁記念会館の工事を手がけた。村田美智子さんも杉村組だと言われていました（Ⅲ「緑橋教会と杉村組」）。俵田邸の応接間（音楽室）は、明さんが手がけられた実業や寛夫さんの宇部好楽協会とセットになって初めて価値が見える建物と思います」

「そういえば寛夫と好楽協会に関わっていた若い人に、堀さんという方がおられましたが」

「あれは伯父の堀豊です。オヤジの兄貴です」

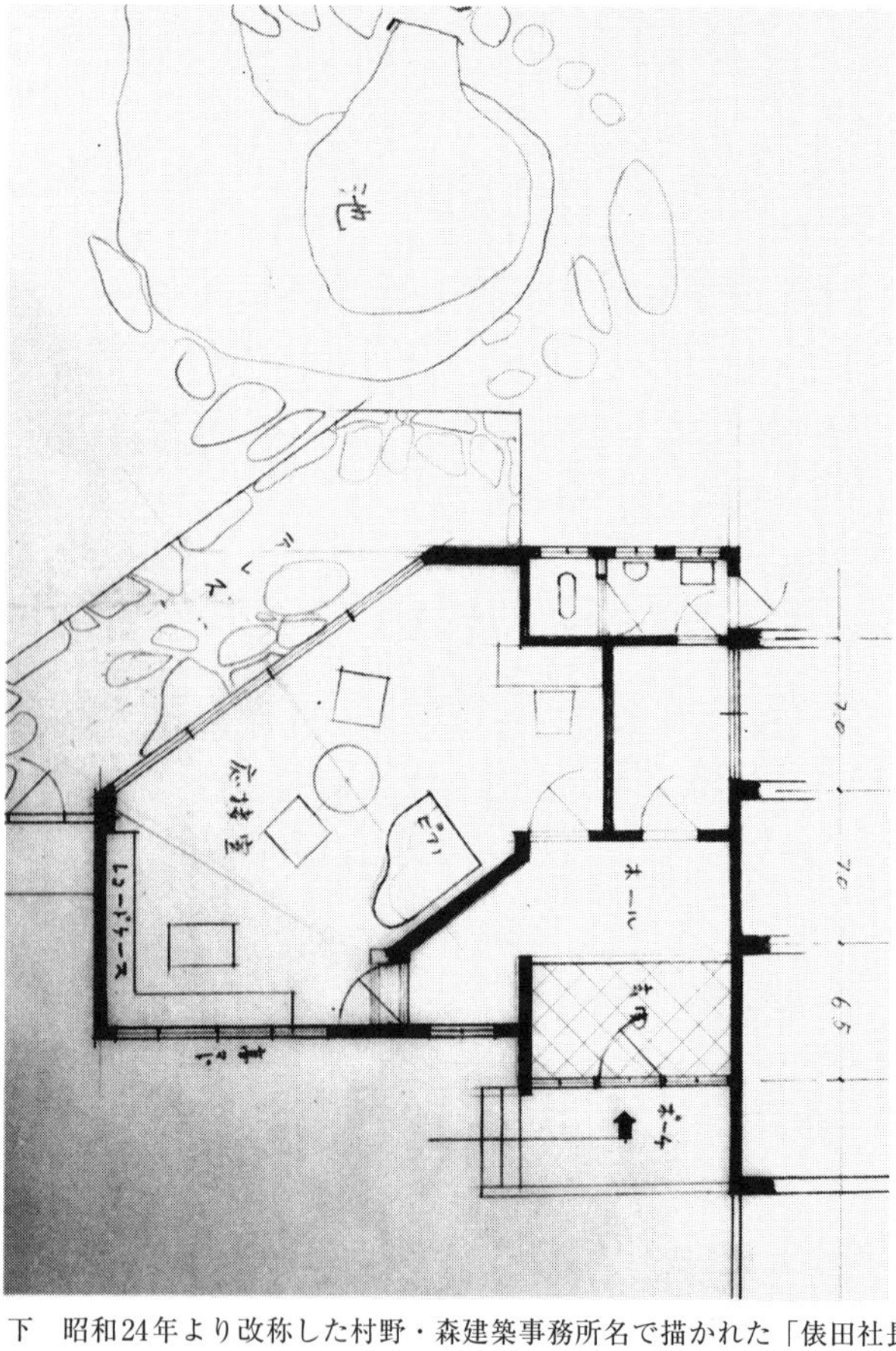

上・下　昭和24年より改称した村野・森建築事務所名で描かれた「俵田社長邸玄関応接室」の図面。現在の姿と少し違う（京都工芸繊維大学美術工芸資料館）

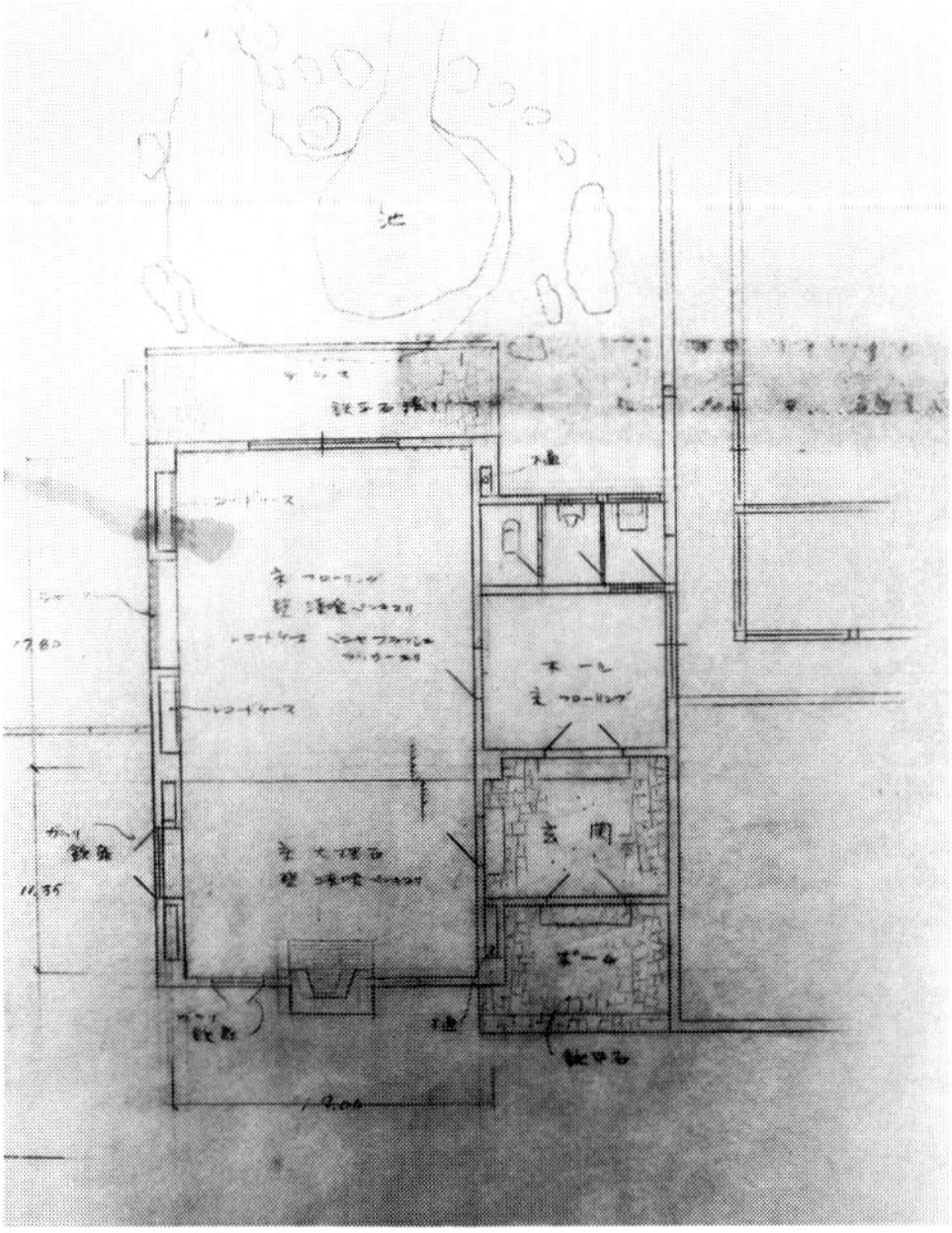

現在の姿とよく似ている村野・森建築事務所設計の「俵田邸」玄関応接室の図面（京都工芸繊維大学蔵美術工芸資料館）

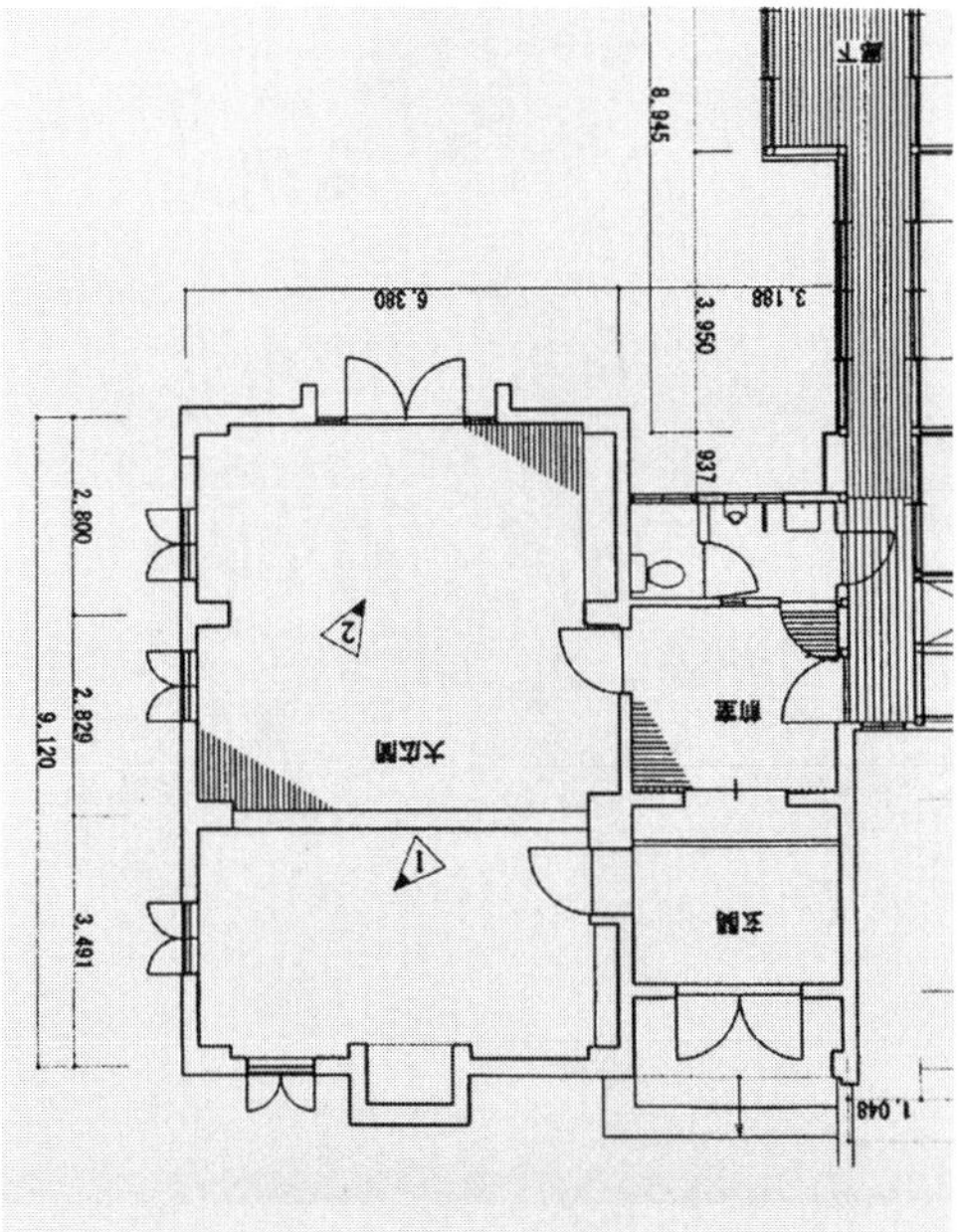

現在の「俵田邸」玄関応接室の図面（佐々木俊寿さん作図）

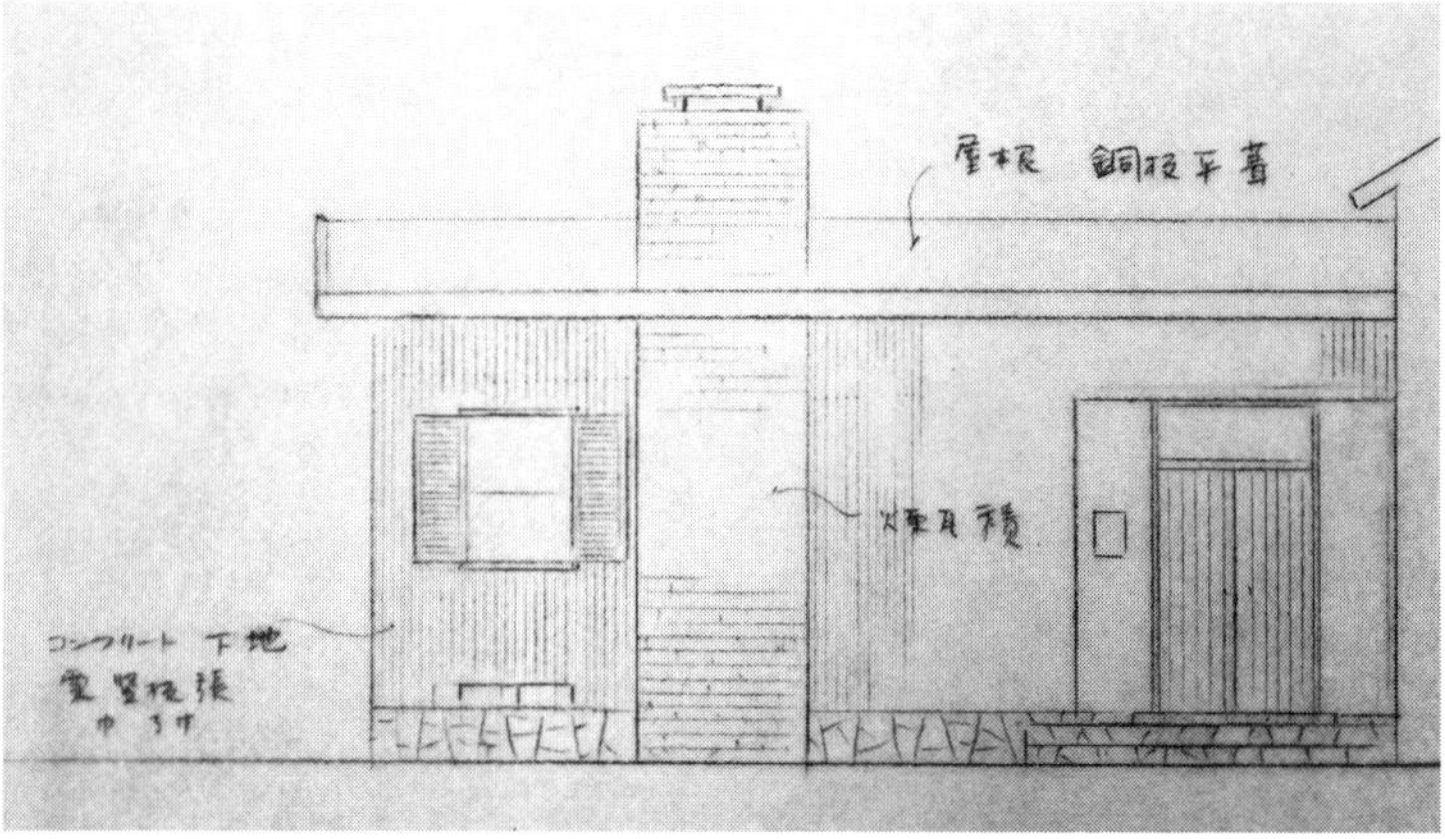

現在の姿とよく似ている村野・森建築事務所設計の「俵田邸」本玄関外観の「第三案」
（京都工芸繊維大学蔵美術工芸資料館）

現在の俵田邸の本玄関（令和2年11月）

「まあ。永谷（忠）さんたちと一緒に、私にピアノを弾いて欲しいと、代表の方が来られたことがありました。なんでも学生たちの音楽会を開くとかで。そしたら祖母（シゲ）が、男子学生ばかりのところに女の子が行くもんじゃないといって、その話は終わっちゃったんですけどもね」

「それは大変、失礼を致しました」

「それでね、この人のお父さん（忠さん）なんかと、あそこ（琴芝の俵田邸）はもう持ちきれないから宇部市に寄付しますっていったら、管理にお金がかかるから貰えないっていわれましてね」

「藤田忠夫さんが市長のときでしょうか」

「そう、そのときね。ただ、宇部興産が資料館（UBE-i-Plaza）を造ったので、そこに俵田家のものも少し入っております。昔の手帳とか、ご覧になりましたか」

「はい。手帳も拝見しましたが、外遊日記が宇部興産に残っておりましてね。昭和二年から三年にかけて明さんが最初の洋行時に書いた日記で、この作品でも使わせて戴きました（Ⅱ「最初の洋行」）。日本語と英文で日々の細かなことから専門技術に至るまで、びっしり書き込んであります。セメントを立ち上げるための調査でしたが、そのときもう石炭から窒素を作る技術まで調べていたわけです。その情熱が漲っていて、すごいんですよ」

「星を見ながら出社して、星を見ながら帰宅するとか、そんなことを言っておりましたからね。そのくらいやらなきゃダメという、なんかメチャクチャ頑張り屋さんみたいです」

そのとき万里子さんは思い出したように、「そうそう、これを持ってきました」と口にしながら、寛夫さんの出征時に家族で撮った写真をテーブルに置いた。昭和一二年の渡邊翁記念会館落成披露式の直後の家族写真である。

左端が寛夫、その前に座って赤ん坊の万里子を抱いているのが妻の初枝。その横に立つ男の子が忠。後ろに立つのが明で、その横が妻のシゲ。右端が初枝の妹で浅野正敏に嫁した美代子である。場所は俵田邸の庭だった。

写真を眺めながら拓さんが、「ボクは何十年って宇部の家に行ってないよね。会社入ってしばらくは、宇部に行くとこの家に泊まっていたんですよ。だけどそのあと平成三年から会社の仕事でアメリカにいっていましたから」〔※3〕と語った。

私は二人に、「宇部興産の歴史は、とりあえずは明治三〇年に渡邊祐策が手がけた沖ノ山炭鉱から始まっていますが、俵田一族が主導して明治九年に立ち上げた石炭会社に、そのスタートがあったと思うのです」と告げた。Ｉ「俵田瀬兵衛と石炭会社役配草案」で示したように、本家筋の俵田瀬兵衛を中心に、明の父であった勘兵衛や花田令助、冨田潤三など、幹部はみな俵田家の親戚縁者だったからだ。私はつづけた。

「子供時代に父を亡くした渡邊祐策の後見人に勘兵衛さんがなってあげて、共同義会やら何やかやと渡邊さんを支えたわけです。それで沖ノ山炭鉱の成功まで引っ張りますが、渡邊さんが昭和九年に亡くなり、昭和一七年三月に沖ノ山炭鉱が宇部興産になったとき、勘兵衛さんの息子の明さんが初代社長になられる。このように眺めると、俵田一族が明治維新の続きではじめた近代的な石炭開発を渡邊さんが中継ぎとなり、明さんに戻ったように見えるわけです。福原家臣の俵田家を軸にして近代史を眺めたとき、宇部興産も明治維新の延長線上に生れた歴史的企業であった姿が浮かび上がります」

万里子さんがボソリとつぶやいた。

「そういえば祖父の法事には、福原家の人が来ておられましたね」

「当時はまだ福原の一門という意識が残っていたのでしょう」

「私はね、祖父から〝久坂玄瑞ってのは偉い人で〟という話を何度も聞かされた記憶があるんです。ほら、蛤御門の変（禁門の変）のとき自殺した長州藩の。その久坂さんを神様みたいに崇めていたんです。それでＮＨＫの〈花燃ゆ〉で久坂玄瑞が出たとき、なんで私、この人の名前を知っているんだろうと思ったんですが、お祖父さんが一所懸命、私たちに刷り込んでいたのを思い出したんです」

「勘兵衛さんは、藩政期は直馬と名乗り、禁門の変に従軍しています。久坂玄瑞と一緒に」

「『俵田明伝』にも勘兵衛さんが槍を持って道に立ちふさがって、仲間が退散しないように戦場に追い返したみたいな話が出てきますね」

「宇部市に、くすのき学びの森という資料館がありましてね。『諸士中戦争度数書出草案』という文書が残っています。それにも勘兵衛さん（文書では直馬）が元治元年七月一八日に山城国の〈藤森合戦〉に参戦したと記録があります。禁門の変です。そんな明治維新をひきずった明さんは、孫娘からみて、どんなお祖父さんでしたか」

「猛烈人生を送った人ですけれど、すごく優しかったです。私がピンクの洋服なんか着ていたら、〈女の子がウチにいるってのは、エエことじゃのう〉とか、そういう感じです」

一時間に及ぶ取材で、「様式の上にあれ」と叫んだ革命の建築家である村野を温かく迎え、宇部で育てた俵田の真の姿が見えた気がした。あるいは、まだ売れてなかった時代の画家・松田正平への理解や援助も（Ⅵ「俵田邸と松田正平」）、芸術や文化を理解した実業家だったからこそなされた気もした。もしかすると音楽好きの寛夫が、長女初枝の婿入りしたのも偶然ではなかったのかもしれない。俵田の文化好きは万里子さんの、「祖父が戦後、NHKの経営委員をしていたときの報酬も、すべて父（寛夫）の好楽協会に注ぎ込んでいました」という証言からも見えきたからである。俵田は工業技術も文化芸術も等しく愛した実業家であったのだろう。

〔※1〕同じ分類中に「渡邉邸設計図」と記された二枚の図面があった。一枚は「Oct. 27. 1937」（昭和一二年一〇月二七日）の「各階平面図」で、もう一枚が「Dec.7.1937」（昭和一二年一二月七日）の「立面図」である。三階建ての和風建築だが、曾孫の渡邉裕志さんによれば、「渡邉翁記念会館の竣工直後に提案された（宇部市）島の渡邉邸の母屋の建て替え図面のようですが、実現されていません」とのこと。大正期に竣工した渡邉家の母屋は老朽化により、昭和五六年に建て替えられている。

〔※2〕笠原一人さん（京都工芸繊維大学助教、村野藤吾の設計研究会事務局）によると、現在の建物の一階部分は村野のオリジナルの図面とほぼ同じであるという。残された図面が最終版とは限らず、現場で変更することもあり、若干違うのはよくあることなので、一階部分は村野の設計と見て良いとのことである。玄関の扉には、村野のオリジナルが残されているように見える、とも（令和三年五月取材）。

〔※3〕俵田拓さんは父・忠さんの仕事の関係で子供時代もアメリカで過ごし、九歳で帰国後、昭和六二年に宇部興産（株）に入社した。以後、平成三年から平成五年までニューヨーク、平成八年から平成二二年までは短期間の一時帰国を除いてフロリダ、ミシガン、オハイオの各州で過ごしていた。

関係年表〔俵田明の巻〕【▽は日本全体や郷土、または世界の動き。※は月が不明。░は洋行期間】

元治元（一八六四）年

七月、俵田勘兵衛（俵田直馬・俵田明の父）が禁門の変に従軍。▽国吉恭輔（渡邊祐策の父）も農兵で従軍。▽一一月、福原越後が自刃（第一次長州征伐）。

慶応元（一八六五）年

▽一月、大田・絵道の戦い。▽二月、浄念寺で毛利謙八の暗殺。▽四月、久保田吉之助の割腹。▽五月、琴崎八幡宮に福原越後が合祀。

慶応二（一八六六）年

▽六月、四境戦争（第二次長州征伐）。▽一一月、維新招魂社の社殿落成。▽一二月、福原芳山が家臣の藤本磐蔵を随行して長崎に。

慶応三（一八六七）年

▽三月、福原芳山が藤本磐蔵らとイギリスに密航。

▽一二月、福原越後の神霊を維新招魂社に遷座。

慶応四（明治元・一八六八）年

一月、鳥羽伏見の戦い（戊辰戦争の開始）に併せて俵田瀬兵衛（俵田明の本家筋）たちが花山院隊の討伐に従軍。▽四月、青木群平が「妻崎」（現、宇部市妻崎開作）に派遣される。▽八月、船木宰判が石炭局を設置。▽九月、明治に改元。

明治二（一八六九）年

▽五月、函館五稜郭の陥落（戊辰戦争の終結）。

明治三（一八七〇）年

▽六月、石炭局がグラバー商会の技師・モーリスを藤曲（現、宇部市藤山）に招き、石炭採掘の実験を行う（唐人炭生）。閏一〇月、俵田瀬兵衛が福原芳山の代理として、「これから後は君でもない家来で

もない」と宇部村民に「告別の辞」を述べる

明治四（一八七一）年

▽七月、廃藩置県。▽九月、渡邊祐策の父（国吉）恭輔が渡邊家を継ぐ。

明治七（一八七四）年

三月、俵田藤市（俵田瀬兵衛の嗣子）が維新招魂社の二代目宮司となる。▽九月、福原芳山がイギリスから帰国。

明治九（一八七六）年

※俵田一族が主導して福原芳山を社長に据えた石炭会社を創設。

明治一四（一八八一）年

二月、俵田瀬兵衛ら石炭会社の幹部たちが社名を「宇部炭坑会社」に変更。

明治一五（一八八二）年

▽八月、福原芳山が死去。

明治一七（一八八四）年【〇歳】

一一月、俵田明が生まれる。

明治一九（一八八六）年【二歳】

▽五月、共同義会の創設。

明治二四（一八九一）年【七歳】

四月、俵田明が宇部尋常高等小学校入学。

明治二七（一八九四）年【一〇歳】

▽八月、日清戦争はじまる。

明治二八（一八九五）年【一一歳】

▽四月、日清講和（下関）条約（日清戦争の終結）。

明治二九（一八九六）年【一二歳】

九月、俵田勘兵衛（俵田明の父）が維新招魂社の七代目宮司となる（〜明治三九年一二月）。

明治三〇（一八九七）年【一三歳】
▽六月、渡邊祐策が沖ノ山炭鉱を創業。

明治三二（一八九九）年【一五歳】
三月、俵田明が宇部尋常高等小学校卒業。棚井村の医師・松岡文五郎の書生となる（一年間）。

明治三三（一九〇〇）年【一六歳】
四月、俵田明が私立・興成義塾（後の興風中学校）入塾。

明治三六（一九〇三）年【一九歳】
四月、俵田明が興成義塾を卒業。大阪の泰西学館に通う（〜九月）。六月、大阪で専門学校入学者検定試験に合格（中学卒業の資格を入手）。

明治三七（一九〇四）年【二〇歳】
▽二月、日露戦争はじまる。夏、俵田明が帰郷、宇部小学校の代用教となる。

明治三八（一九〇五）年【二一歳】
一月、俵田明が広島騎馬兵第五連隊に入営。▽九月、ポーツマス条約（日露戦争の終結）。

明治三九（一九〇六）年【二二歳】
四月、俵田明が宇部小学校の戦勝祝賀会に列席。九月、築地の工手学校本科電気工学科に入学。父・俵田勘兵衛が維新招魂社の宮司を辞任。

明治四一（一九〇八）年【二四歳】
二月、俵田明が工手学校本科電気工学科を卒業。陸軍砲兵工廠に就職（目黒火薬製造所に勤務）。夏ごろ痔を患い、手術。秋に退院。

明治四二（一九〇九）年【二五歳】
七月、俵田明が教念寺の兼安洹乗の二女シゲと結婚。

明治四三（一九一〇）年【二六歳】
▽八月、日韓併合。

明治四五（大正元・一九一二）年【二八歳】
五月、俵田明が陸軍技手判任官七級となる。

大正二（一九一三）年【二九歳】
二月、俵田明に長女・初枝が誕生。三月、兄の俵田軍太郎が死去。

大正三（一九一四）年【三〇歳】
五月、俵田明が判任官六級に昇格。陸軍砲兵工廠の小石川の本廠に移動。▽七月、第一次世界大戦（欧州戦争）はじまる。▽八月、日本の参戦。

大正四（一九一五）年【三一歳】
四月、俵田明が渡邊祐策の求めに応じて帰郷、沖ノ山炭鉱に入る（保安係兼機械係）。

大正五（一九一六）年【三二歳】
※俵田明が手帳に『菜根譚』の一節を書きつける。

大正六（一九一七）年【三三歳】
一月、俵田明に二女の美代子が誕生。▽二月、ロシア三月革命。三月、俵田明が宇部紡織所の創立で取締役となる。▽一一月、ロシア一〇月革命（ソビエト政権樹立）。

大正七（一九一八）年【三四歳】
▽八月、宇部で米騒動。▽一一月、第一次世界大戦が休戦。ドイツ革命。ワイマール共和国の誕生。

大正八（一九一九）年【三五歳】
一月、俵田明が沖ノ山炭鉱の事務長に。▽三月、モスクワでコミンテルン結成。四月、俵田明の指導で沖ノ山労役者救済会が発会。▽「都市計画法」が制定。

大正九（一九二〇）年【三六歳】
▽三月、ドイツでナチ党結成。▽一二月、床波竹二郎（内務大臣）が宇部で「民力涵養」を講演。

大正一〇（一九二一）年【三七歳】

月、俵田明の見定めで篠川辰次を招聘。▽東沖ノ山炭鉱で手島式完全燃焼装置の実験（公害対策）。
▽一一月、宇部市制施行。

大正一一（一九二二）年【三八歳】
▽一〇月、イタリアでムッソリーニが首相に（ムッソリーニ政権誕生）。

大正一二（一九二三）年【三九歳】
五月、俵田明の主導で沖ノ山浄水道を起工。「セメント文化論」を主唱。▽新川講堂で宇部市制祝賀会。
九月、俵田明が宇部セメント製造の創立総会で取締役に就任。▽関東大震災。

大正一三（一九二四）年【四〇歳】
二月、俵田明の主導で宇部セメント製造の第一期工事がはじまり、技師ドニーが着任。

大正一四（一九二五）年【四一歳】
三月、俵田明の主導で宇部セメント製造が試運転。
▽一〇月、参宮道路（宇部市）の開通式。

大正一五（昭和元・一九二六）年【四二歳】
▽五月、皇太子が宇部市を行啓。▽七月、沖ノ山炭鉱が牛岩神社建設を決定。

昭和二（一九二七）年【四三歳】
七月、宇部電気鉄鉄道の創立で俵田明が専務に。
一〇月、俵田明が中安閑一と外遊（最初の洋行）。一一月、サンフランシスコ到着、シカゴへ。一二月、ニューヨーク、ボストンなどを歴訪

昭和三（一九二八）年【四四歳】
一月、俵田明がイギリスへ移動。二月、ドイツへ。三月、ライプチヒで留学中の国吉省三に会う。ベルリンへ。四月、パリ、イタリアへ。五月、ナポリから出港。六月、帰国。▽葉方弘義が宇部市で国際飛行場の誘致に奔走。一〇月、俵田明が沖ノ山炭鉱を株式化し、専務取締役となる。

昭和四（一九二九）年【四五歳】

▽三月、宇部市の常盤湖畔にゴルフ場建設計画が浮上。五月、俵田明の主導で宇部電気鉄道の「宇部―小野田」間が開通。▽九月、宇部航空輸送研究所の格納庫が草江に完成。▽一〇月、ニューヨークで株価暴落（世界恐慌）。▽一一月、『宇部時報』に「沖ノ山王国」の言葉が見え始める。宇部港で第一回目のケーソン進水式（築港）。

昭和六（一九三一）年【四七歳】

▽一月、宇部市制施行一〇周年で公会堂建設案が浮上。六月、俵田明が宇部工業会館を開館、宇部工業倶楽部の会長に就任。▽八月、宇部航空輸送研究所が水上滑走を開始。▽九月、満洲事変。

昭和七（一九三二）年【四八歳】

▽三月、満洲国の建国（全体主義の実験がはじまる）。八月、俵田明が大山剛吉を連れて外遊（二度目の洋行）。九月、シカゴから、ニューヨーク、イギリスへ。一〇月、ミュンヘンへ。ヒトラーの邸宅を見る。▽イタリアでファシズム革命展。

昭和八（一九三三）年【四九歳】

一月、俵田明が帰国。▽ドイツでヒトラーが首相に（ナチ政権誕生）。四月、俵田明の主導で宇部窒素工業が創立、取締役に就任。▽七月、ケーソンによる宇部港の築港が完了。

昭和九（一九三四）年【五〇歳】

四月、俵田明の長女・初枝に属最吉の二男・寛夫（俵田寛夫）を婿養子に迎える。七月、宇部窒素工業の工場稼働。病床の渡邊祐策に硫安を見せる。▽渡邊祐策が死去、伝記編纂と銅像建立案が浮上。八月、俵田明が常盤公園周辺をゴルフ場とする計画を表明。▽一〇月、沖ノ山炭鉱グループが渡邊翁記念事業委員会を創設。▽渡邊翁遺徳顕彰会が桃山に「素行園」を計画。▽一一月、「素行園」計画が「市民会館」（渡邊翁記念会館）に変更。▽宇部セメントの煙突に集塵装置「コットレル」装着。▽門司ゴルフ倶楽部がオープン。

昭和一〇（一九三五）年【五一歳】
▽三月、ロシアファッショ党のバルイコフが宇部商工会議所に来る。

昭和一一（一九三六）年【五二歳】
▽二月、二・二六事件。▽八月、ナチ政権下でベルリン・オリンピック開催。一二月、俵田明が渡邊翁記念文化協会設立、初代理事長に就任。この頃、国吉省三とロータリークラブ結成を模索（すぐには実現せず）。

昭和一二（一九三七）年【五三歳】
一月、俵田明が常磐湖畔に飛行場に転用できるゴルフ場を再計画。宇部電鉄本山線が開通。三月、俵田明の主導で沖ノ山炭鉱は系列会社のコンツェルン化が極秘に進みはじめる。▽四月、沖ノ山炭鉱が創立四〇周年。五月、俵田明の主導で渡邊翁記念文化協会から『大宇部』を発刊。▽六月、第一次近衛文麿内閣発足。▽七月、日中戦争勃発。八月、俵田明が宇部ゴルフ株式会社を創立、社長に就任。▽北一輝の処刑。一〇月、俵田明が牛岩神社前で「産業の力」を講演。

昭和一四（一九三九）年【五五歳】
六月、俵田明が宇部窒素工業の社長に就任。八月、宇部油化工業を創立、社長に就任。

昭和一五（一九四〇）年【五六歳】
▽六月、フランスにナチ・ドイツ傀儡のヴィシー政権が成立。▽一〇月、大政翼賛会発足。

昭和一六（一九四一）年【五七歳】
▽二月、『大宇部』がナチのＫｄＦを紹介。▽渡邊翁記念文化協会がＫｄＦ映画を上映。▽宇部市のちまきやでヒトラー写真展。▽一二月、大東亜戦争勃発。

昭和一七（一九四二）年【五八歳】
三月、俵田明が宇部興産（株）を創立し、社長に就任。

昭和一八（一九四三）年　【五九歳】
▽七月、イタリア降伏（ムッソリーニ首相逮捕）。▽一〇月、宇部興産（株）が萩森炭鉱を傘下に置く。

昭和一九（一九四四）年　【六〇歳】
▽春、海軍から秘密指令「マルロ」が宇部窒素工場に届き、ナチ・ドイツ型ロケット「秋水」の液体燃料製造に着手。▽七月、宇部興産（株）が東見初炭鉱を合併。▽一〇月、宇部油化工業が帝国燃料興業に合併。

昭和二〇（一九四五）年　【六一歳】
▽四月、ヒトラーが自殺。▽五月、ナチ・ドイツが無条件降伏。▽八月、日本が無条件降伏（敗戦）。

昭和二一（一九四六）年　【六二歳】
三月、俵田寛夫（俵田明の嗣子）が宇部好楽協会を結成。一二月、俵田明が明和化成を創業。

昭和二二（一九四七）年　【六三歳】
一月、山口県電力協議会が設立され、俵田明が会長に就任。六月、宇部興産の四社分離をGHQに指示されたことで、俵田明が再編計画に着手。一二月、昭和天皇の宇部興産行幸を俵田明が案内（昭和天皇が渡邊翁記念会館前の台座に登壇）。

昭和二三（一九四八）年　【六四歳】
五月、山口県観光協会の第一会総会で俵田明が会長に推される。

昭和二四（一九四九）年　【六五歳】
二月、俵田明が厚東川ダム水力発電所に着手。炭管事件で逮捕、小菅刑務所に護送。慶応病院に入院。▽一一月、渡邊翁記念会館で藤原義江がコンサート。

昭和二五（一九五〇）年　【六六歳】
三月、俵田明が主導した厚東川ダム水力発電所が竣工。▽五月、共同義会の解散。

昭和二七（一九五二）年　【六八歳】

二月、俵田明の主導で渡邊祐策銅像が再建。

昭和二八（一九五三）年【六九歳】

※琴芝の俵田邸の応接間（音楽室）が村野藤吾の設計を反映して増築。

昭和二九（一九五四）年【七〇歳】

六月、俵田明が日本放送協会経営委員会委員となる。

昭和三〇（一九五五）年【七一歳】

▽六月、「宇部を花で埋める会」発足。一一月、古希の祝い後に俵田明が心臓障害で倒れる。▽自由党と日本民主党が合体して自民党（自由民主党）が発足（五五年体制の開始）。

昭和三一（一九五六）年【七二歳】

七月、俵田明が宇部ロータリークラブを結成し、初代会長となる。一一月、病身をおして宇部興産創立六〇周年記念式典を挙行。▽宇部市で産業祈念像の除幕。

昭和三二（一九五七）年【七三歳】

七月、俵田明が葉山で療養。その後、自宅療養。

昭和三三（一九五八）年【七四歳】

一月、俵田明が新年互礼会に出席。三月、死去。社葬。▽四月、俵田翁記念体育館の工事着工。

昭和三四（一九五九）年

▽七月、俵田翁記念体育館の落成式。

昭和三五（一九六〇）年

▽三月、俵田寛夫がオーケストラで山内壮夫の彫刻「若人像」の除幕式（俵田翁記念体育館前庭）。

昭和三六（一九六一）年

▽七月、常盤湖畔で「第一回宇部市野外彫刻展」開催。

平成三（一九九一）年

▽一二月、ソ連が崩壊。アメリカ主導のグローバリ

ズムがはじまる。

平成五（一九九三）年

▽八月、細川護熙連立内閣により自民党が下野、五五年体制が崩壊。

令和三（二〇二一）年

▽一一月、宇部市制施行一〇〇周年。

関係年表〔村野藤吾の巻〕【※は月が不明。▒は洋行期間】

明治二四（一八九一）年【〇歳】
五月、満島（唐津）で生まれる。

明治三四（一九〇一）年【一〇歳】
※満島尋常小学校四年で八幡に移る。八幡高等小学校に通う。

明治四〇（一九〇七）年【一六歳】
四月、小倉工業学校機械科（第八回生）入学。

明治四三（一九一〇）年【一九歳】
三月、小倉工業学校機械科を卒業。八幡製鐵所の「レールや大型の鉄鋼を作る工場」で働く。

明治四四（一九一一）年【二〇歳】
※軍隊に入り、対馬の砲兵連隊に配属。

大正二（一九一三）年【二二歳】
※早稲田大学高等予科入学後、電気科へ進む（一〇月、早稲田大学創立三〇周年記念式典）。

大正三（一九一四）年【二三歳】
（四月～一一月、早稲田大学学長の高田早苗が欧米巡遊）。

大正四（一九一五）年【二四歳】
※早稲田大学本科建築学科へ転科。

大正七（一九一八）年【二七歳】
四月、早稲田大学理工学部建築学科を卒業。卒業制作は「マシンショップ」。卒論は「都市建築論」。渡辺節設計事務所に入所。

大正八（一九一九）年【二八歳】

五月〜八月号『日本建築協会雑誌』に「様式の上にあれ」を発表。

大正一〇（一九二一）年【三〇歳】

八月、アメリカ外遊（最初の洋行）（〜大正一一年）。

大正一四（一九二五）年【三四歳】

九月、渡辺節事務所の仕事で手がけた大阪ビルヂング（現、ダイビル本館）が竣工。

昭和三（一九二八）年【三七歳】

三月、南大阪教会（大阪）の着工。

昭和四（一九二九）年【三八歳】

※村野建設事務所（大阪）を開設

昭和五（一九三〇）年【三九歳】

※ソビエト、ヨーロッパ、アメリカを視察（二度目の洋行）。モスクワでタトリンに会う。

昭和六（一九三一）年【四〇歳】

八月、森五商店東京支店（森五ビル）が竣工。一二月、渡辺節の仕事で参画した綿業会館（大阪）が竣工。

昭和七（一九三二）年【四一歳】

四月、加納合同銀行本店（金沢）が竣工。

昭和九（一九三四）年【四三歳】

一〇月、ドイツ文化研究所（京都）が落成。

昭和一〇（一九三五）年【四四歳】

二月、ローテクロイツ名誉賞を受賞。渡邊翁記念会館の設計者に決まる。一〇月、大阪「そごう」（十合百貨店）が開店。

昭和一二（一九三七）年【四六歳】

二月、二代目宇部銀行を設計。四月、渡邊翁記念会館が竣工（五月に完成式）。六月、宇部ゴルフクラブハウス計画案（設計図のみ）。七月、渡邊翁記念会館の落成披露式。一〇月、二代目宇部銀行の工事

着工。一一月、大庄村役場（兵庫）が竣工。一〇月～一二月、「渡邊邸設計図」を作成。

昭和一三（一九三八）年【四七歳】

八月、板谷生命ビル（大阪）が起工。

昭和一四（一九三九）年【四八歳】

二月、板谷生命ビルが竣工。七月、八幡製鉄所のロール加工工場を設計。一〇月、宇部油化工業の建設着工。一一月、宇部銀行が落成。

昭和一五（一九四〇）年【四九歳】

八月、宇部窒素工業事務所棟の建築申請書を山口県に提出。

昭和一六（一九四一）年【五〇歳】

※マルクスの『資本論』を読む。

昭和一七（一九四二）年【五一歳】

二月、宇部窒素工業事務所棟が完成。

昭和二四（一九四九）年【五八歳】

一月、宇部市民図書館案（設計図のみ）、二月、宇部労働会館案（後に「鉱業会館」に変更・設計図のみ）。※村野・森建築事務所に改称。

昭和二六（一九五一）年【六〇歳】

七月、宇部興産中央研究所の着工。

昭和二七（一九五二）年【六一歳】

七月、宇部興産中央研究所が竣工。

昭和二八（一九五三）年【六二歳】

三月、宇部興産本社事務所が完成。五月、芸術院賞を受賞。

昭和四二（一九六七）年【七六歳】

一〇月、文化勲章を受章。

昭和四四（一九六九）年【七八歳】

八月、河上肇の『資本論入門』の表紙に戦時中に本書を読んでいたことを走り書きする。※NHKの番組で「人間中心」の建築哲学を語る。

昭和五一（一九七六）　【八五歳】

▽一一月、渡邊翁記念会館の改修完工（第一次改修）。

昭和五三（一九七八）年　【八七歳】

六月、宇部市文化会館の着工。

昭和五四（一九七九）年　【八八歳】

一〇月、宇部市文化会館が竣工。

昭和五五（一九八〇）年　【八九歳】

八月、フーゴー・ラサール神父から洗礼を受ける。

昭和五八（一九八三）年　【九二歳】

一一月、宇部興産ビル開業。

昭和五九（一九八四）年　【九三歳】

一一月、死去。

昭和六〇（一九八五）年

一〇月、宇部興産ビルが建築業協会賞（ＢＣＳ賞）を受賞。

平成六（一九九四）年

▽四月、渡邊翁記念会館の改修完工（第二次改修）。

平成七（一九九五）年

▽五月、渡邊翁記念会館がＢＥＬＣＡ賞受賞。

平成一七（二〇〇五）年

▽一二月、渡邊翁記念会館が国の重要文化財に指定（村野藤吾の作品中、初の重文指定）。

あとがき

村野藤吾と俵田明が宇部で活躍したのは、戦争一色のファシズム期であった。だが実際の俵田は、炭鉱から新事業を開拓したのみならず、自ら立ち上げた窒素工場にブラスバンドを作らせるなど、化学工業と音楽を融合させ、人々が文化的に暮らせる社会を築いていた。

俵田の中では、産業とイノベーションと芸術や文化は共通の価値であったのだろう。こうした人間中心のパラダイムの中で、俵田に保護された村野もまた、渡邊翁記念会館をはじめとする労働者を重視した建物を数多く宇部に残していたのだった。そこから見えてきたのは、ファシズムとデモクラシーとが相反するものではなく、宇部ではそれを伝統的に「共存同栄」の言葉で表していたという事実である。

二人の物語を書くことは、郷土史を越え、広く世界史まで含めたファシズム期の史実を掘り起こす作業となった。発見は足元に転がっていたのである。

とはいえ、作家ひとりでなせる仕事ではなかった。宇部市役所の全面的なバックアップと宇部興産（株）の宇部渉外部（桜田隆部長・当時）からの社内資料の提供をはじめ、高雄大助さん（UBE-i-Plaza ディレクター）などの協力で、どうにかたどり着けた到着点だった。

この〝どうにか〟のニュアンスには、もう一つ意味があって、新型コロナで令和二（二〇二〇）年二月から全国の学校等が閉鎖され、経済活動や市民活動が停滞する中で、取材や資料収集に大きな支障をきたしたからだ。しかも執筆中に、久保田后子市長が体調不良で辞任し（令和二年一〇月）、篠崎圭二新市長が誕生するという波乱ずくめの中で、宇部市が市制施行一〇〇周年を迎えることまで含まれる。

しかしながら、変わらぬ支援を宇部市にして戴けたことは有難かった。言論の自由も約束どおり保証された。

おかげで取材範囲も宇部をはじめ、東京、京都、大阪、北九州、佐賀の広範囲に及んだ。それに伴い山口県立図書館や山口県文書館に資料分析を助けて戴いたり、資料収集でも宇部市立図書館、宇部市学びの森くすのき、宇部市文化・スポーツ振興課、周防大島文化交流センター、山口大学総合図書館、国立国会図書館、東京都立京橋図書館、京都工芸繊維大学美術工芸資料館、尼崎市教育委員会及び同歴史博物館などの協力を得た。

有難いといえば、出版に付随する広報やイベントでは渡邊裕志さん（渡辺翁記念文化協会理事）が実行委員会の応援団裏方を受けくださったことも幸いした。河崎運さん、唐津正一さん、兼広三郎さんら市会議員の方々や、東京の防長倶楽部事務局長の村野仁さんも委員の立場で応援して下さった。東京で弁護士をされている紀藤正樹さんも特別顧問の立場から背中を押して戴けた。そして何よりコロナ禍の困難な時期にも関わらず、出版の趣旨を理解して広告協賛（本書の制作及び地域の学校や図書館への無料配布分）をして下さった企業や団体の皆様のおかげで、刊行に漕ぎつけたのだった。大学の教員のように科学研究費の助成があるわけでもない在野の作家への支援のどれひとつが欠けても、うまくいかなかっただろう。むろん、ほかにも取材をさせて戴いたり、資料を提供してくださったり、物心ともに応援して下さった方々は多くいた。この場を借りて、その全ての人たちに、お礼を申し上げたい。

また、通常とは異なる出版形態で多くの負担をかけた弦書房の小野静男社長にも、二〇年以上ものお付き合いに甘え、今回も一人前の作品に仕上げて戴けたことに感謝している。

本書執筆の起点をヒストリア宇部（旧宇部銀行館）での一〇回連続講座に置けば、完成までに一〇年近く要したことになる。その最終段階を全力で支援して戴いた市制施行一〇〇周年記念事業推進課は小さな課ではあったが、長州藩時代の撫育局《ぶいくきょく》とよく似ていた。撫育局とは、関ヶ原の戦いに敗れた長州藩が再起のために大胆な人材登用を行い、民間の力を取り込んでベンチャー事業を進めた長州藩独自の組織だった。三白政策（米、紙、塩）や幕末には石炭まで加えた産業政策を推進して新たな財源を生み、それを投じて明治維新まで用意した実務部隊でもある。それと同様に縦割り行政の壁を超えて、力強く支えてくださった大西義紀課長や下元静枝副課長、宗像香織係長には大変お世話になり、大いにお手も煩わせた。おかげで作品が世に出せたわけだが、しかし撫育的事業として完結するには、本書がつぎなる地方の原動力になることである。そこまで到達できれば、作者として、これほど嬉しいことはない。

宇部市制施行一〇〇周年を迎える令和三年の処暑に

堀　雅昭

《主要参考文献》

村野藤吾『村野藤吾著作集　全一巻』鹿島出版会、二〇〇八年
俵田明『宇部産業史』渡邊翁記念文化協会、昭和二八年（非売品）
宇部時報社（編）『宇部興産六十年の歩み』宇部時報社、昭和三一年
木村幸比古（編・訳）『新選組戦場日記』ＰＨＰ研究所、一九九八年
堀雅昭『靖国誕生　幕末動乱から生まれた招魂社』弦書房、二〇一四年
山口県文書館（編）『防長風土注進案　第十五巻　舟木宰判』山口県立山口図書館、昭和三六年
『修訂防長回天史　第五編上　七』（末松謙澄『防長回天史七』マツノ書店、平成三年）
山田亀之介『宇部郷土史話』宇部郷土文化会、昭和三〇年
『福原家文書　下巻』渡辺翁記念文化協会、平成七年
堀雅昭『維新の英傑　福原芳山の生涯』宇部日報社、二〇一二年
渡辺翁記念文化協会（編）『復刻宇部先輩列伝』（宇部地方史研究第二〇号）宇部地方史研究会、一九九一年
宇部共同義会（編）『宇部共同義会五十年誌』宇部市共同義会、昭和一一年（非売品）
俵田翁伝記編纂委員会（編）『俵田明伝』宇部興産株式会社、昭和三七年
弓削達勝『素行渡邊祐策翁　乾』渡邊翁記念事業委員会、昭和一一年
弓削達勝『素行渡邊祐策翁　坤』渡邊翁記念事業委員会、昭和一一年
高橋政清『粟屋活輔先生小伝』粟屋活輔先生遺徳顕彰委員会、昭和三〇年
中安閑一『私の履歴書』宇部興産、昭和四三年
工学院大学（編）『工学院大学学園七十五年史』工学院大学、昭和三九年
内匠寮の人と作品刊行委員会（編）『皇室建築　内匠寮の人と作品』建築画報社、二〇〇五年
井関九郎『現代防長人物史　天』発展社、大正六年
牧野元良『日本全国諸会社役員録　下篇』商業興信所、明治四四年
『圓成院釋明徳昭堂大居士　俵田明』俵田寛夫、昭和三三年
高野義祐『新川から宇部へ』ウベニチ新聞社、一九五三年
『日化協月報』（一九七八年三月号）日本化学工業協会
堀雅昭『関門の近代　二つの港から見た一〇〇年』弦書房、二〇一七年
『創立40周年記念誌』宇部ロータリークラブ、一九九七年

中安閑一伝編纂委員会〔編〕『中安閑一伝』宇部興産株式会社、昭和五九年
工藤章『イー・ゲー・ファルベンの対日戦略』東京大学出版会、一九九二年
『戦ふドイツ』朝日新聞社、昭和一五年
長谷川堯『村野藤吾の建築　昭和・戦前』鹿島出版会、二〇一一年
山下英市〔編〕『満島村誌』満島村役場、大正一二年〔非売品〕
南博〔編〕『近代庶民生活誌　第一四巻』三一書房、一九九三年
井上靖『きれい寂び　人・仕事・作品』集英社、一九八一年〔二刷〕
大江範二〔編〕『創立七十年史』福岡県立小倉工業高等学校、一九六八年
『北九州八幡信用金庫五十年史』北九州八幡信用金庫、昭和四九年
『友松傳三伝』北九州八幡信用金庫、昭和三九年
長谷川堯「村野藤吾氏に聞く　宇部市民館のことなど」（『SPACE MODULATOR 52』日本板硝子、昭和五三年）
村野藤吾〔講話者〕、長谷川堯〔コーデネーター〕『なにわ塾叢書4　建築をつくる者の心』ブレーンセンター、二〇一一年〔第九刷〕
『村野藤吾建築設計図展カタログ　7』京都工芸繊維大学美術工芸資料館、二〇〇五年
熊谷兼雄〔編〕『第1回　1960建築業協会賞作品集』建築業協会、昭和三五年
早稲田大学史編集所〔編〕『早稲田大学百年史　第二巻』早稲田大学、昭和五七年〔二刷〕
『村野藤吾―建築とインテリア』アーキメディア、二〇〇八年
柴山桂太『静かなる大恐慌』集英社、二〇一二年
柳澤治『戦前・戦時日本の経済思想とナチズム』岩波書店、二〇〇八年
北一輝『国体論及び純正社会主義』〔明治三九年刊〕（北一輝『増補新版　北一輝思想集成』書肆心水、二〇一五年）
『村野藤吾建築設計図展カタログ　4』京都工芸繊維大学美術工芸資料館、二〇〇二年
岸信介・矢次一夫・伊藤隆『岸信介の回想』文藝春秋、昭和五六年
ヨースト・ヘルマント〔識名章喜・訳〕『理想郷としての第三帝国』柏書房、二〇〇二年
三浦銕太郎『ソ連四十年』東洋経済新報社、昭和三五年
『都市計画要覧』内務大臣官房都市計画課、大正一一年
竹村民郎『大正文化　帝国のユートピア』三元社、二〇〇四年
『渡邊翁記念会館図集』国際建築協会、昭和一二年

林夏樹・福嶋啓人・平井直樹〔編〕『村野藤吾研究　第2号』村野藤吾の設計研究会、二〇一一年

新建築社〔編〕『村野藤吾作品集　TOGO MURANO 1928-1963』新建築社、一九八三年

村野、森建築事務所『村野藤吾建築図面集　第一巻　モダニズムへの展開　解説篇』同朋舎出版、一九九一年

彰国社〔編〕『日本のモダニズム建築　17作家の作品が描く多様な展開』彰国社、二〇〇五年

ベルンハルディ〔高田早苗・訳〕『独逸の主戦論』早稲田大学出版部、大正三年

『村野藤吾建築設計図展カタログ　8』京都工芸繊維大学美術工芸資料館、二〇〇六年

『村野藤吾建築設計図展カタログ　11　―新出資料に見る村野藤吾の世界―』京都工芸繊維大学美術工芸資料館、二〇一二年

東京都美術館・山口県立美術館・兵庫県立近代美術館・朝日新聞社〔編〕『1920年代・日本展』朝日新聞社、一九八八年

『新独逸国家大系第十一巻経済篇三』日本評論社、昭和一四年

ミーシャ・アスター〔松永美穂／佐藤英・訳〕『第三帝国のオーケストラ』早川書房、二〇〇九年

宇部地方史研究会〔編〕『宇部地方史研究　第三六号』宇部地方史研究会、平成二〇年

そごう社長室広報室〔編〕『株式会社そごう社史』そごう、昭和四四年

『渡辺翁記念文化協会沿革史―創立五十周年記念―』財団法人渡辺翁記念文化協会、平成二年

『写真帖　天皇と防長』内外図書、昭和一三年

『谷口吉郎作品集』新建築社、昭和五六年

『人文科学研究所50年』京都大学人文科学研究所、一九七九年

『社団法人独逸文化研究所　創立五周年紀要』社団法人独逸文化研究所、昭和一五年

岸田日出刀『ナチス独逸の建築』相模書房、昭和一八年

アルベルト・シュペーア〔品田豊治・訳〕『ナチスの軍需相の証言　上　―シュペーア回想録』中央公論新社、二〇二〇年

権田保之助『ナチス厚生団（ＫｄＦ）』栗田書店、昭和一七年

マグダレーナ・ドロステ『バウハウス』タッシェン・ジャパン、二〇〇九年

佐々木宏〔編〕『近代建築の目撃者』新建築社、一九七七年

『Das Bauen im neuen Reich,herausgegeben in verbindung mit frau Professor Gerdy Troost vom Gauverlag Bayerische Ostmark』Gauverlag Bayerische Ostmark、

[1938]

フリードリヒ・A・ハイエク〔一谷藤一郎／一谷映理子・訳〕『隷従への道』東京創元社、一九九二年〔改版第一刷〕

宮島久雄〔編〕『宮島久七作品集』昭和六三年

俵田寛夫〔編〕『沖ノ山炭鉱株式会社　創業四十周年記念写真帖』昭和一二年

アルノ・ブレーカー〔高橋洋一・訳〕『パリとヒトラーと私　―ナチスの彫刻家の回想』中央公論新社、二〇一一年

『村野藤吾のデザイン・エッセンスVol.8　点景の演出　照明・家具・建具』和風建築社、二〇〇一年

磯達雄『プレモダン建築巡礼』日経BP社、二〇一八年

藤森照信『日本の近代建築（下）―大正・昭和篇』岩波書店、一九九三年

アドルフ・ヒトラー〔平野一郎　将積茂〔訳〕〕『わが闘争（下）』角川書店、昭和五六年〔一一刷〕

村野藤吾研究会〔編〕『村野藤吾建築案内』TOTO出版、二〇〇九年

永田哲朗〔編〕『戦前戦中右翼・民族派組織総覧』国書刊行会、平成二六年

北原白秋『白秋全集36　小篇2』岩波書店、一九八七年

田中健介・毒島刀也『ヒトラー伝説』コミック出版、二〇〇九年

中道寿一『君はヒトラー・ユーゲントを見たか?』南窓社、一九九九年

河島幸夫『ナチスと教会』創文社、二〇〇六年

ロバート・P・エリクセン〔古賀敬太／木部尚志／久保田満・訳〕『第三帝国と宗教　―ヒトラーを支持した神学者たち―』風行社、二〇〇〇年

陣内大蔵『僕んちは教会だった』日本キリスト教団出版局、二〇〇七年

宇部緑橋教会創立六〇周年記念誌編集委員会〔編〕『緑橋六〇年』日本キリスト教団宇部緑橋教会、一九八五年

宇部緑橋教会創立五〇周年記念事業委員会〔編〕『緑橋五〇年』日本キリスト教団宇部緑橋教会、一九七四年

『山口県の近代和風建築　―山口県近代和風建築総合調査報告書―』山口県教育委員会、二〇一一年

徳山市役所〔編〕『徳山市史資料』徳山市役所、昭和一九年〔非売品〕

『村野藤吾建築設計図展カタログ　6』京都工芸繊維大学美術工芸資料館、二〇〇四年

ノルベルト・フーゼ〔安松孝・訳〕『パルコ美術新書　ル・コルビュジエ』PARCO出版、一九九五年

ウィリ・ボジガー〔編〕『ル・コルビュジエ全作品集　第四巻』アズ出版、一九九一年〔再版〕

百年史編纂委員会〔編〕『宇部興産創業百年史』宇部興産株式会社、平成一〇年

『村野藤吾建築設計図展カタログ　10』京都工芸繊維大学美術工芸資料館、二〇〇八年
久保田誠一『日本のゴルフ100年』日本経済新聞社、二〇〇四年
門司ゴルフ倶楽部五〇年史編さん特別委員会〔編〕『五〇年　松ヶ江』門司ゴルフ倶楽部、昭和六一年
『山口銀行史』山口銀行、昭和四三年
谷口吉郎『雪あかり日記／せせらぎ日記』中央公論新社、二〇一五年
阿部良男『ヒトラー全記録　20645日の軌跡』柏書房、二〇〇一年
村野、森建築事務所『村野藤吾建築図面集　第3巻　地域と建築・宇部　図面篇』同朋社出版、一九九二年
高城重躬『スタインウェイ物語』ラジオ技術社、昭和五三年
関楠生『ヒトラーと退廃芸術』河出書房新社、一九九二年
田之倉稔『ファシズムと文化』山川出版社、二〇一四年〔一版三刷〕
『世界陰謀と日本共産党』帝国在郷軍人会本部、昭和八年
宇部市史編集委員会〔編〕『宇部市史　史料篇』宇部市、平成二年
『小野田市歴史民俗資料館研究叢書第一集　小野田の窯業皿山・その変遷』小野田市歴史民俗資料館、平成六年
松岡久光『日本初のロケット戦闘機〈秋水〉―液体ロケットエンジン機の誕生』三樹書房、二〇〇四年
萩森興産株式会社〔編〕『萩森興産80年のあゆみ』萩森興産株式会社、二〇二〇年
近衛文麿『近衛文麿　清談録』千倉書房、二〇一五年〔新版第一刷〕
竹山道雄『竹山道雄著作集　1昭和の精神史』福武書店、昭和五八年
内閣、内務省、文部省〔編〕『国民精神総動員資料　第一輯　国民精神総動員について』国民精神総動員中央聯盟、昭和一三年〔再版〕
渡辺豊和『文象先生のころ　毛綱モンちゃんのころ』編集出版組織アセテート、二〇〇六年
井上章一『井上章一　現代の建築家』エーディーエー・エディタ・トーキョー、二〇一四年
尼崎市立地域研究史料館〔編〕『地域史研究』第三三巻第二号、尼崎市立地域研究史料館、平成一六年
『岡田完二郎さんの思い出』「岡田完二郎さんの思い出」編集委員会、昭和四八年
小野田セメント株式会社『回顧七十年』小野田セメント株式会社、昭和二七年
上田芳江『歴史の宇部　戦前戦後五十年』宇部市制五十年記念誌編纂委員会、昭和四七年
早稲田大学大学史編集所〔編〕『早稲田大学百年史　第四巻』

早稲田大学、平成四年
上田芳江・山崎盛司『緑で公害から町がよみがえるまで』カンデラ書館、昭和四六年
『折下吉延先生業績録』折下先生記念事業会、昭和四二年〔非売品〕
満洲回顧集刊行会〔編〕『あゝ満洲』農林出版、昭和四〇年
宇部市史編集委員会〔編〕『宇部市史　通史篇　下巻』宇部市、平成五年
『白鳥のしおり』宇部市建設局公園緑地課、昭和三五年
『緑化運動のしおり』宇部市・建設局・公園緑地課・宇部市緑化運動推進委員会、一九七〇年
宇部市史編集委員会〔編〕『宇部市史年表』宇部市、平成三年
山田亀之介『宇部共同義会史』宇部共同義会、昭和三一年〔非売品〕
新藤透『図書館の日本史』勉誠出版、二〇一九年
中西輝磨『昭和山口県人物誌』マツノ書店、平成二年
『宇部興産創業60周年記念行事写真集』宇部興産株式会社、昭和三二年
『まちづくりは市民の手で』トーク・ウベ21、一九九四年〔私家版〕
『長尾淘太在仏三〇年記念展作品集』一九九七年
柳井正『一勝九敗』新潮社、二〇〇三年
村野藤吾先生を偲ぶ会〔企画〕『村野藤吾　イメージと建築』新建築社、昭和六〇年〔限定本〕
宇部好楽協会〔編〕『宇部好楽協会拾周年誌』宇部好楽協会・渡辺翁記念文化協会、一九五五年
山口県立美術館〔編〕『松田正平』山口県立美術館、昭和六二年
神原小学校教育振興会〔編〕『神原小学校五十年史』昭和四八年〔非売品〕
浅野美代子『あじさい』一九七六年〔私家版画集〕
『北九州地域における戦前の建築と戦後復興の建築活動に関する研究』北九州産業技術保存継承センター・九州共立大学、平成二二年
俵田寛夫『音楽雑談』昭和五六年〔非売品〕

主要人名索引（村野藤吾と俵田明は省略）

へ

ほ

ま

著者略歴

堀　雅昭（ほり・まさあき）

一九六二年、山口県宇部市生まれ。山口大学理学部卒。作家。著書に『戦争歌が映す近代』（葦書房）。『杉山茂丸伝』、『ハワイに渡った海賊たち』、『中原中也と維新の影』、『井上馨〈開明的ナショナリズム〉』、『靖国の源流』、『靖国誕生〈幕末動乱から生まれた招魂社〉』、『鮎川義介〈日産コンツェルンを作った男〉』、『関門の近代〈二つの港から見た一〇〇年〉』、『寺内正毅と近代陸軍』（以上、弦書房）、『靖国神社とは何だったのか』（宗教問題）、『炭山の王国〈渡辺祐策とその時代〉』（宇部日報社）、『琴崎八幡宮物語〈宇部を育んだ歴史と文化〉』（琴崎八幡宮）、『うべ歴史読本』（ＮＰＯ法人うべ未来一〇〇プロジェクト）、『いぐらの館ものがたり』（阿知須地域づくり協議会）などがある。

村《むら》野《の》藤《とう》吾《ご》と俵《たわら》田《だ》明《あきら》

――革新の建築家と実業家

二〇二一年八月五日発行

著　者　堀　雅昭

発行者　小野静男

発行所　株式会社　弦書房

（〒810・0041）

福岡市中央区大名二―二―四三

ＥＬＫ大名ビル三〇一

電　話　〇九二・七二六・九八八五

ＦＡＸ　〇九二・七二六・九八八六

組版・製作　合同会社キヅキブックス

印刷・製本　シナノ書籍印刷株式会社

ISBN978-4-86329-228-4　C0021

◆弦書房の本

井上馨　開明的ナショナリズム

堀雅昭　傑物か、世外の人か、三井の番頭か——長州ファイブのリーダー、初代外務大臣として近代国家形成に尽力した井上馨。虚像と実像のはざまを埋める戦後初の本格評伝。彼が描いた近代化＝欧化政策の本質はどこにあったのか。〈A5判・320頁〉2400円

靖国誕生　幕末動乱から生まれた招魂社

堀雅昭　靖国神社は、創建にいたる歴史にほとんどふれられていない。「靖国」と呼ばれるに至った明治12年までの創建史を、長州藩の側からまとめた一冊。「靖国神社のルーツ」をたどり、浮びあがってくる招魂社としての〈靖国〉の実像。〈四六判・250頁〉2100円

関門の近代　二つの港から見た一〇〇年

堀雅昭　明治22年の門司港築港から戦後の高度経済成長期まで、日本の近代化を支えた門司と下関の100年を描く。鮎川義介、出光佐三ら多彩な実業家を育て国際貿易港として発展してきた二つの港は、いかに重要な役割を果たしたのか。〈四六判・344頁〉2200円

寺内正毅と近代陸軍

堀雅昭　戦後つくられた寺内無能説を覆す。フランス武官時代の経験を生かし近代陸軍の制度を整え、初代朝鮮総督として統治の基礎を築くなど、様々な近代化民主化を断行し、その業績はきわめて大きい。波乱の生涯を描く本格評伝。〈四六判・320頁〉2200円

江戸という幻景

渡辺京二　人びとが残した記録・日記・紀行文の精査から浮かび上がるのびやかな江戸人の心性。近代への内省を促す幻景がここにある。西洋人の見聞録を基に江戸の日本を再現した『逝きし世の面影』著者の評論集。〈四六判・264頁〉**【8刷】**2400円

＊表示価格は税別